全面深化改革领导干部学习读本
主编　黄琦　刘学军

问诊大国社保

秦均华◎主编

楼继伟 | 郑秉文 | 宋晓梧 | 郑功成 | 王振耀

多位名家纵论改革大势

中国财经出版传媒集团
中国财政经济出版社

图书在版编目（CIP）数据

问诊大国社保/秦均华主编．—北京：中国财政经济出版社，2017.9
（全面深化改革领导干部学习读本/黄琦，刘学军主编）
ISBN 978－7－5095－7687－8

Ⅰ.①问…　Ⅱ.①秦…　Ⅲ.①社会保障－福利政策－中国－干部教育－学习参考资料　Ⅳ.①D632.1

中国版本图书馆 CIP 数据核字（2017）第 202415 号

责任编辑：王　丽　　　　责任校对：杨瑞琦
封面设计：田　晗　　　　版式设计：齐　杰

中国财政经济出版社 出版
URL：http：//www.cfeph.cn
E－mail：cfeph@cfeph.cn

社址：北京市海淀区阜成路甲 28 号　邮政编码：100142
营销中心电话：88190406　北京财经书店电话：64033436　84041336
北京富生印刷厂印刷　各地新华书店经销
787×1092 毫米　16 开　20.25 印张　314 000 字
2017 年 9 月第 1 版　2017 年 9 月北京第 1 次印刷
定价：50.00 元
ISBN 978－7－5095－7687－8
（图书出现印装问题，本社负责调换）
本社质量投诉电话：010－88190744
文章稿酬及版权联系电话：010－68457872
打击盗版举报热线：010－88190414　QQ：447268889

“全面深化改革领导干部学习读本”

编 委 会

总 序

自1978年党的十一届三中全会开启我国的改革进程以来，弹指一挥间，中国的改革事业已经走过近40年的光辉岁月。近40年来，我们历经从计划经济到商品经济再到市场经济的探索，我们从无到有构建了中国的社会主义市场经济体系并不断进行完善，我们扭转了“文革”的动荡混乱走向依法治国，并不断提高国家治理水平。可以自豪地说，中国的改革事业取得了不可磨灭的成就。中国的改革事业当然也并非一帆风顺，改革的航程历经千难万险，但是改革的开拓却从未停歇。战胜这些困难、推动中国改革不断进步的，是站在改革潮头的千千万万的干部群众，尤其是广大党员干部，是我们在前无古人的情况下坚定不移地推动改革前进的中坚力量。从“要吃米、找万里”的童谣到“杀出一条血路来”的习仲勋等早期的特区开拓者，从“有计划的商品经济”的论证和提出到“社会主义市场经济的四梁八柱”的构建，如果没有党员干部对改革的孜孜以求、积极进取，就没有今天改革事业的辉煌成果。

一、坚持市场方向的改革从胜利走向胜利

从“计划为主、市场为辅”到“有计划的商品经济”再到发挥市场的“基础性作用”，最终到发挥市场的“决定性作用”，近40年来，以经济体制改革为核心的中国改革始终坚持市场经济的改革方向，并最终使得国家在各个层面上都取得了巨大的成就，推动了以阶级斗争为纲向以经济建设为中心的转变、从计划经济向市场经济的转变、从闭关锁国转向全方

位开放、从人治走向法治、从贫穷落后转向小康这五个方面的伟大转变。

党的十八大以来，我国的改革进入了新的阶段。在以习近平同志为核心的党中央的坚强领导下，我国不仅有效应对了复杂国际政治经济环境的风云变幻，更在相当不利的条件下取得了经济的中高速平稳增长。党的十八届三中全会所作出的《中共中央关于全面深化改革若干重大问题的决定》（以下简称《决定》）制定了我国在新的发展阶段全面推进改革开放事业的宏伟蓝图，提出了到2020年全面深化改革的指导思想、总体思路、主要任务、重大举措。以这份全面推进改革的《决定》为基础，中国改革事业在战略布局、改革难点以及市场地位方面都获得了一些重大的进展乃至突破。

（一）市场在资源配置中的地位获得重大突破

中国改革开放的进程，实际就是从以计划作为配置资源的主要手段逐渐变革成为以市场作为配置资源的主要方式，市场经济逐步确立并不断完善的过程。在这个进程当中，市场的力量从无到有、从弱小到壮大。《决定》旗帜鲜明地提出，使市场在资源配置当中发挥决定性的作用，这在中国的改革开放和市场经济发展历程中具有里程碑式的意义，体现了以习近平同志为核心的党中央对市场规律的认识在不断提高，是我党对中国特色社会主义建设规律认识的一个重大突破。

（二）供给侧结构性改革取得明显进展

党的十八大以来，中国的经济发展面临着全新的环境和挑战。世界经济严重衰退，贸易保护主义抬头，世界经济格局面临新的“洗牌”。与此同时，国内土地、劳动力等要素价格越来越高，资源、环境的约束越来越紧，我国传统的经济发展模式和结构继续进行深刻的调整和改革。中国经济面临着保持一定水平的增速和调结构的两难困境。在这种经济新常态背景下，中央及时作出了供给侧改革的决定和布局，以前所未有的勇气和决心，开启了一场中国经济发展方式向更高形态发展的结构之变。

（三）国家政治体制顶层设计适应新的要求、获得新的突破

党的十八届三中全会提出：“全面深化改革的总目标是完善和发展中国特色社会主义制度，推进国家治理体系和治理能力现代化。”这就要求对过去领导改革的行政部门本身进行改革，对改革领导者的决策效能和执行力提出了重大考验。为了推进改革，中央先是设立了中央全面深化改革

领导小组，有力提升了改革的决策效能，使过去总是被回避的改革议题，比如户籍问题、农村土地制度问题等等，能够集中力量摆脱各种利益羁绊获得正面突破。国家治理体系和治理能力的提高还体现在我国社会主义民主政治的进步上。全面深化改革对加强社会主义民主政治制度建设提出了通过各项制度建设，丰富民主形式，从各层次各领域扩大公民有序政治参与，充分发挥我国社会主义政治制度优越性的总目标。

（四）反腐倡廉效果显著，依法治国有效推进

进一步推进改革，创建良好的经济发展环境，需要廉洁奉公高效的党员和公务员队伍。十八大以来党中央对腐败行为的坚决查处，破除了过去一段时期因党纪国法松懈而滋生的各种潜规则，横扫了贪腐猖獗的不良风气，党纪国法为之肃然而振！中央对于滥权渎职的腐败分子，上至中央常委，下至乡村干部，不管是军方大将，还是地方大员，但凡触犯党纪国法，均依法予以严惩。坚定不移地推进全面从严治党，形成了反腐败斗争压倒性态势。这样大规模的反腐浪潮，激浊扬清，民心得以振奋，党风得以清正，使全体党员干部受到深刻的教育。掌握权力行使权力的全体党员干部自觉地规范行使权力、自觉避免滥权渎职行为，这为规范政府权力的行使、保障市场主体的合法权益奠定了良好的基础。在肃清腐败的基础上，中央通过确立依法治国的方略，从制度建设上、从根本上维护国家的长治久安。2014 年 10 月底召开的党的十八届四中全会，是中国共产党历史上第一次专门研究法治建设的中央全会，通过了《中共中央关于全面推进依法治国若干重大问题的决定》。党把自己的路线、方针、政策通过法定程序转化为国家意志，成为全国人民共同遵守的法律规范，实现党的主张和人民意志的有机统一。

（五）生态文明体制改革为创造绿色环境打下了基础

党的十八大以来，党中央始终把生态文明建设放在治国理政的重要战略位置，首次将生态文明建设与经济建设、政治建设、文化建设和社会建设一起，纳入中国特色社会主义“五位一体”总布局；党的十八届三中全会《决定》，全面、清晰地阐述了生态文明制度体系的构成及其改革方向、重点任务，是将生态文明建设纳入“五位一体”总布局后的又一大创新；党的十八届四中全会要求用严格的法律制度保护生态环境；党的十八届五中全会将绿色发展纳入新发展理念。对生态文明建设的顶层设计

密集推出，体现了党遵循发展规律、顺应人民期待、彰显执政担当。

二、新时期的改革仍面临着巨大的挑战

中国的改革虽然取得了举世瞩目的成就，但是前期单边突进的改革遗留的问题越来越成为拖累经济社会进一步向前发展的障碍，而且经过近40年的改革发展，随着生存型阶段向发展型阶段的转变，我国需求结构开始发生明显变化，新的需求和旧的体制的矛盾也日益凸显，新老问题同时并存，影响改革的深化。目前仍存在的矛盾有以下几个方面：

一是经济发展方式转型与市场化改革不到位的矛盾。以当前最重要的“三去一降一补”为例，虽然其在整体战略上极为重要，但是在实际操作过程中，也出现了行政手段“一刀切”，专去民营企业的传言。“三去一降一补”需要行政手段的配合，不过应尽量以市场的优胜劣汰为主要手段，让行政要求成为市场资源配置的砝码，这样虽然见效慢一些，但长期看会更加健康。

二是税费过重与公共产品供给短缺并存的矛盾。我国已开始从私人产品短缺时代进入公共产品短缺时代，但相应的社会体制改革还不适应这个时代变化的趋势。公共产品短缺成为阻碍扩大内需、制约发展方式转型的一个重要因素。公共产品短缺使我国消费率不断下降，消费率水平不仅低于发达国家，而且也低于“金砖四国”中的其他三国。但是，作为公共产品供应源泉的我国老百姓的税赋水平并不低。如曹德旺所指出的，中国企业税赋同比美国高出相当于营业额的11.6%，这在世界上明显属于较高税赋的国家。同一些宏观税负超过30%的国家相比，在社会福利支出（教育、卫生、医疗、社保等）方面，法国的社会福利支出占GDP的比例为35%，瑞典是38%，挪威是33%，丹麦是37%，澳大利亚是23%，美国是21%，我国还有很大差距。造成这种现象的主要原因，还是因为政府作为投资的主体而没有成为创造环境的主体，财政在公共服务领域的投入比重还不高，地方政府的注意力仍然集中在追求经济总量的扩张上。

三是依法治国的理念在实际行动中仍然有待落实。依法治国的治国方略早已提出，党的十八届四中全会更是以中央全会决定的方式将这一理念提升至治国理政的最高层次，中央深改办也专门出台了各项推进法治建设的意见和方案。但是行政部门职能缺位、错位、越位，行政审批门槛多、

公共服务不到位、权力行使不规范等问题仍然时有发生，阻滞了市场经济的健康发展。另外，《宪法》明确的法院、检察院独立司法也受到意识形态领域反对“司法独立”的影响，律师尤其是刑事辩护律师容易受到不公正的待遇乃至以敌我矛盾予以处理，严重违背依法治国的理念。凡此种种，彰显了法治状况与社会主义市场经济建设的不相适应。市场经济当中利益主体各不相同，市场经济的运行实际也是各个市场主体之间利益交换、协调的过程，是不断产生矛盾又不断解决矛盾的过程，司法承载着保障这些矛盾有效、迅速解决，维护不同市场主体利益交换、协调通畅运行的重要功能，依法治国的理念必须贯彻到实处。

三、改革只有进行时，全面深化改革需要广大党员干部掌握改革的方法和经验

“雄关漫道真如铁，而今迈步从头越。”在新的历史时期，推进全面深化改革需要千千万万的广大党员干部不仅要面对“啃硬骨头”的难题，而且要面对的往往是改革的对象就是自己的利益这样的艰难选择。在这种情况下，除了决策层要在顶层设计方面做好微观改革激励兼容的改革路径设计之外，还需要各个层级的党员干部增强大局意识、核心意识，自觉向中央看齐，其目的就是要发挥出中国共产党作为一个马克思主义政党的核心优势来克服私利对改革的扭曲，这是当前推进改革所需要的，是当前各项党员学习教育培训项目的重中之重，在此无须赘言。需要着重指出的是，在改革的深水区推进全面深化改革，“摸着石头过河”的改革方法在制度架构的诸多方面可能不再适用，党员干部在坚定改革的决心之外，还有必要掌握改革的方法论，在对改革有深刻认知的基础上，掌握推进改革的方法、路径，这样就能够事半功倍地推进改革。在近 40 年的改革进程中，我们积累了不少宝贵的经验和方法，突出的有：

一是不断解放思想，推进理论创新。科学的理论是改革顺利推进的思想保证。改革的进程，就是思想解放的过程，就是理论创新的过程。改革开放以来，我们党坚持解放思想，实事求是，与时俱进，将实践作为检验真理的唯一标准，不断推进理论创新、思想创新和体制创新，创造性地提出了社会主义市场经济理论及其政策体系。

二是坚持市场化的改革方向不动摇。改革开放近 40 年的历程，也是

市场作为资源配置手段的地位不断提升的历程。从“一大二公”和“割资本主义尾巴”到“计划为主、市场为辅”的社会主义商品经济的提出，再到从指令性计划到指导性计划的转变，进一步到社会主义市场经济的提出，最终到使市场在资源配置中发挥决定性作用，中国的改革所取得的成果，也就是社会主义市场经济不断发展的结果。我们回顾中国近40年的改革经验，其中最核心的一条，就是要坚持市场化的改革方向。需要着重指出的是，互联网大数据时代，我们仍然要头脑清醒地坚持市场经济。计划经济与市场经济的区别，本质上并不在于有无计划或者说制订的计划是否科学，即便在完全市场化的社会里，企业也会制订诸多的生产计划、推广计划，计划得好的企业更有可能在激烈的市场竞争中胜出。计划经济与市场经济两者区别的本质是由行政权力来配置资源还是在价值规律的支配下由市场主体的自主选择判断来配置资源。互联网大数据可以使计划的制订更加科学，但是它无法解决这个时代最重要的人的创造性、积极性的问题。只有自由选择的市场，才能产生这种积极性和创造性，也只有自由选择的市场，它所形成的数据和联网才有意义，否则何以持续地发展繁荣？互联网和大数据只有与市场相结合，才能迸发出最大的效用。改革必须坚持市场化不动摇。

三是灵活运用改革方法，既先行先试、先易后难，又统筹兼顾、协调推进。我国改革的典型特征是采取了先行试点、总结推广的方式。立足于把解决本地实际问题与攻克面上共性难题有机结合起来，选择一定地区或改革领域开展试点，在对试点进行总结的基础上，对成功经验和做法再行推广。这种由点而面、先易后难的改革推进方式，既控制了风险，又通过有效的推广机制使成功经验能够迅速普及，成为我国渐进式改革战略的重要经验，也是新时期推进改革开放、探索新的发展模式和体制模式的重要途径。改革又是一项系统工程，必须不断完善改革的推进方式，统筹兼顾，加强总体协调。我们注重把握“破旧”和“立新”的关系，立足于立新，适时、大胆地破旧，从而不断消除深层次的体制机制障碍，建立健全适应生产力发展需要的新体制、新机制；坚持整体推进和重点突破相结合，在统筹规划的基础上注重协调配合，不失时机地实现改革的重点突破。开放也是改革，做到改革和开放相互促进，良性互动。在完善社会主义市场经济体制的新阶段，我们面临的主要是一些触及深层利益关系、配套性强、风险比较大的改革，而且经济体制改革与政治体制、文化体制、社会体制方面的改革日益紧密地联系在一起，这使得改革的统筹协调和整体推进的要求更加凸显。党的十八届三中全会后设立的全面深化改革领导小组，专门就经济体制、民主法治、文化体制、社会体制等设立了专门的改革小组，为改革的统筹协调创造了条件。

四是正确处理改革、发展、稳定的关系。改革是经济社会发展的强大动力，有效的体制是实现经济社会又好又快发展的根本保证，从长远来看，也是确保社会稳定的根本保障，同时，发展和稳定也提供了深化改革的良好环境和基本条件。要正确处理好改革与发展、稳定的关系，适时有序推进改革开放，把改革的力度、发展的速度和社会的承受能力有机结合起来，在保持稳定的前提下推进改革和发展，通过改革和发展促进社会稳定。

当然，宏观上掌握了改革的经验和方法还远远不够，广大党员干部每个人都有自己需要面对的具体的改革领域。这些具体领域的改革都有自己的难点和重点，其改革的方法和路径都不尽相同，需要根据实际情况，因地制宜，对症下药。中国经济体制改革杂志社和中国财政经济出版社这次共同编纂出版的“全面深化改革领导干部学习读本”不仅仅包括宏观的内容，如《未来十年的改革发展战略》《大国反腐》《大市场严监管》，因为不谋全局者不足以谋一域，有利于我们构建对当前整个改革进程的认知框架；更为重要的是，“全面深化改革领导干部学习读本”还就财政改革、金融改革、国企改革、土地改革、社保改革、产业变革、扶贫攻坚等具体改革领域都专门整合了分册，共同构成本丛书的主体内容，这就为广大党员干部在各自的领域学习、推进改革提供了极大的便利。“成事在天，谋事在人。”我相信，只要广大党员干部能够深刻地学习和领悟“全面深化改革领导干部学习读本”这样的改革书籍所传递的改革知识和精神，中国的改革事业就一定能够从胜利走向胜利，中华民族伟大复兴指日可待。

2017 年 9 月

目录

CONTENTS

序言 ………………………………………………………………………（1）

第一篇　社保改革的回顾与展望 / 5

建立更加公平更可持续的社保制度 ……………………… 楼继伟（7）
"十三五"时期我国社保制度建设展望 ………………… 王延中（13）
我国医疗保险体系的改革与发展 ……………………… 申曙光（34）
用现代治理方式推进养老体制转型 …………… 王振耀　田小红（47）

第二篇　当前社保改革的重大争论 / 57

改革应从做实账户转向名义账户 ……………………… 郑秉文（59）
做实养老保险个人账户可持续吗？
——基于黑龙江省的典型调研 ……………………… 关　博（69）
名义账户制是改革的倒退 ……………………………… 韩克庆（80）
城镇职工基本养老保险个人账户向何处去 …… 李　珍　黄万丁（89）
当前完善社保体系的几个关键问题 …………………… 宋晓梧（101）

第三篇　深化社保改革的政策建议 / 117

多策并举有效化解基本养老保险转制成本 …… 李志明　邢梓琳（119）
职工基本养老保险全国统筹之路 ……………………… 郑功成（123）

基础养老金全国统筹资金安排与财政负担分析 …… 庞凤喜 贺鹏皓 张念明 (139)
企业年金制度改革的顶层设计 …… 郑秉文 (154)
应加快发展商业养老保险 …… 郑秉文 (175)
农村养老的困境与对策 …… 赵强社 (189)
老年服务的现状、问题和发展前景 …… 唐 钧 (204)
中国长期基本照护保险制度框架设计 …… 钟仁耀 宋雪程 (216)
建设更加公平、可持续的医疗保障制度 …… 何文炯 (228)
如何完善我国的大病保险制度 …… 杨燕绥 (237)
构建更加积极的社会救助制度 …… 关信平 (244)
退休年龄问题的讨论与政策建议 …… 董克用 (255)

第四篇 社保制度建设的国际实践 / 261

如何认识欧洲社会保障制度的转型 …… 周 弘 (263)
德国里斯特养老保险计划及其对我国的启示 …… 林 义 周娅娜 (275)
瑞典养老保险名义账户制度效果评估 …… 李 珍 周艺梦 (287)
加拿大养老金计划 1997 年改革内容及成效 …… 张亚玲 (298)

序言

PREFACE

改革开放以来，特别是“十二五”时期，我国社会保障制度快速发展，不仅建立起了制度框架，实现了制度体系的全覆盖，而且对经济社会的协调发展发挥着重要作用，但同时，随着老龄化的加深，一些深层次矛盾和问题日益凸显，使制度的公平性和可持续性面临挑战。从公平性来看，不论是基本养老保险还是基本医疗保险，都存在着明显的等级差别，公务员和事业单位人员、城镇职工、城镇居民和农村居民差别很大，社保的再分配功能较弱。从财务可持续性来看，调研数据显示，全国所有省、市、县社保都承受着财务可持续性压力，部分地区当期已收不抵支，还有部分地区即将收不抵支，即便人口大规模流入的东部地区也问题突出、局部告急。“十三五”规划提出要建立更加公平、可持续的社会保障制度，可谓找准了我国社会保障制度问题的症结。

通过深化改革来实现社保制度的公平可持续是各界的共识，但在具体制度设计上，无论是官方还是学界，都存在重大争论，这也是顶层设计迟迟不能出台的重要原因。争论是解决问题的前提，为了充分展示当前社保改革的主要争论焦点，本书精选了有代表性的专家文章，尤其是中国社会科学院世界社会保障研究中心郑秉文主任和中国经济改革研究基金会宋晓梧理事长的文章，都得到过高层领导的批示。

郑秉文认为，社保制度在处理效率和公平的关系上，应该坚持效率第一，提高效率的目的是维持制度的可持续性。可持续性与公平性是皮和毛的关系，如果财务不可持续，社保制度就难以维持，公平性就无从谈起。当前社保制度的症结是吃“大锅饭”问题严重，导致财务可持续性差，依赖财政巨额补贴维持，严重拖累财政。社保制度改革的关键是明晰产权，使账户资产归属明确，这样才能激励人们多缴多得，从而改善社保财务状况。因此，郑秉文建议，在统账结合制度里，扩大个人账户，缩小统筹账户，同时个人账户转向名义账户制。这样做的理由是：一方面做实账户会造成巨大资金沉淀，引发福利损失；另一方面，自2001年做实个人账户试点以来，成效十分有限，难以为继。对于公平性问题，郑秉文认为，我国社保制度建立20多年来，无论是代内公平，还是代际公平，都没能实现，应该承认这个现实，在没有具体改革路径的情况下，空喊坚持制度再分配，对实现制度公平的作用不大。

宋晓梧和郑秉文持明显不同的看法。他认为，当前我国社保制度面临的主要问题是再分配功能弱化。改革开放以来，我国收入差距持续拉大，基尼系数在10多年前就超过了国际0.4的警戒线，逼近0.5。在初次分配差距过大的情况下，基本社会保障项目应当提高公平性、共济性，以平抑初次分配的差距。作为基本社会保障最重要的项目之一，基本养老保险制度提高公平性、共济性的方向应当明确，而不应着力渲染个人利益甚至迎合利己主义。在初次分配贯彻多劳多得的原则下，如果二次分配中再片面强调多缴多得，一次分配的差距就难以缩小。因此，不应把扩大个人账户作为改革的方向，而应缩小个人账户和扩大社会统筹部分。宋晓梧认为，尽管近几年我国社保支出增幅高于GDP增幅，但支出规模仍低于世界其他国家，说明欠账过多。在经济下行时期，合理控制社保支出增速是必要的，但不能因此得出中国社会保障已经面临高福利陷阱的结论。

此外，专家学者在是否应该坚持做实个人账户、退休人员是否应该缴纳社保、延迟退休年龄等问题上也存在针锋相对的观点。

显然，这些是制约我国社保制度发展的重要问题，亟须凝聚改革共识，做出改革安排，但笔者认为这些并非关键性问题。我国社保制度公平性和财务可持续性问题集中表现在基本养老保险制度上。20多年的实践表明，统账结合的基本养老保险制度是适应中国国情的，之所以长期存在等级和区域差别，出现财务不可持续问题，是因为转制成本长期没能化解，形成了巨大的资金缺口，随着老龄化的加深，对制度的冲击作用日益显现，并逐步增强。

我国基本养老保险制度的转制成本主要由两部分组成：一是城镇职工基本养老保险制度从现收现付制向统账结合制转变过程中，由于原来制度的筹资机制和财务管理方式被打破，制度对原来保障对象所承诺的隐性债务逐步显性化而形成转制成本，具体包括改革前已经退休的“老人”的全部养老金和改革前参加工作、改革后退休的“中人”的过渡性养老金。二是机关事业单位人员养老保险制度改革开展后，对改革前已经退休的“老人”、改革前已经工作的“中人”工作年限所对应的养老金承诺的显性化，具体包括“老人”余命期间的全部养老金以及为“中人”支付其改革前“视同缴费”年限对应的过渡性养老金。

那么，上述两项涉及的转制成本规模有多大呢？首先来看城镇职工基本养老保险制度转制成本。据中国社会科学院世界社保研究中心测算，我国城镇职工基本养老保险统账结合制度下的隐性债务为86.2万亿元，其中，社会统筹账户为83.6万亿元，个人账户为2.6万亿元①。其次来看机关事业单位人员养老保险制度转制成本。据江西财经大学副研究员黄晗测算，机关事业单位人员的转制成本合计达18.264万亿元，其中，“中人”的转制成本约为5.175万亿元，“老人”的转制成本约为13.089万亿元②

面对巨量的转制成本，国家并没有建立专门的转制成本化解机制。城镇企业职工基本养老保险的转制成本交由改革后的社会统筹和个人账户相结合的新制度来负担，各级政府在社会统筹基金收不抵支时通过财政资金予以补贴。对于机关事业单位工作人员养老保险制度改革的转制成本负担，国务院《机关事业单位工作人员养老保险制度改革的决定》里没有明确，参照城镇职工基本养老保险制度做法的可能性较大。城镇职工基本养老保险制度的教训表明：在没有建立专门的化解机制的情况下，将转制成本转嫁给新制度去承担，必然导致社会统筹基金收不抵支和个人账户资金大量被挪用，使得社会统筹和个人账户相结合的基本养老保险制度有名无实。

如此大规模的资金缺口，仅靠多缴多得、延迟退休等办法根本无法解决，靠养老保险制度自身平衡更是痴人说梦。如果不解决转制成本，难以填补不同群体和地区间的差距，随着老龄化的加深，财务不可持续问题必然凸显。因此，化解转制成本是养老保险制度健康发展的基础性措施，也是社保制度改革成功的保障。化解转制成本需要政府履行好责任，因为无

① 郑秉文：《中国养老金发展报告（2014）》，经济管理出版社2014年版。

② 黄晗：“机关事业单位养老保险改革的转制成本研究”，《江西财经大学学报》，2014年第6期。

论是城镇职工和机关事业单位的“老人”和“中人”，还是城镇居民和农民，他们都曾经为国家做出过贡献，他们的积累已经固化在国有资产中，政府有责任偿还他们的养老金欠账。

政府履行好责任，主要包括两个方面：

第一，积极主动化解转制成本。党的十八届三中全会《中共中央关于全面深化改革若干重大问题的决定》提出，划拨国有资金充实社保。这是解决养老保险可持续发展难题的根本对策。国家应该出台实施意见和实施方案，明确国有资金充实社保的路线图和时间表。同时，调整财政支出结构，压缩行政支出和经济建设支出，注入社保中化解部分转制成本。公共财政的作用是保障民生，社保是重大民生项目，应该是财政支出的重头，而不能认为是财政的包袱。况且，相对于发达国家，我国社保支出占财政支出的比重还很低，没必要担忧“高福利陷阱”。

第二，要有长远眼光和责任担当。社保制度改革会引发利益格局的调整，以养老金统筹层次为例，统筹层次提高到哪一级，哪一级的政府压力就大，财政补助就多。所以，哪一级政府都不愿在“我”这个层次上实现统筹。统筹层次低虽然不好听，但很实惠，可以激励基层多收费，这算一个制度红利。一些实现省级统筹的省份，随着基本养老保险财务支出压力加大，开始谋划降低统筹层级，这么做虽然暂时缓解了压力，但代价是走了回头路，让很不容易实现的省级统筹前功尽弃，背离了改革的初衷。所以，政府在社保制度改革上，不能得过且过，把问题向后拖延，必须有长远眼光和责任担当，本着对人民、对历史负责的态度，着力抓住并解决好关键问题。

编者

2017 年 9 月

第一篇

社保改革的回顾与展望

改革开放以来，特别是“十二五”时期，我国社会保障制度快速发展，不仅建立起了制度框架，实现了制度体系的全覆盖，而且对经济社会的协调发展发挥着重要作用。然而，随着老龄化的加深，一些深层次矛盾和问题日益凸显，使制度的公平性和可持续性面临挑战，亟须通过深化改革应对挑战。

建立更加公平更可持续的社保制度

楼继伟*

党的十八届五中全会通过的《中共中央关于制定国民经济和社会发展第十三个五年规划的建议》（以下简称《建议》）指出，要建立更加公平更可持续的社会保障制度。这是对党的十八大和十八届二中、三中、四中全会有关精神的继承、丰富和发展。我们要认真学习领会，扎实推进社会保障制度各项改革。

一、建立更加公平更可持续的社会保障制度是全面建成小康社会的重要内容

社会保障是人民群众的“安全网”、社会运行的“稳定器”和收入分配的“调节器”，具有优化资源配置、促进社会公平和保障国家长治久安的作用。经过长期努力，特别是“十二五”时期的攻坚克难，我国社会保障体系有了长足发展，基本形成社会保险、社会救助、社会福利和慈善事业相衔接的总体框架。

（一）制度体系日趋健全

“十二五”时期，全面建立城镇居民养老保险、城乡居民大病保险、疾病应急救助、临时救助等制度，涵盖各类群体、针对各类基本需求的社会保障制度体系基本形成。

* 楼继伟，全国社会保障基金理事会理事长、财政部原部长。

（二）体制改革深入推进

机关事业单位养老保险改革顺利实施，不同性质单位基本制度安排的“双轨制”问题正在解决。新农保和城居保整合为城乡居民基本养老保险。改革医保付费方式，规范医疗服务行为，控制医药费用不合理增长。

（三）保障人群持续增加

截至 2014 年底，职工和城乡居民养老保险参保人数分别达到 3.1 亿和 4.7 亿，比 2010 年底增长 34.8% 和 319.6%。职工医保、居民医保和新农合三项基本医保参保人数超过 13 亿，总参保率在 95% 以上。其他社会保障制度受益人群也不断增加。

（四）保障水平明显提高

企业职工基本养老保险的基本养老金月平均水平 2015 年达到 2 200 多元，是 2010 年的 1.7 倍。职工医保、城镇居民医保和新农合政策范围内住院费用报销比例 2014 年比 2010 年平均提高约 10 个百分点。城市和农村低保平均标准分别由 2010 年底的每人每月 251 元和 117 元提高到 2014 年的 411 元和 231 元。

但也应看到，目前社会保障制度设计和运行还存在一些深层次矛盾和问题。在经济进入新常态以及人口老龄化、新型城镇化加快推进的背景下，这些矛盾和问题会成为我国经济社会发展的制约因素，突出表现在：一是社会保险制度没有体现精算平衡原则，基金财务可持续性较差。“十二五”时期，企业职工基本养老保险基金支出年均增长 18.6%，收入年均增长 12%，支出比收入增幅高出 6.6 个百分点；全国职工医保基金和城乡居民医保基金支出增幅比收入增幅分别高出 2.5 个和 5 个百分点。二是政府、企业、个人以及中央和地方之间责任分担机制不合理，收入保障和提供医疗卫生等公共服务的职责过度向政府集中，医疗卫生和社会保障服务机构运行机制比较僵化。三是制度条块分割，不同社会保障政策之间以及社会保障政策与其他政策之间的衔接配套有待加强，碎片化问题突出。这就要求进一步改革完善社会保障体系，增强社会保障制度的公平性和可持续性，使发展成果更多更公平地惠及全体人民。

二、建立更加公平更可持续的社会保障制度必须遵循的基本原则

“十三五”时期，社会保障改革发展要贯彻落实中央精神，按照“四个全面”战略布局的总体部署，坚守底线、突出重点、完善制度、引导预期，以大力推进体制机制创新、合理界定政府与市场职责为主线，以确保制度更加公平更可持续和增强制度的统一性、规范性为着力点，以促进精算平衡、强化激励约束、推动制度整合、完善筹资机制为核心，确保社会成员合理分享改革发展成果。

（一）立足基本国情，以保基本为优选目标，防止高福利倾向

我国仍处于社会主义初级阶段，生产力发展水平总体较低，社会保障事业发展的经济基础较弱。同时，我国人口年龄结构将发生显著变化，在总和生育率下降与人均预期寿命延长等因素的推动下，老年人口占比不断上升，老年人口高龄化日益突出。社会保障制度建设要合理把握改革力度和进度，根据经济社会发展基本情况以及个人、企业和财政等方面的承受能力，以满足人民群众基本需求为目标，合理确定社会保障项目和水平。要防止脱离经济社会发展和社会结构的实际情况，超出财政承受能力，以拔苗助长的方式推进社会保障制度建设和提高保障待遇水平，避免重蹈一些国家陷入“高福利陷阱”的覆辙。

（二）坚持精算平衡，增强制度可持续性，防范经济社会风险

精算平衡是社会保险的基本原则。宏观上，要根据人口、经济等因素合理确定并及时调整社会保险政策特别是待遇计发办法，确保基金中长期收支平衡；微观上，要使参保者的缴费与收益密切挂钩，实现激励相容，调动其参保缴费的积极性。进一步深化社会保障特别是社会保险制度改革，要按照精算平衡原则，对现有政策进行系统梳理和评估，坚持公平与效率、权利与义务、统一性与灵活性相结合，科学合理设定制度参数、待遇计发办法，促进社会保险基金自求平衡，实现制度长期稳定运行。

（三）加强制度整合，提升制度公平性，防止结构性矛盾和社会不公

在坚持不懈地推进单项社会保障制度改革完善的同时，更加注重从整体上进行制度的顶层设计，实现各项制度的有效整合和成熟定型。按照“全覆盖”的要求，进一步提高养老、医疗和其他社会保险制度的参保缴费率，扫除参保“盲点”和“死角”，防止重复参保；推动社会救助和福利制度实现应保尽保；通过优化整合制度、加强政策衔接、提高统筹层次，有效解决社会保障制度碎片化问题；逐步弱化城乡之间、地区之间、群体之间社会保障政策和待遇水平差异，进一步体现公平性。

（四）注重责任分担，合理均衡各社会主体之间的责任，防止过分增加全体纳税人负担

建立更加公平更可持续的社会保障制度，需要全社会共同努力。充分发挥政府、企业、个人的作用，形成强大合力。适度均衡责任分担，市场机制能够提供的保障职能，政府不要越俎代庖；该由个人和单位承担的社会保障责任，政府不要大包大揽，防止责任过度向政府集中，实际上是让全体纳税人担责。建立健全多层次保障体系，以社会救助为托底层，社会保险为主体层，社会慈善、企业年金、职业年金和商业保险为补充层，加强各层次之间的衔接。适时适当降低社会保险费率，为补充保险留出发展空间。合理划分政府间社会保障事权，按照外部性、信息复杂性和激励相容“三原则”，根据养老、医疗卫生、社会救助等事务的特点，合理确定中央和地方政府的支出责任。大力推进政府购买服务和政府与社会资本合作，积极引导社会力量和社会资本参与提供养老、医疗卫生、社会救助等服务。

三、建立更加公平更可持续的社会保障制度的主要任务

《建议》围绕建立更加公平更可持续的社会保障制度，提出了一系列重要任务。要按照《建议》做出的改革部署，全力抓好养老和医疗两大重点，统筹社会救助体系建设，进一步深化社会保障制度改革，确保按期完成各项改革任务。

（一）加快推进养老保险制度改革

一是完善职工养老保险个人账户制度。建立透明易懂的收付制度，加强个人缴费与待遇水平之间的联系，做到多缴多得、长缴多得，鼓励参保缴费。随着退休人员预期寿命的延长，合理调整个人账户养老金计发月数。改进个人账户记账利率办法，研究完善个人账户余额继承政策。同时，进一步健全城乡居民养老保险参保缴费激励约束机制。二是实现职工基础养老金全国统筹。统筹考虑制度设计、中央与地方事权和支出责任划分等相关问题，积极稳妥推进职工基础养老金全国统筹，增强调剂基金余缺能力。三是丰富社会保险基金收入来源渠道。拓宽社会保险基金投资渠道，推进基金市场化、多元化、专业化投资运营。逐步提高国有资本收益上缴公共财政比例，2020 年提高到 30%，更多用于保障和改善民生。划转部分国有资本充实社保基金。四是渐进式延迟退休年龄。综合考虑我国人口结构、就业结构变化趋势和社会保障可持续发展要求，出台渐进式延迟退休年龄政策。五是加快发展补充养老保险。完善企业年金和职业年金个人所得税递延纳税政策，扩大个人税收递延型商业养老保险试点，鼓励职工参加个人储蓄性养老保险，推动建立多层次养老保险体系。六是建立基本养老金合理增长机制。以职工和居民收入为基础合理确定基本养老金水平，建立综合考虑收入增长、物价变动等主要因素的正常调整机制。

（二）改革医疗保险制度

一是健全医疗保险筹资机制和报销比例调整机制。建立居民医保和新农合筹资水平与医疗费用增长速度以及其他相关因素合理挂钩的科学调整机制。合理强化医保个人缴费责任，增强居民医保和新农合制度的社会保险属性。研究实行参加职工医保的退休人员缴费政策。坚持适度保障原则，建立与筹资水平相适应的报销比例调整机制。二是全面实施城乡居民大病保险制度。完善大病保险制度，覆盖所有城镇居民医保、新农合参保人群，与医疗救助等制度紧密衔接，共同发挥托底保障作用，有效防止发生家庭灾难性医疗支出。三是发挥医保控费作用。改革医保支付方式，推进按人头付费、按病种付费和总额预付等复合付费方式，控制医疗费用不合理快速增长。鼓励商业保险机构参与医保经办。改进个人账户，采取门诊统筹报销模式，对费用较高的慢性病和门诊大病给予更好保障，提高医保基金使用效益。实现跨省异地安置退休人员住院医疗费用直接结算，为参保群众提供便捷服务。四是整合基本医疗保险制度。理顺居民医保和新农合管理体制，加快城乡居民基本医疗保险制度整合步伐。将生育保险和基本医疗保险合并实施，降低运行成本。五是鼓励发展补充医疗保险和商业健康保险。积极鼓励发展企业和个人共同负担的补充医疗保险以及个人投保的商业健康保险，建立多层次医疗保障体系。在落实对基本医疗保险、补充医疗保险税收优惠政策的基础上，完善个人购买商业健康保险的个人所得税税前扣除优惠政策。

（三）统筹社会救助体系建设

加强社会救助政策衔接，专项救助不再锁定低保对象，减少福利捆绑，针对救助对象医疗、住房、就业、教育等方面的特殊情况提供差别化救助。实行扶贫政策和低保政策有效衔接，对贫困人口应保尽保。整合基本生活救助制度，针对现行社会救助政策“单向叠加”、不同制度对同一困难类型或同一类救助对象重复保障的问题，统一按困难类型划分社会救助制度。制定和完善救助申请对象财产信息核查办法，建立跨部门、多层次的救助申请家庭经济状况核对机制。合理划分中央和地方政府的基本生活救助支出责任，并由中央和地方分别负担不同的救助项目或救助对象支出，以发挥中央促进基本公共服务均等化和地方掌握信息优势的两个积极性。支持发展慈善事业，积极引导社会力量参与社会救助。

（本文原载于《预算管理与会计》，2016年第1期）

“十三五”时期我国社保制度建设展望

王延中*

中共中央《关于制定国民经济和社会发展第十三个五年规划的建议》明确提出，“十三五”时期要建立更加公平更可持续的社会保障制度。这不仅是十八届五中全会提出的创新、协调、绿色、开放、共享新发展观的直接体现，还为今后社会保障制度建设提出了清晰明确的目标定位，必将引领新时期社会保障制度的健康发展。

一、社会保障为全民共享改革发展成果奠定了重要制度基础

社会保障是社会为保护和提高社会成员基本生活质量而采取的处置社会风险、解决社会问题的社会政策，是基本公共服务均等化的重要内容。社会保障的本质是维护社会公平进而促进社会稳定发展。社会保障制度不仅可以防范劳动者和社会成员的个人风险，而且具有国民收入的分配与再分配功能，对于实现全体人民共享发展成果也是一个非常重要的制度保障。改革开放以来特别是“十二五”时期，我国社会保障制度快速发展，不仅实现了制度体系的全覆盖，而且对于经济社会的协调发展发挥着日益重要的作用。

（一）社会保障体系不断完善，基本实现了制度全覆盖

“十二五”期间，我国在原有社会保障改革的基础上逐步建立和完善各项社会保障制度。在养老保险方面，2011 年 6 月，国务院发布了《关

---

* 王延中，中国社会科学院劳动与社会保障研究中心主任、研究员。

于开展城镇居民社会养老保险试点的指导意见》，探索建立城镇居民养老保险制度；2014年2月，国务院发布了《关于建立统一的城乡居民基本养老保险制度的意见》，统一覆盖符合条件的城乡居民；同时，人力资源和社会保障部还完善了《城乡养老保险制度衔接暂行办法》，积极推进城乡居民养老保险制度的衔接、整合与一体化发展，明确了企业年金、职业年金个人所得税政策，补充养老保险制度建设速度加快。在医疗保障方面，城镇居民基本医疗保险门诊统筹基本建立。2012年8月，国家发改委等六部委联合下发《关于开展城乡居民大病保险工作的指导意见》，探索建立重特大疾病保险制度。失业、工伤、生育保险制度建设也迈出重要步伐。探索使用失业保险基金开展预防失业、促进就业工作；积极开展工伤康复、工伤预防工作，扩大工伤预防试点；不断扩大生育保险覆盖面和支出范围，逐步将居民生育医疗费用纳入城镇居民医疗保险和新农合支付范围。在最低生活保障方面，2011年3月、5月，国家发改委、民政部、财政部等部委先后发出《关于建立社会救助和保障标准与物价上涨挂钩的联动机制的通知》《关于进一步规范城乡居民最低生活保障标准制定和调整工作的指导意见》，标志着城乡低保标准动态调整机制正式建立；2012年9月，国务院发布了《关于进一步加强和改进最低生活保障工作的意见》，进一步规范了城乡最低生活保障工作。在养老服务方面，2011年，国务院办公厅印发《社会养老服务体系建设规划（2011～2015年）》；2013年，国务院印发《关于加快发展养老服务业的若干意见》，推动养老服务业的快速发展。在慈善事业方面，2011年，民政部发布《中国慈善事业发展指导纲要（2011～2015年）》；2014年，国务院发布《关于促进慈善事业健康发展的指导意见》，提出了促进慈善事业健康发展的目标与政策措施。在补充保障方面，2014年，国务院发布了《关于加快发展现代保险服务业的若干意见》，明确提出要“把商业保险建成社会保障体系的重要支柱”，特别提出要充分发挥商业保险对基本养老、医疗保险的补充作用。2014年，人力资源和社会保障部办公厅发布了《关于进一步做好企业年金方案备案工作的意见》，积极推进企业年金制度的发展。其他社会保障方面的制度建设也取得了积极进展，新修改后的《工伤保险条例》从2011年1月1日开始施行。修改后的《军人抚恤优待条例》于2011年8月1日正式实施。2015年，全国所有省级地区都制定了新的城乡居保实施意见，基本实现了城乡居民基本养老保险制度的统一。同时，中央决定实施机关事业单位养老保险制度改革，按照“一个统一（机关事业单位与企业等城镇从业人员统一实行社会统筹与个人账户相结合的基本养老保险制度），五个同步”原则在全国范围内同步实施。这项改革实现了机关事业单位和企业的养老保险制度并轨，有利于缓解“待遇差”，促进了社会公平与和谐，促进了机关事业单位的改革，形成了人员能进能出、合理流动的机制，得到了社会各界的广泛认同。

（二）社会保障参保人群数量日益增加，社会保险基金规模不断扩大

“十二五”后期是我国社会保障覆盖面迅速扩大的时期。随着各项社会保障制度的建立健全，覆盖城乡居民的社会保障体系基本形成，实现了制度全覆盖。随着城镇职工基本医疗保险制度、新型农村合作医疗制度、城镇居民医疗保险制度的建立和完善，医疗保险制度率先实现覆盖全民，编制了世界上最大的医疗保障网络。从五项社会保险的覆盖人数来看，基本养老保险的参保人数从2009年的2.35亿人增加到2013年的8.2亿人；城镇基本医疗保险的参保人数从2009年的4.01亿人增加到2013年的5.71亿人；失业保险参保人数从2009年的1.27亿人增加到2013年的1.64亿人；工伤保险的参保人数从2009年的1.49亿人增加到2013年的1.99亿人；生育保险参保人数从2009年的1.09亿人增加到2013年的1.64亿人。2013年底，全国有2 489个县（市、区）开展了新型农村合作医疗，参合人口数达8.02亿人，参合率为98.7%。在社会救助方面，城市居民最低生活保障人数稳定在2 000万人左右，农村居民最低生活保障人数稳定在5 300万人左右，农村五保供养老人数量稳定在500万人左右（见表1）。到2014年6月，全国基本养老保险参保人数达到8.24亿人，职工医疗保险、城镇居民医疗保险和新型农村合作医疗三项基本医疗覆盖面超过95%，提前完成“十二五”规划目标。截至2015年9月，全国基本养老、基本医疗、失业、工伤、生育保险参保人数分别为8.52亿人、6.58亿人、1.71亿人、2.11亿人、1.78亿人，分别比2014年底增长939万人、6 017万人、86万人、427万人、742万人，从参加人数看，中国建成了世界覆盖范围最大的社会保险和社会保障网。

随着社会保障制度的发展，特别是缴费型社会保险制度的不断完善和

覆盖面的不断扩大，社会保险基金收支规模也随之不断扩大。五项社会保险（不含新型农村社会养老保险）基金收入从2009年的16 116亿元上升到2013年的35 253亿元；基金支出从2009年的12 303亿元上升到2013年的27 916亿元。具体来看，2013年全年基本养老保险基金收入24 733亿元，比2012年增长13.3%，全年基本养老保险基金支出19 819亿元，比2012年增长18.6%。2013年城镇基本医疗保险基金总收入8 248亿元，支出6 801亿元，分别比2012年增长18.9%和22.7%。2013年失业保险基金收入1 289亿元，比2012年增长13.2%，支出532亿元，比2012年增长18.0%。2013年工伤保险基金收入615亿元，支出482亿元，分别比2012年增长16.7%和18.7%。2013年生育保险基金收入368亿元，支出283亿元，分别比2012年增长21.1%和28.9%。到2014年，城镇职工基本养老、基本医疗、工伤和生育保险年度节余5 875亿元，累计节余43 765亿元。2014年底，五项社会保险（含城乡居民基本养老保险）基金收入合计39 828亿元，比2013年增加4 575亿元，增长率为13.0%。基金支出合计33 003亿元，比2013年增加5 086亿元，增长率为18.2%。截至2015年9月底，五项社保基金收入33 186.6亿元，支出28 190.5亿元，当期收支相抵有10%～20%的结余，加上57 366亿元的累计结余资金，社会保险基金的运行总体安全，具备一定的抵御风险能力。

（三）社会保障待遇水平不断提高，社会保障调节收入功能进一步发挥

随着经济发展水平的提高和国家财政实力的增强，我国不断加大社会保障财政投入，社会保障的待遇水平明显提升。国家连续11次上调企业退休人员养老金。11年连调使企业退休人员基本养老金由2004年的月均647元提高到2015年的2 000多元，有力保障了企业离退休职工的基本生活。2014年，全国城乡居民基本养老保险基础养老金最低标准由原每人每月55元提高至每人每月70元。城镇职工有15.2亿人次享受医疗待遇，城镇居民有4.2亿人次享受医疗待遇，职工基本医疗保险和城镇居民基本医疗保险政策范围内住院医疗费用报销比例分别达到80%以上和70%左右。最低生活保障水平稳步提高，城市居民最低生活保障平均标准从2010年的251.2元/人·月提高到2013年的373元/人·月；全国城市低保月人均补助水平从2010年的189元提高到2015年8月的293元。农村低

保平均标准从2010年的117.0元/人·月提高到2013年的202.8元/人·月；农村低保月人均补助水平从2010年的74元提高到2015年8月的135元。农村扶贫方面，2011年国家确定新的农村扶贫标准为农民人均纯收入2 300元，与国际标准的绝对贫困线接轨，越来越多的贫困人口被纳入扶贫范围，分享国家改革发展成果。

伴随社会保障体系的不断完善和社会保障基金收支占国民经济比重的不断提高，最低生活保障、养老保障、医疗保障、失业保障和教育保障等社会保障制度对于我国收入分配均发挥着一定的积极作用。2012年，社会保障收入已经占到城乡居民收入的14.5%，其中城镇老年居民收入的一半以上甚至主要收入主要来源于社会养老金。社会保障转移性收入使城乡居民收入的基尼系数下降了4.53%，养老金财产对企业职工家庭的财产分布产生了较大的再分配效应。新型农村合作医疗的补偿更倾向于患病群体，且收入低的群体获得的补偿高于收入高的群体。低保政策对最贫困群体的基本生活发挥了一定的兜底作用，对城镇内部和农村内部的收入差距也有一定的抑制作用。

（四）更加注重立法与管理能力建设，社会保障法制化水平明显提高

“十二五”期间，我国非常重视社会保障法制建设，取得了积极进展。最为突出的是2010年10月全国人大常委会通过、2011年7月起实施的《中华人民共和国社会保险法》，这是我国社会保障制度走向法制化的重要标志，为我国社会保险事业的发展奠定了法制基础。《社会保险法》对基本养老保险、基本医疗保险、工伤保险、失业保险、生育保险、社会保险费征缴、社会保险基金、社会保险经办等内容进行了规范。2012年4月27日，第十一届全国人大常委会第二十六次会议通过的《军人保险法》规定了军人伤亡保险、退役养老保险、退役医疗保险和随军未就业的军人配偶保险的建立、缴费和转移接续等内容。2014年2月，国务院发布的《社会救助暂行办法》明确了社会救助的管理体制、资金保障和内容体系，推动了社会救助体系的整合与完善，实现了社会救助制度的科学化、规范化。此外，《城镇住房保障条例》《生育保险办法》也取得了积极进展。2014年，国务院公布了《事业单位人事管理条例》，人力资源和社会保障部与国家卫生和计划生育委员会颁布《工伤职工劳动能力鉴

定管理办法》等法规，对于规范事业单位人事管理，保障事业单位工作人员合法权益，加强劳动能力鉴定管理等领域的社会保障事务提供了更加清晰明确的法规依据和操作规范。通过举办各种类型的普法宣传、业务骨干培训活动，社会保障领域的法治化程度不断提高。

二、社会保障制度的公平性和可持续性依然面临巨大挑战

党的十八届三中全会明确提出建立更加公平可持续的社会保障制度。十八届五中全会的《关于制定国民经济和社会发展第十三个五年规划的建议》中再次重申这一目标，说明“十三五”时期社会保障制度建设不仅仅要注重覆盖面的扩张、基金规模的扩大等外延式发展，而且要把提高社会保障制度的公平性和可持续性作为首要任务。

社会保障制度本意上是促进社会公平、防范社会风险、维护社会稳定的社会制度，但是实现上述目标却有赖于这个制度体系的不断完善。以社会保障调节收入分配的功能为例，社会保障既可能促进收入再分配，缩小收入差距，也可能出现负向调节，扩大收入差距。社会保障收入再分配的正负作用取决于制度模式、覆盖范围、制度设计、制度转轨、管理服务等相关影响因素。需要充分发挥社会保障对收入再分配的正向调节作用，防止和避免其负向调节作用。同时，社会保障制度建设，又是在我国经济社会剧烈转型的宏观背景下进行的。我国社会分层结构的变化和社会保障体制的改革几乎同步进行，二者相互联系、相互影响。不同社会分层的经济社会地位和群体意识大相径庭，判断社会公平的标准更加多元，在社会保障制度改革和发展过程中很难形成一致意见，这也加剧了社会保障制度改革的难度。在新时期的社会保障制度改革与建设过程中，如何确保每个阶层、每个群体（比如农民、农民工等）都能够更加公平便捷地得到合理的社会保障资源，如何确保越来越多的人享受到不断提高的待遇水平，不同群体之间的社会保障待遇差距趋于缩小，让更多的人甚至每一个人都能够实实在在地提高获得感，这都是进一步提高社会保障制度公平性必须面对的巨大挑战。

与上述挑战相关联的另一个重大挑战是如何提高我国保障制度，特别是基本养老保险等社会保险制度的可持续性问题。一方面，我国的人口老

龄化速度和趋势十分迅猛，在未富先老的情况下解决庞大的老龄人群的基本保障问题是每个家庭以及整个社会和各级政府的巨大责任。2015 年我国 60 岁以上人口已经超过 2 亿人（占全国总人口的 15%），2.3 亿人领取养老金（占总人口 17%）。60 岁以上老人在未来 20 年还将成倍增长，老龄人口高峰时期的比重将达到总人口的 1/3 左右。目前，我国只有职工基本养老金水平能保障退休后的基本生活，城乡居民基本养老金发挥的作用十分有限。如果把城乡老年居民的基本养老金水平提高到目前离退休职工基本养老金的 50%，仅仅养老金一项的支出就将翻倍，远远超过目前养老保障甚至整个社会保障制度的支付能力。如何在人口老龄化高峰时期使养老金的增长与国民经济、城乡居民收入的增长保持基本同步，又要为广大老年人口的基本生活、基本服务提供基本保障，已经成为摆在中国社会保障体系建设过程中十分紧迫而又异常艰巨的压力与挑战。在这个时候进一步强调社会保障制度的可持续性，对于指导今后五年乃至更长时期的社会保障制度建设，具有十分重大的战略意义。另一方面，如何切实加强社会保障制度的管理能力，切实提高社会保障资金的高效合理利用，提高积累资金的保值增值水平，加强社会保障资金的风险防控和监管，也是当前社会保障制度建设的重要任务。进入 21 世纪以来，全国五项社会保险（含城乡居民基本养老保险）基金收入和支出相抵后每年都略有结余，截至 2014 年，已经累计结余 5.23 万亿元。如果算上全国社会保障基金以及每年财政性社会保障拨款，如何管理好数量如此庞大、管理链条和环节不断增多的社会保障资金，特别是积累结余资金，是对我国社会保障管理队伍的巨大挑战。社会保障资金作为亿万人民群众的“养命钱”，必须确保安全，不容有半点闪失，更不能被挤占挪用。要建立更加严格的基金管理制度和信息披露制度，进一步完善社会保障资金有效规避风险的闸门。但是，严格监管不意味着让结余积累资金“睡大觉”，承受通货膨胀和利率下行的贬值风险，还必须深化基金投资体制机制改革，在确保资金安全的前提下用更灵活的机制进行多元化投资，实现积累资金的保值增值。2015 年中央出台了基本养老保险基金投资运营办法，将按照市场化、多元化、相对集中运营的方式进行投资运营。新的改革举措有利于拓宽基金来源、增强养老基金的支撑能力，增强社会保障资金的抗风险能力，对于养老保险制度的可持续发展和社会保障体系的稳定具有重要意义。问题的关键是如何把上述设想和改革举措落到实处，并取得良好的结果，这不仅是对社会保障部门基金管理专业能力的挑战，更是对相关参与部门和整个国家社会保障体系建设能力的考验。

三、着力建设公平可持续的养老保障制度体系

老年保障是社会保障制度的核心，也是老龄化社会必须建立的基本保障和基本公共服务体系的基础。“十三五”时期，我国养老保险制度改革与发展的任务依然艰巨，需要主动适应人口快速老龄化和经济社会发展的新常态，继续深化改革，遵循“人人参与、人人出力、人人享受”的原则，使基本养老保险制度更加成熟，同时针对老年服务需求的进一步上升，通过政府、社会、市场、家庭等多方面的力量将其有机结合起来，在老年生活服务保障方面迈出新的步伐。根据“十三五”规划的建议，应重点抓好以下几个方面的工作。

（一）深化基本养老保险制度改革，完善职工养老保险个人账户制度

社会统筹与个人账户相结合是我国基本养老保险的制度模式，这一制度模式是借鉴国际经验与立足我国国情的产物。引入个人账户是我国养老保险制度改革的重要举措。在实践中，这一模式不断改革和完善。个人账户是我国基本养老保险制度的重要组成部分，对于兼顾公平与效率、保障养老保险参保人员的利益、增强养老保险制度的激励性等发挥着重要作用。目前，个人账户在实践中还存在若干问题需要解决，比如个人账户的定位问题、个人账户“空账”问题、个人账户的管理问题、个人账户的规模问题、个人账户的计发方式问题等，这些问题的存在影响了参保人员的利益。未来需要理性认识个人账户的意义与定位，继续改革完善个人账户制度。在不影响制度公平性的前提下，可以适度调整个人账户的规模，完善个人账户计发方式，根据人均预期寿命调整个人账户计发月数，增强个人账户积累的灵活性，健全多缴多得机制；调动个人缴费的积极性，增强养老保险制度的激励性、效率性与可持续性。个人账户制度的建立有利于明确个人的缴费义务，未来需要遵循权利与义务相结合的原则，建立和完善与缴费关联的待遇计发机制。此外，还应该加强个人账户的管理与投

资，完善个人账户管理与投资体制，促进养老保险个人账户的保值增值，切实维护参保者的个人账户权益。

（二）实现职工基础养老金全国统筹，建立基本养老金合理调整机制

我国的基本养老保险待遇包括基础养老金与个人账户养老金两个组成部分，其中基础养老金实行现收现付制。我国的基本养老保险统筹层次较低，长期以来处于地、市级统筹状态，目前基本实现省级统筹。尽管如此，我国养老保险的统筹层次依然较低，养老保险制度的管理处于地方分割状态，不利于整合养老保险资源和改进养老保险的管理服务，不利于人员的跨地区流动，不利于加强养老保险基金的管理与投资，不利于增强养老保险制度的公平性与效率性。因此，未来急需进一步提升基本养老保险制度的统筹层次，尤其是要尽快实现基础养老金全国统筹的目标，宜早不宜迟。实现职工基础养老金的全国统筹，需要“全国一盘棋”，增强基本养老保险制度的互助共济性，在全国范围内统筹考虑基础养老金的筹资、给付、管理与监督行为；要求建立与之相适应的养老保险筹资机制，建立和完善基本养老保险预算；规范养老保险收支行为，统一基本养老保险费基、费率与征收行为，统一基础养老金的支出行为，平衡不同地区之间的养老负担差异；建立合理的责任分担机制，明确中央和地方的关系以及地方政府间的关系。未来应该在职工基础养老金全国统筹的基础上继续推进实现整个基本养老保险制度的全国统筹。

合理的待遇水平是参保者共享发展成果和制度可持续发展的必然要求，应该遵循公平、共享、可持续的原则建立基本养老金待遇调整机制。近年来，我国连续多年提高养老金待遇水平，保障退休人员的基本生活水准，让退休人员共享改革发展成果。但是，目前我国的养老金待遇调整依然存在诸多问题，如调整依据不明确，调整行为不规范，具有较强的随意性，主要靠临时的政策文件来推动待遇调整等，尚未形成科学的养老金待遇调整机制，不利于维护退休人员的养老权益。未来需要在规范、完善养老金待遇计发办法的基础上建立和完善基本养老金待遇调整机制。根据国际经验来看，国外养老金待遇的调整主要有三种做法：根据在职人员的工资增长情况进行调整；根据物价水平进行调整；根据综合工资增长情况与物价水平进行调整。我国基本养老金待遇的调整不宜单一地依据工资增长

或物价增长进行调整，而需要兼顾公平与效率，综合考虑财务可持续、人口预期寿命、地区经济发展水平、工资水平、物价水平等因素，建立科学的待遇调整指数，实现待遇调整的指数化、常态化、科学化。

（三）加强和改进养老保险基金投资，提高社会保险基金抗风险能力

加强养老保险基金的科学管理与投资，实现养老保险基金的保值增值，是未来养老保险制度改革与发展的重要任务。要进一步完善养老保险的管理体制与管理模式，发展一批专业化的基金投资机构，并实现适度、有序竞争，降低投资成本，提高投资收益；严格规范养老保险基金投资机构的准入门槛，尝试建立养老保险基金投资最低收益担保机制。养老保险基金投资的多元化要求进一步拓宽基金投资渠道，完善投资组合策略，积极稳妥地推进养老保险基金进入资本市场；加强养老保险基金对基础设施建设的投资，既可有效缓解长期投资资金的不足，又可以明显提高投资回报率；建立养老保险基金投资的信息披露机制，健全养老保险基金投资风险防控机制，防范保险基金的投资风险，及时解决基金投资过程中存在的问题。

针对人口老龄化给我国养老金带来的巨大压力，要采取制度性的调整措施解决老龄化高峰时期养老保险基金入不敷出的问题。目前，我国养老保险制度转轨还在进行中，由于对部分“中人”权益的处理不到位，形成了制度转轨的债务，需要通过有效途径来筹集资金，处理制度转轨产生的债务问题，以应对“中人”退休时的支付需要。要划转国有资本充实养老保险基金和社会保险基金，同时保证养老基金的增值属性。由于国有资本的公共属性，其资本收益应该归国家所有，惠及全民，是全民共享的财富。未来应该统筹考虑养老保险制度改革、国有企业改革和财税体制改革，逐步提高国有资本收益上缴公共财政的比例，以财政支出的方式充实养老保险基金，或者通过国有股持减的方式支持养老保险基金。改革开放以来，我国的国有企业不断发展壮大，积累形成了巨额的国有资本，为充实养老保险基金和社会保险创造了条件。未来需要制定国有资本充实养老保险基金的具体方案，明确国有资本划转的程序、数额与比例，以及划转后的具体管理事项及相关配套工作。

（四）渐进式延迟退休年龄，完善基本养老金领取激励约束机制

退休年龄规定是我国退休制度的重要内容，也是目前我国养老保险制度的重要参数。随着我国人口老龄化进程的快速推进和人口预期寿命的明显延长，退休年龄的问题成为近些年来社会各界关注的重要话题。目前我国的退休年龄规定基本沿袭新中国成立初期的做法，与人口预期寿命严重失调。退休年龄规定与养老制度的联系缺乏灵活性，退休年龄成为领取养老金的重要条件，为人口老龄化背景下的养老保险基金支付带来了压力。延迟退休年龄是充分利用人力资源的需要，是完善养老保险制度的需要，也是非常重要的养老保障制度的自我调节机制。由于延迟退休年龄关系重大，应该积极稳妥推进，尽可能统筹兼顾各方利益。应该采取渐进的方式延迟退休年龄，而不是一步到位。延迟退休年龄有不同的路径和方法，“先女后男、小步渐进”是一种可取的方式。在近期内，需要将男、女性的退休年龄统一设定为60岁，在此基础上，再共同渐进延迟男女退休年龄。可以采取先慢后快或匀速推进的办法，通过20~30年的时间将退休年龄延迟到位。应该在国家经济社会整体利益框架下充分考虑不同人群的利益，既要考虑到部分人的就业意愿和发展需求，也要考虑到部分人的休息意愿、健康权益和社会保障权益。

由于退休年龄改革和养老金改革涉及面广，需要及早公布相关方案，增加相关人员的知情权、参与权。方案的确定需要有一个较长时间的过渡期，实现平稳过渡。伴随法定退休年龄的延长，可以根据不同行业、不同工种、不同劳动性质的工作岗位，细化具体方案，在一定幅度内建立弹性退休制度，把强制退休制度与自愿选择退休制度有机结合起来。在规定最低退休年龄、标准退休年龄和最晚退休年龄的同时，允许一部分人自愿选择提前退休，但需要达到标准退休年龄后才能领取养老金，鼓励有条件和有意愿的人群自愿延迟退休年龄。要探索建立退休年龄与人口预期寿命关联的灵活调整机制，增强养老金领取制度与工龄、年龄、缴费年限等因素的有机联系，增强养老金对退休制度的激励约束作用。

（五）完善多层次养老保险体系，逐步建立高龄老年人口基本服务照料制度

养老保障制度具有显著的多层次性，既包括基本养老保险制度，也包括补充养老保险制度和个人储蓄养老保险制度，同时还有家庭养老保障、社会慈善、社区服务等多层次的养老保险体系。这种多层次性，可以适当降低政府在养老保障制度方面的财政压力，也有利于满足不同人群差异化的养老保险需求，提高养老保障待遇水平，兼顾养老保险制度的公平与效率。建立和完善多层次的养老保险体系是我国养老保险制度改革与发展的重要目标，在许多重要文件中均提出要建立和完善多层次的养老保险体系。然而，受多种因素的制约，我国基本养老保险制度尚未成熟定型；基本养老保险制度规定的缴费率过高，影响了其他层次的养老保险制度的发展。因此，完善多层次养老保险体系还面临着许多重要任务。要处理好基本养老保险与补充养老保险的关系，明确二者的功能定位，积极发展职业年金、企业年金和商业养老保险，形成基本保障与补充保障相互配套、互相支持的多层次养老保险体系。要处理好政府与市场的关系，政府鼓励并多用市场机制发展补充养老保险制度，进一步完善补充保险的税收政策支持，为多层次养老保险体系的发展创造良好的环境。

针对人口老龄化特别是高龄少子化的客观现实，建立高龄老人的基本照料制度。大力发展以居家养老为主的社区养老服务体系，通过发展社会工作队伍的方式，为失去活动能力的老龄人口提供必要的基本照料服务。江苏一些地方试点的政府购买家人照料服务的方式值得重视，有条件的地区可以试点老年护理保险制度，更好地把基本养老保险金与老年照料结合起来，克服家庭小型化导致的照料缺失问题，抓紧建立社会服务指标体系，促使老年照料和基本公共服务的健康发展。

四、医疗保险深化改革助推“健康中国”建设

2009 年以来，中国实施的新一轮医疗卫生体制改革取得了举世瞩目的辉煌成就。但是，面对人口老龄化对卫生体系带来的巨大压力，目前的医疗卫生体制还存在着诸多方面的不适应。卫生费用的持续快速上升，对

国家财政、社保基金和居民收入造成了巨大的负担。如何发挥好医疗保险制度的杠杆作用，对于深化“十三五”时期的医疗卫生体制改革、推进健康中国建设具有基础性引领作用。

（一）整合城乡居民医保政策和经办管理，逐步实行职工退休人员医保缴费参保政策

我国大部分地区的农村居民和城镇居民分别参保于新型农村合作医疗制度和城镇居民基本医疗保险制度。新型农村合作医疗制度往往由卫计委部门管理，城镇居民基本医疗保险则由人力资源与社会保障部门管理。其实，两项制度在缴费主体和标准、筹资方式、报销办法、财务平衡方式、经办与管理方式等方面都存在很多相似性。随着我国各地区城镇化的加快，当前的城乡居民分割参保和制度分块经办管理的模式将越发制约农村劳动力的有序流动和城镇化推进。这种模式导致地方政府的经办管理成本过高，影响参保信息共享。在加快城镇化建设和深化政府管理体制改革的背景下，必须加快推进城乡居民医保政策和经办管理的整合，积极探索城乡居民医保政策与城镇职工基本医疗保险制度的衔接与整合，提高医保基金管理效率，从制度上消除重复参保现象，促进劳动力跨城乡和跨地区间的自由流动。

在整合城镇居民基本医疗保险制度和新型农村合作医疗制度的过程中，城乡老年居民参保制度应该向职工基本医疗保险制度延伸。目前，城镇职工达到法定退休年龄时累计缴费达到国家规定年限的，退休后不再缴纳基本医疗保险费，按照国家规定享受基本医疗保险待遇。农村居民和城镇居民达到退休年龄后则依然需要继续缴费参保。相比而言，城镇职工退休人员参加医疗保险的保险性明显不足。这种缴费机制的差异对医疗保险制度的公平性和制度资金运行的可持续性容易造成负面影响。2010～2014年，城镇退休职工参保人数占城镇职工总参保人数的比重分别为25%、24.9%、25%、25.3%、25.6%，呈逐年递增趋势，但城镇退休职工参加城镇基本医疗保险的比重分别为13.7%、13.3%、12.3%、12.2%、12.1%，呈逐年下降趋势。两组数据表明，随着城镇退休人员的不断增加，职工退休人员在整个城镇职工医疗保险中需要占用的医疗资源份额也将不断增加。老年人的医药费用支出占生活费用支出的比例远远高于中年

劳动力人群。因此，研究实行职工退休人员医保缴费政策应当不仅是医疗保险走向定型优化的内在要求，还是增强参保者之间的横向公平性、制度的保险性、财务的可持续性的重要举措。可以在试点基础上，进行《社会保险法》有关条文的修订，逐步探索实施离退休职工参加基本医疗保险缴费办法。在过渡期内，可以适当加大政府专项财政补贴引导个人参保的力度，通过划拨国有资产收益等方式弥补不适合缴费人群参加基本医疗保险制度的成本。

（二）改进基本医疗保险个人账户，深化医保支付方式改革

在社会保障制度建设初期，我国基本医疗保险制度中设立了个人账户制度，但随着时间的推移，个人医疗账户制度的功能和作用逐步得到调整。城镇居民基本医疗保险没有实行个人账户。2008 年以来，大部分地区的新型农村合作医疗制度也实施了门诊统筹的试点。目前仅有城镇职工基本医疗保险制度因建立初期就已经建立个人账户，存在大量的资金沉淀量，在一定程度上制约了患者在一些费用较高的慢性病和门诊大病方面的报销额度，医保基金使用效率不高。“十三五”规划建议明确提出改进个人账户制度，逐步把个人账户资金纳入门诊统筹，既可以提高参保人员门诊看病的报销范围和比例，也可以提高医疗保险财务的可持续性。

世界大多数国家和地区的医保经办机构面临财务可持续性不足的问题，医保控费呼声很高，我国在人口老龄化趋势下这个问题更是备受社会各界关注。面对医疗费用的快速增长，要更好地发挥医疗保障的控费功能。传统的医疗保障主要发挥医疗服务之后补偿（报销）功能，对于医疗的组织、医疗的模式、医疗成本的合理性等内容不愿意介入。目前我国医疗费的支付由医疗保险经办机构和医疗服务提供机构直接进行结算，对按项目付费为主体的医疗费用后付制，控费效果有限。作为医疗总费用的主要来源和组织化的集团购买机制，医疗保险基金应当发挥好控制医疗费用过快增长的导向功能。要改革按项目付费的后付制，积极推进按人头付费、按病种付费和总额预付等多元化、复合型医保付费方式，完善医保费用支付方式的谈判机制，加强对医疗服务行为的全流程监管和内在约束。要深化以公立医院改革为重点的医疗服务体制改革，遏制公立医院的趋利性。

（三）全面实施城乡居民大病保险制度，发展多元医疗保障体系

大病保险制度是对新型农村合作医疗制度和城镇居民医疗保险制度功能的拓展和延伸。大病是导致城乡家庭因病致贫和因病返贫的重要致贫原因之一，尤其是我国农村地区农民家庭和西部地区的城乡居民家庭，其受生产生活环境较为恶劣、基本公共卫生服务水平偏低等的影响，抵御重特大疾病带来的致贫风险方面的能力很低。由于我国目前各项基本医疗保险制度的实际报销比例很低，加上医疗救助制度的覆盖范围十分有限，对通过构建多层次医疗保障制度来化解城乡居民遭遇大病后的高额医疗费用支出问题具有很强的现实要求。2015 年 8 月，国务院出台了《关于建立城乡居民大病医疗保险制度的意见》，提出用 2 ~ 3 年时间建立起比较完善的大病保险制度，与医疗救助等制度紧密衔接，共同发挥托底保障功能，有效防止发生家庭灾难性医疗支出，使城乡居民医疗保障的公平性得到显著提升。目前我国大多数省份建立了大病保险制度的框架，但覆盖面比较窄，筹资规模较小，作用有限。要抓住实施“十三五”规划的良机，进一步健全大病医疗保险制度的运行体制和管理机制，更好地发挥商业保险机构的积极作用，为大病保险制度的运行提供更多管理支撑。

基本医疗保险和大病医疗保险制度在某种程度上仍属于政府主导的基本医疗保障范畴，基本社会医疗保险的政策补偿比虽然高达 70% 甚至更高，但实际补偿比只有 50% 左右，这说明绝大部分参保人员还要自行承担相当比例的就医成本。在完善现行医疗保险制度的同时，需要进一步完善税收优惠等手段鼓励企业建立补充保障，支持个人购买补充医疗保险和商业健康保险，营造商业保险机构积极有序承保居民健康保险的社会氛围和法制环境，积极利用市场化解风险的优点来化解城乡居民因病致贫的风险。商业医疗保险的发展，不仅是对基本医疗保障的有益补充，而且可以在经办方面减少政府成本，提供相关管理技术和经验。“十三五”时期，一个重要任务是提高基本医疗保险制度的管理水平和运行效率，更好地为参保人员提供服务。一方面，要进一步加大县乡各级基层医保经办队伍的能力建设，另一方面则可以扩大政府购买社会服务的方式，充分发挥资质优良的商业保险机构在医保经办方面的优势。近年来，我国国有商业保险机构和非公有制商业保险机构均有了较快发展，为其参与我国基本社会医

疗保险的经办奠定了坚实的基础。要进一步完善政府购买商业保险机构服务的机制与办法，使其发挥更大的作用。

（四）深化医疗保险管理体制改革，加强医疗保险管理经办能力

目前，我国城镇职工五项社会保险制度分散管理，人为割裂了基本医疗保险与生育保险两个制度的内在联系，需要进一步探索两者整合的新体制。生育保险待遇包括生育医疗费和生育津贴等内容。2014 年末全国参加生育保险人数为 17 039 万人，全年共有 613 万人次享受了生育保险待遇。相比城镇职工的生育医药费需通过生育保险制度给以补偿，参保新型农村合作医疗制度和城镇居民基本医疗保险制度的妇女在生育时可以直接从医疗保险制度中得到报销补偿。借鉴城乡居民生育保险管理经验，“十三五”时期要探索城镇职工生育保险和基本医疗保险合并实施的新体制。两项制度合并可以减轻社会保险经办机构在生育保险费征缴、基金收支监管等方面的工作量，节省经办机构的工作成本，提高社会保险经办管理，降低城镇职工申领生育医疗费补偿的成本。就目前而言，我国生育保险基金的累计结余较多，两项基金合并使用，还可以增强财务可持续性，提升城镇职工与城乡居民在生育保障方面的公平性。

目前我国城乡居民基本医疗保险制度按照属地管理的原则，统筹层次相对较低。统筹层次的高低和属地范围的大小直接决定了参保人员的住院医疗费用报销额度与成本的高低。要探索逐步提高医疗保险的统筹层次，在条件成熟的地方逐步过渡到地（市）级统筹，加强信息系统互联互通，实现医疗费用省内异地结算信息化管理，逐步探索跨省异地就医的模式，特别是对于离退休职工住院医疗费用逐步尝试直接结算，为离退休职工提供更加便捷高效的服务。主要改革措施包括：提高医疗保险的统筹层次，将基本医保制度逐步提升至省级统筹；整合各省医疗保险信息管理系统，搭建国家医保信息共享平台，为实施跨区域异地医疗费用直接结算提供强有力的技术保障；加强医保基金的监管，加大对套取骗保机构、人员的惩罚力度，确保基金安全。

五、更好发挥社会救助制度反贫困的兜底功能

社会救助是我国社会保障体系的重要组成部分，对于保障贫困人口和遭受意外事件者的生活发挥着至关重要的兜底作用。“十三五”时期是我国全面建成小康社会的决胜阶段，加大扶贫攻坚力度，实现贫困人口和贫困区域脱贫，是“十三五”规划确定的战略目标，也是全面建成小康社会最艰巨的任务。一方面，要大力实施扶贫攻坚，实施精准扶贫、精准脱贫，因人因地施策，提高扶贫实效；另一方面，对丧失劳动能力的居民实施兜底性保障政策，实行低保政策和扶贫政策衔接，对贫困人口应保尽保，更好地发挥社会保障特别是最低生活保障等社会救助制度的兜底功能。

（一）做好生存型社会救助，统筹推进发展型社会救助

保障基本生存是传统社会救助的核心目标，长期以来我国的社会救助一直是低水平生存型救助，当城乡居民陷入生存困境时给予最低水平的生活保障，帮助其渡过难关，维持其生存。社会救助保障基本生存的功能不可否认，在社会救助发展的初期，尤其需要强调和完善这一功能。但是，随着经济社会发展水平的提高和城乡居民生存需求的升级，生存型救助的效果受到限制，甚至呈现一些负面循环，导致出现“救助陷阱”，难以实现社会救助的真正目标。因此，未来需要在完善社会救助“保障生存”功能的同时，改进其救助方式，调整救助待遇水平设置，使其在保障生存的同时越来越突出“促进发展”的功能，通过促进人的发展来提高其收入水平，进而实现良性循环。随着社会保障体系的日益完善，城乡居民的生活水平不断提高，绝对贫困人口大大减少，相对贫困问题日益突出。社会救助不应仅停留于传统意义上的生存型救助，而应该逐步提高社会救助的范围和水平。从生存型救助走向发展型救助也是我国经济转型时期提升人力资本水平与扩大内需的需要。经济发展转入新常态，需要改变传统的经济增长模式，依靠人力资本的提升和扩大国内消费拉动经济增长。一个国家的人力资本投资不仅仅要靠普通的教育培训，而且还应该重点开发包括贫困者在内的一些特殊人群。在我国经济发展进入新常态的背景下，应该积极推进人力资本投资，培育促进经济增长的力量源泉。发展型社会救

助有助于提高贫困人口的人力资本水平，切断贫困的代际循环，也有利于提高贫困家庭的消费能力，扩大国内需求。

除了发展传统的生存救助和提高社会救助的待遇水平外，应该越来越重视就业救助、教育救助和医疗救助，通过救助改善受救助对象的健康状况与劳动能力，提升人力资本水平，提高其生活质量。发展型救助不仅是救助内容的更新和完善，而是救助方式的变革，需要改变过去传统的救助对象识别办法、退出机制与待遇给付机制。在救助对象的识别方面，应该改变过去消极、被动的做法，建立积极、主动识别机制，实现“应救尽救”“精准救助”。既要实现“应救尽救”，也要实现“应退尽退”，防止救助依赖与救助陷阱。救助待遇给付水平应该遵循需求导向“按需施救”，而不是固定待遇给付，尤其是对于边缘救助对象和易于脱贫的救助对象，应该通过增强社会救助制度的激励性，使其主动脱离受救助的队伍。

（二）统筹推进资金救助、实物救助与服务救助，发挥社会救助体系综合扶持作用

根据社会救助对象的需求差异，社会救助体系应包括资金救助、实物救助、服务救助等类型和项目。随着社会救助体系的完善和救助水平的提高，应该积极推进服务救助的发展。社会救助的对象往往是一些老年人、残疾人等贫困人口和弱势群体，他们不仅需要资金支持和物资提供，而且还有着迫切的服务需求。在资金救助和实物救助的基础上推进服务救助，有利于提高社会救助的效果。服务救助的发展有助于改善救助对象的健康状况与生活质量。贫困往往与疾病、健康状况不佳联系在一起，导致恶性循环。服务救助有助于贫困人口加强疾病预防与治疗，有助于残疾人最大程度地恢复健康与劳动能力。服务救助还可以为救助对象提供生活便利，改善救助对象的生活质量。服务救助的具体内容和方式，应该根据不同的对象需求来决定。社会救助服务主要包括生活帮扶、心理疏导、精神慰藉、资源链接、能力提升、社会融入等多样化及个性化服务，可将其归纳为三种类型，即日常照顾型服务、能力发展型服务、支持融合型服务。由于社会救助服务的特殊性和专业性，应该培养大量专业化的社会救助服务人才，提高社会救助服务的专业化水平，改善社会救助服务的效果；应该整合社会救助服务资源，大力开展社会工作、志愿服务、社区服务，为不

同人员提供不同类型的社会救助服务。此外，还可通过政府购买服务的方式，充分利用民间社会救助服务资源，向社会组织购买救助服务，完善政府购买社会救助服务的体制机制。

（三）统筹考虑有劳动能力低保对象的生活救助与就业开发，实现社会救助与社会保险、扶贫开发政策的有机衔接

生活救助与就业救助的统筹发展是生存型救助与发展型救助统筹发展的重要体现。社会救助的实施，尤其是救助需求的评估和救助方式的运用需要充分考虑受救助对象家庭和个人的实际情况，以家庭救助为主，家庭救助与个人救助相结合。应该准确评估受救助对象的生活困难程度与劳动能力状况，在积极保障困难家庭生存需求的同时，通过各种举措激励和约束有劳动能力的受救助对象积极参加劳动，通过劳动获得收入和生活资料。一方面，有利于防止被救助人员出现救助依赖症，提高最低生活保障和社会救助资源的使用效率，减轻制度负担，增强社会救助制度的公平性与效率性；另一方面，也有助于受救助对象树立自尊、自立、自强的精神，提高受救助对象的生活质量。应当适当区分丧失劳动能力和条件、部分拥有劳动能力和条件、完全拥有劳动能力和条件等不同情况，采取差异化的最低生活保障制度，发挥最低生活保障制度的最大效用。对于具备完全劳动能力的人，不应该让其坐等救助，打消其依赖思想，应该让其通过劳动、就业来维持个人和家庭的生存，通过职业介绍和培训、教育救助等方式帮助其实现就业。即便没有机会实现就业的，也应该以公益劳动、以工代赈的形式使受救助对象履行劳动义务。对于具备部分劳动能力的个人，应该综合运用生活救助与就业救助，使其以适当的形式参加劳动就业。促进有劳动能力的受救助对象积极参与就业，需要对现有的最低生活保障制度进行调整，尤其是要改革现有的待遇审核机制，应该增强待遇计发的激励性。要适当提高最低生活保障的水平，为受救助对象参加劳动就业创造条件；适当放松最低生活保障待遇与就业收入的联系，提高低保人员就业激励。社会救助的改革与发展应该基于社会保障和民生建设的整体框架进行，实现社会救助与社会保险、社会福利、扶贫开发的统筹发展，发挥社会保障体系的综合功能。社会救助与社会保障的其他项目在反贫困中均发挥着重要作用。社会救助侧重于贫困的治理和减贫，传统的社会救

助主要是针对贫困发生后的事后救助、消极救助、被动救助，主要属于生存型救助。社会保险则侧重于贫困的预防。反贫困需要多管齐下，预防与治理并重。应该在保障贫困家庭生活的同时，积极支持受救助家庭参与养老、医疗等社会保险制度，进一步筑牢反贫困的防线。随着社会救助的不断发展，应该逐步从生存型救助走向发展型救助，增强救助的积极性与主动性；应该通过相应的制度设计和政策支持，促进有劳动能力的救助对象通过就业参加社会保险，或者通过财政补贴帮助受救助对象参与社会保险，使其更好地脱离贫困，提高生活质量。

社会救助与扶贫开发都是反贫困的直接举措，二者的统筹发展有助于更好地改进反贫困效果，尤其是在最低生活保障与扶贫开发的衔接方面，应该树立精准保障理念，实现精准救助与精准扶贫；应该树立发展型救助与发展型扶贫理念，完善最低生活保障与扶贫开发的“造血”功能。在扶贫开发的过程中，应该积极加强有劳动能力的贫困人口的职业技能培训，增强受救助对象的劳动技能与就业竞争力，充分挖掘最低生活保障对象的人力资本和劳动能力，帮助贫困人口脱离贫困。

（四）探索社会救助制度区域统筹发展体制，发挥多元社会救助主体脱贫兜底作用

长期以来，我国社会救助制度的统筹层次较低，存在着城乡分割、区域分割等问题，在一定程度上阻碍了人口流动，也不利于社会救助的公平发展，容易导致社会救助的城乡差距与地区差距较大。城乡统筹已成为我国社会保障体系未来发展的共识，近些年来社会救助的城乡统筹发展已经取得了积极进展，尤其是随着户籍制度改革的深入，将进一步促进社会救助的城乡统筹发展。相比而言，社会救助的区域分割与地区差距问题没有得到足够的重视，不利于人口的跨区域流动和区域一体化发展。因此，在积极推进社会救助城乡统筹发展的同时，也应该同步推进社会救助的区域统筹发展，以适应人口流动、促进社会公平。应该坚持协调发展、共享发展理念、完善属地管理的做法，满足本地区相关人群的社会救助需求。建议以省为单元，按照收入与生活费支出的实际情况及城乡居民社会救助需求，建立全国统一的社会救助制度体系和大致均衡的分类分层保障标准，规范社会救助的实施机制和实施行为，建立和完善社会救助标准体系，遵

循公平优先的原则，保障地区内各类人群差异化的社会救助需求。要建立社会救助的区域统筹与协调机制，加强地区之间的社会救助合作，确保实现人口流动时社会救助的无缝隙与全覆盖，促使同一区域内社会救助对象获得大致均衡的保障待遇，增强社会救助的统一性与公平性。改革目前以户籍身份作为享受社会救助待遇的做法，弱化户籍因素，建立居民居住证制度，以实际生活和居住需要作为享受社会救助待遇的重要依据。

（五）发挥好政府、市场与社会等不同社会救助主体的兜底作用

政府始终是社会救助中最重要的责任主体。政府在社会救助中的主导作用主要体现在统筹规划、制度建设、财政投入、人才培养、组织协调等方面。应该在政府的主导下，建立统一、完善的社会救助制度体系，并积极推进社会救助的法制化进程，加大对社会救助管理与服务人才的培养，协调不同救助主体之间的救助行为。特别需要强调政府在社会救助中的财政支出责任，合理划分事权与财权，建立中央和地方政府之间的社会救助责任分担机制，更好地发挥不同层级政府在社会救助体系中的作用。明确省级政府的财政支出主体责任，建立区域间地方政府的协调机制，避免支出漏洞与重复支出。进一步增强中央政府的社会救助支出责任，建立和完善科学的中央财政转移支付机制，整合利用各类社会救助资金。政府的主导作用并不意味着政府需要包办，应该积极培育市场和社会资源，通过政府购买服务的方式来实现。社会救助不能完全依赖于国家和政府，在资源筹集与服务购买方面需要充分利用市场机制和社会资源。《社会救助暂行办法》已经明确规定，国家鼓励单位和个人等社会力量通过捐赠、设立帮扶项目、创办服务机构、提供志愿服务等方式，参与社会救助。未来需要大力培育社会救助的民间资源，增强社会救助的“社会性”，实现社会救助的专业化，进而实现社会救助中的“强政府”与“强社会”。从国际经验看，国家责任逐步向“国家＋市场”责任和“国家＋市场＋社会”责任过渡是发达国家社会福利改革的主流趋势。未来我国社会救助的发展需要在强调充分发挥政府主导作用和兜底责任的同时，建立责任共担机制；同时，更应该积极运用市场和社会的力量，充分调动个人的积极性。

（本文原载于《辽宁大学学报》（哲学社会科学版），2016 年第 1 期）

我国医疗保险体系的改革与发展

申曙光*

我国自20世纪90年代中期开始的医疗保险（若无特别说明，本文中的医疗保险均指社会医疗保险，下同）改革取得的最大成就在于制度的转型，至今已建立起社会化的“全民医保”体系，并在制度与政策层面初步实现了“病有所医”的目标。然而，我国的社会经济发展已进入了一个新的时期，在这个新的时期，国民对医疗保险的需求以及医疗保险制度所处的内外部环境都发生了深刻变化。新时期医疗保险体系的进一步改革与发展需要在总结既往成就、分析现存问题的基础上，适应现实与未来的发展环境，树立新的思维与理念，确定新的发展目标与任务，满足人民不断增长的医疗与健康保障需求。

一、我国医疗保险体系改革与发展的成就与问题

（一）医疗保险体系改革与发展的成就

1. 医保制度成功转型，“全民医保”制度体系基本建成。改革开放以来，我国医疗保险制度改革与发展的主线就是从劳保医疗、公费医疗向社会化医疗保险的转型。最初的20余年是改革模式的小规模多样化探索与“试点”，其后的近20年逐渐建立起了包括城镇职工基本医疗保险、城镇居民基本医疗保险和新型农村合作医疗保险制度的新型医疗保险制度体系，即形成“全民医保”体系。

---

* 申曙光，国务院医改领导小组专家咨询委员会委员，中山大学社会保障研究中心主任、教授。

“全民医保”体系的建成主要体现在制度层面实现了参保人员的全覆盖。除了少数重复参保、遗漏参保的人员，三大基本医疗保险制度已基本实现“应保尽保”。与此同时，三大基本医疗保险制度和医疗救助制度的建立以及保障水平的逐步提高，使得全体国民“病有所医”的目标基本实现。这不但表现在参保人医保政策范围内的门诊与住院费用报销比例逐步提高方面，也表现在医疗资源日益丰富、医疗服务可及性有效提高、居民就医选择范围不断扩大等方面。

2. 城乡居民大病保险全面推开，与医疗救助制度相衔接助推“精准扶贫”。城乡居民大病保险是在基本医疗保障的基础上，对大病患者发生的高额医疗费用给予进一步保障的制度安排，是对基本医疗保险的有益补充。这一制度的建立是“十二五”期间医疗保险制度改革与发展的一项重要成就。2012 年 8 月，国家发改委、卫生部、人力资源和社会保障部（以下亦简称人社部）与保监会等六部委联合发布《关于开展城乡居民大病保险工作的指导意见》（发改社会［2012］2605 号），明确提出针对参保人大病负担重的情况，引入市场机制，建立大病保险制度。2013 年，相关部委又发布相应的实施细则，为大病保险试点工作奠定了良好的基础。2014 年前后，城乡居民大病保险开始试点，并逐步扩大实施范围。至 2015 年底，城乡居民大病保险已基本实现全覆盖，使得大病患者的负担进一步减轻。尽管在具体实施机制上还存在着一些问题，但大病医保这一制度理念在总体上得到了社会的认同。

随着城乡居民大病保险制度的进一步巩固完善，大病保险与医疗救助制度进一步衔接，对重点救助对象和低收入救助对象基本医疗保险、城乡居民大病保险及各类补充医疗保险、商业保险等报销后个人负担的合规医疗费用直接予以救助，发挥保障合力，助推“精准扶贫”，有效防止了家庭灾难性医疗支出。

3. 医保信息化管理系统发展较快，管理水平不断提升。我国医疗保险信息管理系统的建设始于 21 世纪初期，其发展经历了从单机系统、局部网络系统到整个部门统一信息系统的发展阶段，目前已经实现国家、省、市、县、乡、村六级网络覆盖，初步实现各种管理功能。医保管理经办机构与医保定点医疗机构的联网，以及即时结报等业务的快速发展，使得医保管理经办机构能够通过网络平台实时监控，在一定程度上有利于防止开大处方、滥检查、滥用药、乱收费，对于控制医疗费用不合理增长和助力医院的内部管理产生较大的促进作用。随着“互联网 + 健康医疗”服务的兴起，部分地区开始通过购买服务的方式引入社会力量，运用互联网技术与智能型监控平台进行医保控费，为未来整合线上线下资源并有针对性地促进以“重心下移、资源下沉”为基本目标的分级诊疗提供了可能，也为实现健康管理奠定了基础。

4. 基本医疗保险制度的改革推动“三医联动”改革。基本医疗保险制度的改革对于深化医药卫生体制改革具有基础性作用。医保作为连接医疗卫生服务供给方和需求方的纽带，是医改的基础性调节杆、关键性支撑点和持续性反馈链。医疗保险制度主要通过支付机制、谈判机制和联动机制在医改中发挥基础性作用，最终推动三医联动改革。例如，医疗保险制度通过制定医疗服务的不同报销比例、不同等级医疗服务机构之间的报销差距，在引导居民的就医选择，实现看病就医分流，促进分级诊疗的实现方面发挥着重要作用。医保的支付机制在很大程度上左右着医改的纵深发展，通过医保支付方式的改革，在实现对医疗费用进行合理补偿的同时，也可发挥对医疗服务机构的资源配置作用。

（二）医疗保险体系改革与发展的问题

1. 制度公平性程度有待提高。保障全体参保人员不论其户籍、身份、就业等条件如何而享有均等的基本保障待遇是“全民医保”的基本目标；医疗保险的覆盖范围、筹资水平、保障待遇、医保目录等相对一致则是“全民医保”的内在目标。然而，我国医疗保险制度虽然实现了“广覆盖、保基本”，但不同人群进入差异甚大的不同制度、各统筹区制度差异甚大等问题则严重地降低了制度的公平性。除了强制性参保、筹资水平较高的职工医保外，自愿参保的居民医保和新农合筹资水平较低，职工和城乡居民筹资水平差距大。筹资水平的城乡与人群差异进一步影响医疗保险待遇的城乡差异、群体差异。特别是由于公立医院改革始终未破除逐利机制，医疗费用的不合理增长未能得到有效控制，农村居民自费医疗费用占其收入的比重在很多地区近年还在上升，“看病贵”仍是农村居民就医的首要难题。

无论是城镇职工基本医疗保险制度，还是城乡居民基本医疗保险制度，或是医疗救助制度，各统筹区在筹资水平、待遇水平等方面都存在差异。就全国范围来看，地区差异较大。这不但影响制度的公平性，更影响了劳动力的流动，影响了统一的社会政策的实现。

2. 医疗保险支付方式不能适应医保控费及医改深化的需求。医疗保险的支付方式作为医院的补偿机制，承担着资源配置和利益调节的机制性功能。医疗保险制度建立之初，医疗服务机构一般执行“按服务项目付费”方式，这一方式简单易行，但滋生“大处方、滥检查”等过度诊疗行为，增加了医保基金和患者的个人负担。2004 年前后，国家开展了按病种付费的改革试点，但成效甚微。2011 年 5 月，人社部发布《关于进一步推进医疗保险付费方式改革的意见》，明确提出探索总额预付制度改革，在此基础上结合门诊统筹，探索按人头付费；结合住院、门诊大病保障，探索按病种付费。这种改革对医疗费用实现刚性的预算约束，费用控制效果较好，但由于缺乏必要的过程控制，容易导致医疗服务质量下降及高就诊率的形成。2016 年 6 月底，人社部印发《关于积极推动医疗、医保、医药联动改革的指导意见》，提出要把支付方式改革放在医保改革的突出位置，推进按人头付费、按病种付费、按床日付费、总额预付等多种付费方式相结合的复合支付方式改革。这种改革的方向是正确的，但由于我国地区差异大，仍难以形成可以普遍推广的模式。如何通过合理的支付方式兼顾患者、医保、医院三方的利益，确保个人负担不增加、医保基金可承受、医院运行能维持将是医疗保险改革的长期议题。

3. 医疗保险管理体制改革滞后。由于当初的医疗保险改革缺乏整体设计，形成了分散的管理体制，客观上增加了管理协调成本，降低了管理经办效率，日益成为医疗保险发展与医改深化的障碍因素。城乡居民医保制度的整合难题从深层次上反映了这一问题。2016 年，国务院发布《整合城乡居民基本医疗保险制度的意见》（国发［2016］3 号），提出整合城镇居民基本医疗保险和新型农村合作医疗两项制度。这种整合有利于提高制度的公平性与效率，但管理体制的问题仍没有得到解决。从实践来看，《整合城乡居民基本医疗保险制度的意见》并未对整合后的管理部门加以明确，只是强调筹资政策、保障待遇、医保目录等政策层面的整合与公平，导致各地出现了不同的整合模式。并且，正因为管理体制仍未实现统一，国家虽大力推动城乡医疗保险制度的整合，但各地区施行进度参差不齐，整合效果也受到影响。

4. 个人账户设置亟须调整。城镇职工基本医疗保险个人账户建立之初是为了吸引职工积极参保，提高参保对象对新制度的认可和个人的责任意识。然而，随着“全民医保”制度的实现，个人账户的弊端日益显现。申曙光、侯小娟基于广东省的数据分析认为，从名义筹资负担比率和实际筹资负担比率来看，个人账户的筹资不公平；弱化个人账户功能有利于统筹基金的平衡运行。由于城镇职工基本医疗保险基金由统筹基金和个人账户共同组成，个人账户划入比例的不同将对统筹基金的运行和平衡产生较大的影响。根据《2015 年度人力资源和社会保障事业发展统计公报》的数据，个人账户积累 4 429 亿元。这与部分地区统筹基金不足具有直接的关联性。事实上，医疗保险的个人账户资金常常被用于消费医疗服务以外的产品或服务，从而造成了本来就有限的医保资金的浪费。

此外，个人账户的设置阻碍医保体系的一体化整合。在推进城镇职工基本医疗保险与城乡居民基本医疗保险整合时，亟须调整并逐步取消个人账户的设置，提高医保的资金统筹能力。

5. 医疗保险的制度理念日显落后，需要“升级换代”以适应民生需求的变化。随着经济水平的提高、社会化医疗保险制度的全面建立和保障水平的逐步提高，我国民众的医疗需求快速释放，且呈现差异化和多层次性。这些都使得传统的医疗保险理念日显落后。

以老龄化造成的疾病谱变化为例，“常见病多发病”日益成为医疗卫生需要解决的主要问题，医疗模式需要做出改变，而这又需要医疗保险理念的改变，“病有所医”的基本理念需要转变为注重“保健康”、“治未病”。这表明，医疗保险的制度理念需要适应新时期民生需求特别是医疗健康需求的变化，进而“升级换代”，更加关注医疗保险对于居民健康的保障作用。

二、我国医疗保险体系改革与发展的新环境

（一）人口高速老龄化

中国正在进入全面高速老龄化时期，并形成了具有中国特色的人口老

龄化特征，即老龄人口规模大、增速快，未富先老。截至2015年底，全国60岁及以上老年人口22 200万人，占总人口的16.1%。《中国养老金融发展报告（2016）》进一步指出，以65岁以上老龄人口看，预计2030年将达到2.8亿人，占比为20.2%；2055年达到峰值，老龄人口达4亿人，占比27.2%。

高速老龄化不仅对医院、医生、医疗服务资源的需求提出了更高的要求，同时也对医疗保险制度的改革与发展、医保基金的收支平衡构成了严峻挑战。研究表明，65岁以上老年人口的人均医疗费用是65岁以下人口的3~5倍。据统计，早在2009年，在城镇职工医保的参保人口中，只占参保人总数大约1/4的退休人员却消耗掉了住院统筹基金的60%。

随着高龄老年人口的增加、疾病谱的变化以及医疗水平的提高，医疗保险基金收支平衡与可持续发展的压力快速增大。统计表明，2013年，我国65岁及以上人口慢性病的患病率为539.9‰。其中，高血压的患病率为142.5‰，糖尿病的患病率为35.1‰，肌肉、骨骼结缔组织疾病的患病率为31.0‰，多数老年人都患有一种以上慢性病。多数慢性病治疗周期长，直接增加了医保基金的支出额度，进而增加了医保基金收支平衡的风险。在医疗费用高速增长的压力下，未来新参保人的缴费结余不能满足当期大量退休老人的医疗需求，由此，将会产生更大的医保基金赤字和隐形债务。

为应对这一局面，人们提出了“医养结合”的服务模式，这对整合养老和医疗两方面的资源、优化养老服务与医疗服务的供给提出了新的挑战。特别是随着经济社会的发展，老年人对于医疗、养老等的需求也发生了变化，不仅追求“病有所医、老有所养”，还更加注重晚年生活的质量，追求“健康养老”。基于我国老年人口基数大、增速快的严峻现实，如何实现“医养结合”、应对高速人口老龄化，是新时期我国医保改革与发展面临的主要挑战之一。

（二）新型城镇化

新型城镇化的核心是以人为本，推动城乡协调发展，消除城乡之间在居住、就业、社保、教育、医疗、税收等方面的不公平，让农村居民与城市居民享受均等的公共服务。其关键在于农民特别是农民工的“市民化”，具体到医疗保险制度方面，就在于农村居民、农村进城务工人员能与城镇居民和职工享受基本一致的医疗保险待遇，即实现医疗保险制度的一体化。

医疗保险一体化的实现与发展在很大程度上取决于医保基金收支平衡状况的变化，取决于地方政府的财政负担是否可承受。然而，一方面，新型城镇化过程中的基础设施建设、公共服务供给、农村劳动力转移等都需要大量资金的支持；另一方面，在经济发展进入新常态时期后，我国广大地区的财政收入增长速度放缓，加之各地区城乡发展的差异，医疗保险制度的一体化与可持续发展将部分挤占新型城镇化建设的财政资金，并有可能成为难以承受之重。

（三）经济发展的新常态

经济发展新常态是指经济从高速增长转向中高速增长的发展阶段。经济增长放缓客观上会影响财政对社保投入的增长。以医疗保险事业为例，新农合和城镇居民医保在短时间内快速发展的一个原因就是财政的直接扶持，随着经济增长方式的调整和变化，地方财政收入增速放缓，而现有的待遇水平由于福利刚性难以下调，各级政府面临着很大的医保支出压力。

经济发展新常态与医疗保险之全民医保的新阶段平行发展，经济新常态对全民医保的发展形成挑战。这突出表现在：经济增速换挡必然带来财政收入总量和结构的改变，财政收支压力将进一步加大，而医保的全覆盖、高速老龄化等都迫使医保基金支出增加。与此同时，国家的总的指导方针又是阶段性降低企业社保缴费率，以减轻企业负担。可见，依靠扩面征缴或提高缴费比例增加基金收入都不可行，今后医保的改革应当是完善基金使用管理办法，实行科学的控费管理，提高基金使用效率，也包括医保筹资机制的优化，此外还要建立适应财政、居民收入增长状况和医疗费用上涨趋势的筹资动态增长机制。

（四）互联网和健康医疗大数据的发展

互联网和健康医疗大数据的发展给医疗保险的发展提供了重要的机遇，特别是在改进管理手段、提高管理水平方面，同时也对管理理论与实践提出了更高的要求。

基于互联网技术和医疗大数据的智能化医疗平台既有利于大幅改善患者就医体验，减少信息不对称，提高医院系统的工作效率，也有利于大规模开展医保控费、智能化筛查不合理医疗行为，解决医保费用过快增长的问题。基于大数据和互联网技术，挂号、医生选择、缴费、诊疗排队、开药、主动疾病监测、病例资料信息化、在线医疗服务平台、移动端医疗健康应用等智能化医疗系统平台的开发与利用，能有效地促进医疗资源下沉、增大医疗资源的可及性。未来，基于医保大数据开发的决策支持系统或许会使得“智能机器人医生”看病成为可能。

近年来，国家积极出台相关政策，鼓励“互联网+健康医疗”的发展。2016年6月24日，国务院办公厅发布《关于促进和规范健康医疗大数据应用发展的指导意见》（国办发［2016］47号），提出要大力推动政府健康医疗信息系统和公众健康医疗数据互联融合、开放共享，建议通过“互联网+健康医疗”探索服务新模式、培育发展新业态。同年10月底，中共中央、国务院发布《健康中国2030规划纲要》，进一步提出要推进健康医疗大数据应用，推进基于区域人口健康信息平台的医疗健康大数据开发共享、深度挖掘和广泛应用。

这些方面的发展将带来医疗保险和健康医疗模式的深刻变化，有利于激发医药卫生体制改革的动力和活力，提升健康医疗服务效率和质量，扩大资源供给，满足人民群众多层次、多样化的健康需求。

（五）健康中国建设与医疗服务、医药产业的发展

近年来，国家积极促进健康与养老、旅游、互联网、健身休闲等民生产业融合，催生健康新产业、新业态、新模式。一方面，着力优化多元办医格局，积极支持社会力量举办医疗机构，破除社会力量进入医疗领域的不合理限制和隐性壁垒，鼓励医师利用业余时间到基层医疗卫生机构执业，鼓励退休医师开设工作室，在扩大医疗资源总量的同时，优化医疗服务资源的分配格局。另一方面，加大政府购买医疗服务的力度，支持社会资本投资、设立医疗机构，推动非公立医疗机构向高水平、规模化方向发展。

《健康中国2030规划纲要》提出，国家确立以“促进健康为中心”的大健康观和大卫生观，这也对医保制度的改革与发展提出了新要求。其

一，医疗保险制度的改革与发展更加注重以人为本，关注全民健康。并从经济社会全局审视、定位医保，关注疾病谱的变化，关注健康GDP和如何控制健康危险因素、降低发病率等社会经济问题对医保的制约和影响，并把人民健康融入全民医保的政策和举措之中。其二，医疗保险改革与发展的终极目标是让健康福祉惠及全民。在坚持“广覆盖、保基本、多层次、可持续”的方针下，创新“健康守门人”制度，实现由被动的疾病救治保险向助力预防和健康促进转变，降低居民高血压、心脑血管病等诸多慢性病的发生率。

三、我国医疗保险体系改革与发展的新目标与新任务

我国医疗保险体系改革与发展已经取得了令人瞩目的成就，但随着民生需求的快速升级、人口老龄化、互联网科技与大数据时代的来临，医疗保险发展面临着许多机遇和挑战。

在新的时期，需要围绕上文所阐述的重要关系，去理解和定位医疗保险体系发展的新目标，完成新任务。

（一）医疗保险体系改革与发展的新目标

应当清醒地认识到，在新的时期，经济、思想、科技、民生都在发生着深刻而快速的变化。我国的医疗保险不仅要适应这些变化，更要将这些外部变化转化为体系改革与发展的动力和优势。这需要突破传统的政府主导一切的行政思维，以开放和包容的心态鼓励市场力量的崛起，运用互联网+、大数据技术提升体系的运行管理效率，协同医疗、医药联动改革，完善各项医疗保险制度，完善全民医保体系，并积极促进医养结合，大力发展健康服务业和健康管理，推进“健康中国”建设，将以“病有所医”为最终目标的“小医保”发展成为保障国民健康需求的“大医保”。

（二）医疗保险体系改革与发展的新任务

针对上述新目标，在新的时期，我国医疗保险体系改革与发展需要完成六大新任务。

1. 加快制度整合，促进医疗保险的公平化发展。近年来，中央政府

已经明确提出了构建城乡居民社会医疗保险体系的要求。从全国范围来看，已经实施新型农村合作医疗与城镇居民基本医疗保险制度整合的省、市也取得了良好的效果。在尚未实现基本医疗保险城乡一体化的统筹区，需要努力减少城乡差异所带来的医疗保险不公平性，使所有社会成员拥有享受医疗卫生服务的同等机会。已经实现医疗保险城乡一体化的统筹区，应当进一步推进基本医疗保险的一体化进程，缩小城镇职工与城乡居民之间的待遇差距。卫生服务的提供不应根据支付能力大小和地域的可及性，而应与社会成员的实际需要相联系，即取决于需求水平（健康状况），实际需要相同的人均可以获得同等质量的卫生服务。值得肯定的是，广东省佛山市、东莞市、中山市和深圳市先行先试，已经以不同方式率先实现了基本医疗保险的一体化，这为我国其他统筹区进行制度的最终整合、形成一体化的医疗保险制度提供了经验借鉴。

2. 充分发挥市场机制的作用，实现医保的科学控费。在国家卫生费用不断增长、医保资金对医院的支付也快速提高的同时，无论是住院还是门诊，总医疗费用、人均医疗费用、人次医疗费用近年来都在以较高的速度逐年增长，其中既有医疗技术水平提升所导致的“合理增长”，更有各种原因特别是医院“逐利机制”未破除而导致的“不合理增长”。因此，控制医疗费用的不合理增长依然是我国医疗保险体系改革与发展的重要任务之一。尽管政府在制度框架设计、监督管理机制等方面发挥主导作用，但并不排除市场和社会力量在控制医疗费用方面发挥独特的作用。对于医疗费用的监测、监控、管理，各地政府可以积极探索政府购买公共服务（PPP）的具体形式、监督监管机制，借助第三方信息平台、智能化监控平台对医疗费用的来龙去脉、变化趋势进行精确把控，对医疗费用的异常变化做到及时发现、及时处理，从而在更高水平上控制医疗需求和医疗行为中的道德风险。

此外，医疗保险体系的保障功能必然在一定程度上催生医疗费用的增长。鉴于医疗需求的多样性和复杂性，政府要在立法、规划、投入和监管四个方面发挥主导作用，在此前提下大力引入市场机制，通过二者的有机结合，既提高医疗保险的公益性和公平性，又提高医疗服务质量和效率。在宏观调控方面，医疗保险对于公立与民营医疗机构、公立与民营康复机构、公立与民营养老机构等健康服务业机构要“一视同仁”，消除歧视，在资金和政策上公平对待，满足和保障不同个体、不同层次的医疗健康需求。

3. 以医保支付方式改革为核心，优化“三医”关系，促进“三医”联动。“十三五”期间是我国医疗卫生体制改革的又一个攻坚时期，而突破口便在于医保、医疗、医药联动改革。广义的医疗价格体系是一个包含了价格标准体系（狭义的价格体系）、医院收入分配体系、医院收入来源体系和医疗保险支付标准体系四个维度的综合性体系。协调改革要求，以医保支付方式改革为核心，既调整医疗服务价格，纠正资源错配，又推进收入来源体系、收入分配体系以及医疗保险支付标准体系的合理制定，尤其是发挥医疗保险支付方式与标准的引导作用。最为重要的是，支付方式与水平应能促进对医生技术劳务价值的认可，同时坚决控制住医生和医院依靠过度医疗获得收益。

这种改革需要实现“三医联动”。造成过去改革低效的一个重要原因即是各部门“单打独斗”。但是，这种联动不只是相互之间的配合，也要求相互之间的制衡。这里需要破除一个思想误区，即将“三医联动”等同于将所有管理职能归于一个政府部门。医疗卫生与医疗保险体系中，具有众多的要素与不同的利益主体，不同利益主体关系的处理需要协调，需要合作，也需要制衡，而这并不是一个政府部门所能实现的。因此，不同政府部门行使不同职能，以保证制衡机制的实现，这本身具有合理性和必然性。当然，这种制衡是共同的最终目标下的制衡，并不是各类机构为维护自己的利益而相互掣肘。

“三医”联动改革的当务之急是推动医院改革、医药改革跟上全民医保的发展步伐。全面推进医疗服务体系的建设，关键是让公立医院回归公益性，同时发展民营医疗服务。有必要降低公立医院的份额，为民营医疗服务业的发展留出空间，以便调动社会资源投向医疗卫生和健康服务领域。同时，公立医院改革的一个重要方面是“去行政化”，实现医院在公益性定位基础上的自主运作。完善医药领域的市场化政策，关键在于规范有序、公平竞争、严格监管。放开医药价格管制，是医药领域进一步市场化的标志，但需要尽快完善医药市场的规制，确保有序运行与公平竞争，所以严格监管问责制势在必行。

4. 优化利用多元化资源，提高医疗保险体系的效率。鼓励商业医疗保险的参与。商业医疗保险在我国的发展缓慢，其中既有商业保险公司自身的原因，也有社会医疗保险中政府与个人责任边界不清晰的原因。尽管社会医疗保险只能提供基本保障，但制度设计上并没有让人们认识到这一点，相反，在社会医疗保险保障水平并不高的同时，却在多个方面存在着“泛福利化”的趋向，这阻碍了人们通过商业保险转移风险的意识的形成，不利于商业医疗保险的发展。当然，政府实施的税收优惠也会促进商业医疗保险的发展，在这一方面，我国尚有很大的发展空间。同时，人们的保险意识在快速提高，这在客观上为商业保险在更大程度上补充社会医疗保险提供了可能。

鼓励和促进医养融合。在我国老龄化日呈高龄化、失能化、失智化、空巢化等严峻挑战的形势下，建立与养老保险和医疗保险制度并行的长期照护保险制度势在必行。在这方面，发挥政府的组织和管理责任非常重要。政府要在全社会范围内建立长期照护制度，做好长期照护服务提供体系的管理和组织工作，鼓励社会力量的加入，促进其在具体的服务提供方面的主体作用，并重视行业组织的发展和自我管理规范能力。

借助“互联网+”与大数据技术能够有效提升医疗保险的效率。鼓励创建智能化的医疗系统与平台，包括挂号、医生选择、缴费、诊疗排队、开药、主动疾病监测、病历资料信息化、在线医疗服务平台、移动端医疗健康应用等。其最重要的作用在于能够促进医疗资源总量的增加，促进医疗资源的合理分配，并有效实现医疗资源下沉、增大医疗资源的可及性。例如，患者通过移动互联网就能完成预约挂号、询诊、重复配药等流程，还可以通过系统对医生和医院进行评价，保持与医生的长期关系等。健康管理的实现也需要重视多元化资源的利用。人们的健康需求既是多样化的，也是个性化的，因此政府资源无法有效地满足所有的需求。

5. 借助新兴科技发展创新，实现医疗保险从管理向治理的转化。国家治理是一个新的概念，医保治理是国家治理的一项重要内容。医保治理的发展具有良好的外在条件。目前，我国乃至全世界已经进入一个全新的“大数据”时代，这对于医疗保险的发展是重大的机遇，应当以此为契机，充分运用“互联网+”及大数据的优势，鼓励多方参与，建立开放型的治理平台。

首先，建立计算机网络化管理体系，实行对参保信息、收费、药品进销、结算、核补的网络化管理，可以有效排除“随意性”和“非理性”干扰，实现控制医药费用不合理增长。其次，应建立内外结合的价格控制体系，对内利用网络化优势，将各类医、药价格全面纳入信息化管理，实行同级同类医疗机构统一药品最高价格，对外将各类医、药价格进行全社会公布，以广泛接受社会监督，有效避免乱加价、乱收费问题。最后，应建立相关费用指标控制体系，围绕合理检查、合理用药、合理收费制定限制医药费用不合理增长的各项费用控制指标。

以科技手段与工具促进医疗保险体系公平性的提升。运用“互联网+”与大数据推进医疗保险治理，将大大减少医疗保险服务供求双方的信息不对称，降低服务获取的门槛，提高服务的可及性，并解决数字鸿沟、技术歧视等问题，确保服务和产品的公共性质，从而大幅度提升医疗保险的公平性。

6. 发展健康管理，提升国民健康水平。我国未来的医疗保险应当加强对卫生预防及初级医疗服务的投入，从保障国民的医疗服务需求向保障健康需求转变，从“重医疗”转向“重预防”，从“病有所医”转变为“健康管理”，最终走向“健康中国”。

在筹资能力允许的前提下，各地应实行普通门诊统筹，应强调慢性病管理，预防为先的方略；将常规体检纳入医疗保险报销范围；支持家庭医生和全科医生的培养；推进基层首诊、急慢分治、上下联动、分级诊疗的实现。

医疗保险体系的改革与发展要促进发展健康服务业，建立覆盖全生命周期、内涵丰富、结构合理的健康服务业体系，打造良性循环的健康服务产业集群，不断满足广大人民群众的健康服务需求。

从保障“病有所医”走向“促进和保障国民健康”是一个不断发展的过程，对于医疗保险来说无疑是一次革命，无法一蹴而就。这其中首先是观念的转变。这种转变是“小医保”向“大医保”的转变，是医保目标的转变，也是医保方式的转变。这种观念、目标与方式的转变过程也就是我国医疗保险体系改革与发展的过程。

（本文原载于《社会保障评论》，2017 年第 2 期）

用现代治理方式推进养老体制转型

王振耀　田小红*

30多年改革开放的一个基本社会格局是中国工业化、城镇化的快速发展，并由此导致核心家庭成为社会结构的基本单元，伴随着这一过程的是社会快速迎来老龄化浪潮，并步入老龄社会。这一社会格局对传统的以家庭赡养为主的养老护理模式构成了严峻挑战，中国的养老体制面临着结构性转型。如何适应新的形势，从解决现实问题出发对养老体制进行调整，是当前中国一项十分迫切的社会议题。

一、经济、社会结构转型：中国养老体制面临的基本挑战

当前中国养老体制所面临的形势与2008年以前的社会形势相比发生了根本性的变化。我们要准确地把握这个新的社会形势。2008年以来，两大结构性的转型十分明显。

第一个大的结构性转型是经济结构转型，中国进入中等发达阶段。2008年，中国的人均国民生产总值超过3 000美元，按照世界银行标准，步入中等发达国家的门槛；2010年，人均国民生产总值达到4 000美元，中国正式成为中等发达国家中的一员；近几年，中国经济继续快速发展，2014年人均国民生产总值达7 500美元。如果经济不发生重大挫折，未来三年左右，人均国民生产总值无疑将达一万美元。这意味着中国将会成为发达国家中的一员，温饱问题总体上已完全解决。

第二个大的结构性转型是由经济结构的变化所导致的社会转型。中国

* 王振耀，北京师范大学中国公益研究院院长、教授；田小红，中国社会科学院政治学所副研究员。

经济快速转型的综合性结果就是城市化的迅猛发展。1978 年，中国城镇人口占总人口的比例是 17.9%，到 2013 年，比例上升为 53.7%。这也就意味着社会的空间布局发生了根本改观，即社会结构发生了重大转型。这样一来，更多的社会人口的生活方式及其所组成的家庭结构都发生了变化。原有的依托于农业的生活方式转化为城市职业工作的城镇生活方式。人们不再是日出而作，日落而息，生活节奏更为快捷。城镇家庭基本上为核心家庭，几代同堂不再可能，甚至不复存在，与之关联的传统养老功能也几乎丧失殆尽。

经济发展不仅解决了温饱问题，中国人的人均寿命也开始提高。据世界卫生组织发布的《2013 年世界卫生统计报告》，2011 年中国人均寿命为 76 岁。2014 年，中国已经有超过 2 亿 60 岁以上的人口，其中 13 755 万人为 65 岁以上的老人。老龄社会快速来临，这是社会的重大进步，但也带来了一系列的问题，即随着高龄人口的增多，其问题就不仅仅是要解决老年人的基本生活问题，更重要的是要保障老年人的护理照料。所以，社会化养老服务已经紧迫地提上日程。也就是说，两大结构转型使得养老体制在结构与内容两个方面都应做出调整与完善。以前以家庭成员承担为主，现在更多地由社会提供；以前养老集中于生活保障，现在还要加上专业护理服务。中国传统养老体制的结构与内容，客观上已经从单一家庭养老保障转化为社会性的养老服务保障与养老金保障两者并重。所以，调整中国养老体制，如果只看到养老保障，而看不到养老护理服务，那就可能会产生结构性的偏差。中国养老体制的转型，最重要地是需要促成养老保障与护理服务这两者间平衡发展。

二、养老保险普惠制：养老生活基础保障

分析养老体制的转型，首先需要清晰地了解近年养老保险体制的巨大进步。目前，中国已经大体上形成了三类养老保险制度，并基本覆盖了各类人口，这就是：职工的基本养老保险制度覆盖正规就业人员；居民的社会养老保险制度覆盖农村居民和城镇非正规就业人员；以机关事业单位人员为对象的基本养老保险制度覆盖政府公务人员。

如果就发展阶段分，从 2010 年 10 月国家颁布《中华人民共和国社会

保险法》，到 2015 年 1 月国务院印发《关于机关事业单位工作人员养老保险制度改革的决定》，我国的养老保障体制经历了几个较为明显的发展阶段，目前正在进入综合性的结构转型期。这是我国养老体制建设所面对的基本情况。

第一阶段，2010 年《中华人民共和国社会保险法》颁布，同时国务院决定启动新型农村社会养老保险制度建设，标志着覆盖中国城乡居民的养老体制开始确立。这在我国养老保险制度发展史上是一个相当重要的阶段。按照《中华人民共和国社会保险法》的规定，城镇职工实行基本养老保险制度，农村居民则实行社会养老保险制度，同时对城镇中没有纳入基本养老保险的人们，建立城镇居民社会养老保险制度，两大制度的内部结构不同。基本养老保险实行社会统筹与个人账户相结合，基本养老保险基金由用人单位和个人缴费，以及政府补贴等组成；新型农村社会养老保险则实行个人缴费、集体补助和政府补贴相结合，新型农村社会养老保险待遇由基础养老金和个人账户养老金组成。城镇居民社会养老保险覆盖人口相当少，因而也参照农村社会养老保险实行，并在法律中规定二者将要进行合并。在政策操作层面，这两大制度的重要区别在于对于基本养老金，政府承担的责任不十分清晰，而对于社会养老保险，政府承担的责任则相当清晰，即政府保证基础养老金。并且，相关的文件规定，农民每月 55 元的基础养老金主要由中央财政承担。尽管按照 2010 年的计划，全国农村普及新型社会养老保险制度要到 2020 年才完成，但毕竟整个保险制度覆盖了城乡的所有居民，而不再仅仅是城市居民。

第二阶段的养老体制建设，标志性事件是 2012 年“新农保”、“城居保”在全国实现了全覆盖，这是一个历史性事件。2013 年，参加城乡居民社会养老保险的人口接近 5 亿，而城乡居民中领取社会养老金的老年人口超过了 1 亿，这无疑是世界上人口最多的一项社会工程，并且这一制度提前 8 年普及，对于整个社会建设，是一个极大促进。应该说，基础养老金是一个相当智慧的发明，尽管当时不少地方只是向 60 岁以上的农民每月发放中央财政 55 元的基础养老金，但对于从来也没有按月领取养老金的农村老年人而言，客观上是一个意外的福利。农村老年人在基本解决了温饱问题后，养老又得到了体制性的保障。如果说，2002 年全国普及城镇低保和 2007 年普及农村低保使中国城乡建立起了最低生活保障制度的话，那么，2012 年中国城乡客观上则形成了基本生活保障制度。

基础养老金的制度既促成了城乡平等的进一步推进，也开启了社会养老保险不断提升的空间。2015 年 1 月，人力资源和社会保障部、财政部发出《提高全国城乡居民基本养老保险基础养老金最低标准的通知》，其中规定：经国务院批准，从 2014 年 7 月 1 日起，全国城乡居民基本养老保险基础养老金最低标准提高至每人每月 70 元，即在原每人每月 55 元的基础上增加 15 元。提高标准所需资金，由中央财政对中西部地区给予全额补助、对东部地区给予 50% 的补助。有些地方也相应提高了基础养老金的标准。这次提高，必将进一步普遍提升老年居民的基本生活水平。

正是在这样的形势下，我国的养老保障建设进入到第三阶段，这就是机关事业单位的养老体制改革。2015 年 1 月 3 日，国务院印发《关于机关事业单位工作人员养老保险制度改革的决定》，决定从 2014 年 10 月 1 日起，对机关事业单位工作人员养老保险制度进行改革。机关事业单位实行社会统筹与个人账户相结合的基本养老保险制度，由单位和个人共同缴费。按照国务院的部署，这一改革将坚持全覆盖、保基本、多层次、可持续方针，以增强公平性、适应流动性、保证可持续性为重点。改革现行机关事业单位工作人员退休保障制度，逐步建立独立于机关事业单位之外、资金来源多渠道、保障方式多层次、管理服务社会化的养老保险体系。这一制度的基本框架是基本养老保险费由单位和个人共同负担。单位缴纳基本养老保险费的比例为本单位工资总额的 20%，个人缴纳基本养老保险费的比例为本人缴费工资的 8%，由单位代扣；按本人缴费工资 8% 的数额建立基本养老保险个人账户，全部由个人缴费形成。

这个阶段的改革是更为深刻的社会改革。过去政府机关与事业单位置身于养老体制的改革之外，企业改革，机关与事业单位不改革，实行的是“双轨制”。机关事业单位养老保险制度改革标志着实行了近 20 年的养老金“双轨制”的终结，近 4 000 万机关事业单位的人员将和企业员工一样缴纳养老金。这样，中国社会将不再存在一个置身事外又制定养老政策的管理群体，对于政治平等和社会平等的促进意义是不言而喻的。当然，也为中国社会养老体制建设奠定了普惠基础。

总之，当养老体制改革涉及机关事业单位之后，我国总体的社会养老保险体制开始确立。如果把养老保险与养老服务看作养老体制的两条腿，那么养老保险这条腿的基本功能已经具备。

三、结构失衡：养老服务的缺乏与养老体制面临的结构性矛盾

比较养老保险与养老服务的进展，可以看到，中国的养老保险制度改革的基本框架已经形成，当然资金方面的挑战是存在的，还需要立足于现实，不断进行结构性的体制优化，但中国养老体制面临的更大挑战则是养老服务的严重匮乏。现行的养老金保障机制能够正常运行。2013 年，全国领取养老保险金的人数为 2.18 亿人，其中领取职工基本养老保险金的人数为 8 041 万人，领取城乡居民养老保险的人数为 13 768 万人。当年收取的养老保险金为 24 732.4 亿元，其中基本养老保险基金为 22 680.4 亿元，城乡居民社会养老保险基金为 2 052 亿元。当年支出的养老保险基金为 19 818.4 亿元，其中职工养老保险基金为 18 470.4 亿元，城乡居民社会养老保险基金为 1 348 亿元。如果仅仅按照现收现支的资金计算，养老保险的风险并不是那么大。

如果从另外一个角度看，养老矛盾更为突出的是，2 亿以上的老年人口在不断增长，仅 80 岁以上的高龄老年人口每年就以百万的数量级在增加。2013 年，全国 80 岁以上的人口已经达到 2 685 万人以上。养老体制的严重挑战在于养老服务有着巨大的社会需求，但缺乏有效的供给。以日本、英国为例，现有上百万的专业养老护理人员从事护理服务，如果按照相应比例，我国应该有上千万的养老护理人员。2013 年，我国的养老护理人员只有几十万人，中国的老年人即使有钱也难买到专业的护理服务。

严格意义上说，我们的养老护理正规培训基本处于空白状态。这主要是我们过去长期处于解决温饱阶段，养老体制就是立足于吃饭，即领取养老金以保证基本生活。民政系统过去建立的敬老院、养老院，比如每个乡镇的敬老院，其主要功能还是供养五保户，即保吃、住、穿、医、葬，无非是一些最为基本的生活保障。敬老院的职工主要是临时工，承担的任务主要以做饭为主。城市的养老院功能与敬老院类似，只不过管理体制更为正规而已。

国家的宏观法律与政策已经开始转型。2012 年 12 月，国家再次修订

并颁布《中华人民共和国老年人权益保障法》，其修订幅度不亚于制定了一部新的老年人法。在一定意义上，可以说这是中国现实的老年法。过去的法律主要强调家庭责任，而新的法律更强调社会保障、社会服务、社会优待等。该法甚至规定：对生活长期不能自理、经济困难的老年人，地方各级人民政府应当根据其失能程度等情况给予护理补贴。这是一个较大的法律性突破。事实上，我国发展养老服务业已有十多年之久，但由于效果不明显，被社会嘲笑为“起步十年，依然起步”。为了扭转养老服务业发展的格局，2013 年 9 月，国务院下发《关于加快发展养老服务业的若干意见》，该文件所确定的目标是到2020 年，全面建成以居家为基础、社区为依托、机构为支撑的，功能完善、规模适度、覆盖城乡的养老服务体系；文件还要求以老年生活照料、老年产品用品、老年健康服务、老年体育健身、老年文化娱乐、老年金融服务、老年旅游等为主的养老服务业全面发展，养老服务业增加值在服务业中的比重显著提升，全国机构养老、居家社区生活照料和护理等服务提供 1 000 万个以上就业岗位。国务院的这一部署，使得新的老年法进一步系统化、具体化，从而推动养老体制开始实质性的转型。

重要的是，我们已经认识到养老不再仅仅是负担，养老服务开始被视为有着巨大社会需求并且充满活力的“朝阳产业”。国家已经开始将养老服务业的发展与新的经济增长点结合起来。养老服务业的春天已经到来。然而现实的挑战依然严峻。养老服务业的发展脚步依然缓慢，养老服务行业的声音依然微弱。当然，应该理解，因为整个社会还不知道如何讨论这一问题，大家对现代养老服务业十分陌生，这也恰恰说明，这是一个重大的结构性矛盾。结构性矛盾的另一个突出表现是，体制性的矛盾依然没有得到总体性解决。当养老服务成为重大挑战以后，发达国家无不调整政府机构，增强统一管理的能力。日本的厚生省，就管理起了多项养老事务。我国的养老管理则分到不同的部门，大家都有积极性，但谁也不能有大的行动。最为突出的是，养老保障一个部门、养老服务一个部门，且养老护理专业人员的管理与专业的医务护理脱节。

结构性矛盾的集中表现是养老服务业的资金投入严重不足。只要比较一下其他经济产业，如农业、交通、甚至新兴产业等，都可以有几千、上万亿元的财政支持体制，而养老服务只是强调彩票公益金的 50% 要投入养老，这部分资金充其量也就上百亿元，怎能支撑起一个巨大的产业。

结构性矛盾的呈现形态就是专业化的养老护理人员严重匮乏。2014年，我国已经有3 600万以上失能、半失能老年人，但在42 475个养老服务机构中，只有35.6万职工。有关数据表明，2013年，全国持证的养老护理员仅为5万余人。

四、运用现代治理理念和方法促成养老体制转型

结构转型需要结构性的调整，养老体制的结构转型需要运用现代治理的理念和方法来解决。国家治理体系的现代化应该将养老体制纳入其中。对于国家治理体系的现代化，社会上的理解存在偏颇。其实，国家治理体系现代化的根本，就是适应中等发达水平，甚至发达水平社会的需要，将管理型服务体制转型为服务型管理体制，因为管理人均GDP 100多美元的体制，和管理人均GDP 7 500美元的体制存在巨大的不同。这类体制性转型，不可能到历史中去寻找经验，更不能依靠提高认识来实现，关键是要进行结构性的调整，特别是理念、机构与体制都需要调整，因为社会需求相当复杂，必须要创新并建立现代服务型的管理体制。

如何运用国家治理体系现代化的理念定位中国养老体制，倾向性的观念认为主要是更进一步放开，推动养老体制的市场化进程。但是，十多年的经验证明，完全依赖市场，不能较快地解决问题。从一定意义上说，养老体制作为社会建设的一部分，恰恰是要解决在市场失灵时，如何运用国家和社会的力量对市场进行调整和补充。国际经验证明，运用市场的办法不可能解决市场失灵的问题。进一步说，现阶段中国发展所面临的挑战，尽管存在着市场化程度不高的问题，但最为主要的矛盾，则是提高市场化组织程度，而提高市场组织化的程度，就需要体制与宏观政策的结构性调整。从现代治理的视角来分析中国养老体制的转型，大体要包括两个方面：一是理念要调整，二是结构与体制要调整。

现代治理的理念，就是要从小康条件下的老龄化这一根本特点出发，努力在两个方面取得社会共识：一是要确立普惠型，即面对所有老年人的理念，不能简单地就职工谈养老，忽略绝大部分的老年人；二是要确立以老年人为本的理念，即从老年人的基本生活与护理服务需求出发确定调整

与发展的内容，即使对养老设施的建设，也都要以人为本，更富于人性与个性。养老护理的软件服务，则需要技术化、标准化。对于现代治理理念在养老领域的运用，过去重视不够，总认为以孝为本就可以万事大吉。其实，养老的社会化也正是现代性的“孝”，是公共之“孝”，是社会之“孝”。所以，既要继承传统，又要开拓新的形式去传承优秀传统文化。

政府的养老体制建设，需要以服务于社会需求为本，并进行四个方面的调整：一是确立起大养老的结构，将养老保障与养老服务结合起来；二是政府管理体制要改革，应该建立起较为综合性的统一管理体制，而不能仅仅是协调机制；三是一定要建立起金融支持机制，政府应该如同支持交通和农业一样支持养老；四是要建立养老护理的教育培训体制。确立大养老的结构，才能适应老龄化挑战的现实紧迫需求。这就需要将养老生活保障与养老服务业结合起来，统筹规划。政府部门需要积极地承担起发展养老服务业的责任。应该认识到，养老服务业是一个较为特殊的社会性产业，既需要市场的介入，更需要政府的规划与支持。只有将养老生活保障、医疗保障与养老服务业密切结合起来，才能够促成行业的健康发展。

政府管理体制的调整，主要是建立综合性的统一管理体制。过去一些年，我们国家已经建立起了一个较为综合性的协调机制，其中包括养老保障与养老服务等，并且也确实推进了养老事业的发展。但是，经验表明，协调机制远远不够，需要建立统一的管理体制，将养老保障、医疗卫生保障与养老服务三大政府职能统一管理，以此为基础充实政府协调机制。否则，三足鼎立，各个系统的资源无法统筹调度，在地方和基层更难以合作。统一管理，决不仅仅是节约管理成本，更重要的是产出更大的社会效益。建立国家金融支持体制，刻不容缓。这样的支持，应该借鉴发展交通与农业的经验，要有基础建设的资金支持，也要有体制性的调整。需要包括两个方面，一是建立养老服务设施的投资性支持，二是保险体制的支持。发展养老服务业，应该建立特殊的贷款优惠机制。从日本的经验看，没有这样的机制，发展民间的养老服务业是很困难的，因为养老企业使用公共用地，不能抵押，无法贷款。同时，也需要建立养老护理保险制度，先解决老年人迫在眉睫的护理问题，可以借鉴社会养老保险的经验，政府出基础资金，鼓励社会购买，也可以将高龄津贴向护理保险转变。

建立养老服务业发展的教育培训支持体制，也需要调整体制。养老护理员的专业化是发展养老服务业的决定性要素。这就需要调整教育体制，至少教育、卫生、民政三家要形成紧密的合作机制，以促进养老护理培训业的发展，同时需要建立专门的养老护理培训学校，编制规范的教材，发展师资队伍，形成可持续的发展机制。

从现代治理的角度看养老体制的转型并不神秘，也具有可操作性。如果通过不同的方案设计比较，再进行较为广泛的社会论证，以此为基础进行结构性的调整，一个现代化的养老体制将会很快建立起来，从而基本解决现实养老的迫切需要。

（本文原载于《行政管理改革》，2015年第5期）

第二篇

当前社保改革的重大争论

通过深化改革来实现社保制度的公平可持续是各界的共识，但在具体制度设计上，无论是官方还是学界，都存在重大争论，这也是顶层设计迟迟不能出台的重要原因。争论是解决问题的前提，本篇精选了权威专家代表性文章，充分阐述当前社保改革的主要观点，帮助读者了解社保改革的前沿问题。

改革应从做实账户转向名义账户

郑秉文*

一、三重任务叠加：可持续性问题突显

党的十八届三中全会《中共中央关于全面深化改革若干重大问题的决定》（以下简称《决定》）提出“建立更加公平可持续的社会保障制度”。以往十几年是中国养老保障制度自身发展最快、立法最密集、贡献最显著、成就最深入人心的历史时期，但同时也是公平性和可持续性问题日益突出的时期。如果说根据《决定》指出的“推进机关事业单位养老保险制度改革”，2015 年 1 月国务院发布的《关于机关事业单位工作人员养老保险制度改革的决定》（国发［2015］2 号）基本解决了较长时期内养老保障的公平性问题的话，那么本来十分尖锐的可持续性问题便上升为主要矛盾。与推进国家治理体系和治理能力现代化建设的客观要求相比，可持续性问题确实存在较大差距。重要的是，经过十几年的发展，在可持续性改革这个问题上，目前是中国养老保障制度改革最困难和最敏感的历史时期。

一方面，中国养老保障制度正处于待遇上调最快，财政补贴最多、增长最快的历史时期。在过去的 11 年里，养老金连年上调，从未间断，每年上调 10%，全国人均退休金从 2005 年的每月 714 元提高到 2014 年的每月 2 100 元，人均提高两倍多；2005 年的财政补贴仅为 544 亿元，到 2014 年激增至 3 548 亿元，10 年增加了 5.5 倍；过去 10 年里还先后建立起

---

* 郑秉文，中国社会科学院世界社会保障研究中心主任、研究员。

"新农保"和"城居保"（2014年合并称为"城乡居保"），这些均为财政补贴型且带有强烈社会救助性质的养老制度，并非严格意义上的标准的社会保险制度。总之，过去的10年是全社会对养老保障预期居高不下和充满期待的历史时期，任何在可持续性上"收紧"的改革都会处于被动的局面。

另一方面，中国养老保障制度还处于参数调整、结构改革、子制度建立三项任务叠加和交织的巨大压力中。所谓"参数调整"，主要是指有些制度参数亟须调整，例如提高法定退休年龄、降低社会保险费率等。众所周知，中国目前的法定退休年龄很低，而缴费率则很高，这些不合理的参数对制度的可持续性和企业的竞争力形成巨大威胁。所谓"结构改革"，是指长达14年的做实个人账户试点难以为继，进退维谷，空账规模逐年扩大，严重影响养老保障制度乃至政府的公信力，以做实账户和统账结合为实现形式的部分积累制几乎走到尽头。所谓"子制度建立"，是指很多重要子制度和机制呼吁多年但却长期缺位，亟须建立起来，如养老保险基金投资体制和正常待遇水平调整机制等。这三重任务叠加，交汇于此，均对制度的财务可持续性形成严重挑战，使养老保障改革处于最困难的历史时期。重要的是，它与吊起的胃口和充满期待的惯性形成巨大反差，使三项任务叠加的改革变得十分敏感。这个改革的背景充分说明，改革还远远没有到位，改革欠债使养老保障成为全面深化改革中一个最难啃的硬骨头。

我国养老制度财务可持续性存在的问题很多，异常严峻。从制度根源上讲，主要有五个方面的突出问题。

（一）制度的缴费收入能力不强

养老保险制度作为一项保险制度，必然存在收入和支出的平衡问题，但由于制度激励性不好，制度的缴费收入能力很弱，多缴多得的原则没有真正树立起来，当前缴费与未来权益联系也不够紧密，由于制度设计复杂，参保人不知道现在缴费到退休时能拿回多少。于是，参保人、参保单位、地方各级政府等各个角色到处都充斥着道德风险，他们采取各种办法逃费，制度的实际收入与制度参数规定的预期收入之间存在很大差距。这主要表现在两个方面。

1. 实际费率低于规定费率。由于人口大规模流入，东部发达地区养老保险缴费余额巨大，部分地区支持降低费率，造成企业缴费率长期存在“多轨制”现象，统一费率在全国难以执行，究其原因，主要是统筹层次低下、缺乏高效的投资体制所致。地方政府出于自身利益的考虑，降低企业费率，既防范了贬值风险，又有利于招商引资。

2. 实际费基小于真实费基。为了少缴费，绝大部分企业主和职工缩小费基，社保经办机构、税务系统和地方政府对此视而不见，这已是公开的秘密。从全国参保人的缴费比例来推算，缴费的工资基数只是真实工资的60%左右，缴费收入减少了大约1/3，这是多年来导致养老保险制度收入不能应收尽收的主要原因之一。

（二）抵御老龄化自动平衡机制缺位

我国老龄化来势凶猛，形势严峻，计划生育政策导致未来的人口赡养率发生逆转。比较2021年和2049年两个百年时点，我国老龄化程度均高于美国、英国、法国、加拿大等绝大部分发达国家，但我国养老保险制度缺乏抵御老龄化的自动平衡机制。重要的是，在我国统账结合的制度结构里，社会统筹与个人账户的融资方式不同，待遇给付公式不同，应对人口老龄化的平衡机理不同，应该赋予不同的内在自动平衡机制。

1. DB型现收现付的社会统筹基金没有建立起参数自动调节机制。作为DB型现收现付的社会统筹基金，其缴费率、替代率和退休年龄等三个参数均未建立起与人口老龄化和赡养率变化相挂钩的自动调节机制，缺乏年度精算报告制度，对人口老龄化对养老保险制度的影响没有详细的精算预测，对制度的财务可持续性也没有短期、中期和长期的发展预测，造成改革设计缺乏理论根据和数据支撑。因此，在提高退休年龄的宣传、方案设计、政策建议等方面，均缺乏理论支撑，社会宣传严重缺乏数据支持。如此摸着石头过河的制度运行现状在世界各国是少见的。

2. DC型积累制的个人账户系统没有实行动态计发月数表的制度。凡是实行账户型养老金的国家，其“账户养老金计发月数表”每年都是更新的，或公布一个包括各个出生年份的养老金计发月数表，旨在提高账户养老金的财务可持续性。我国自建立统账结合制度以来，个人账户养老金计发月数表就从未更换过，十几年过去了，寿命预期已经发生了很大变化，但账户养老金计发月数表却从未更新过。静态的计发月数显然是账户系统财务可持续性的重大隐患。

（三）社会统筹部分可持续性问题十分明显

在统账结合的28%缴费收入结构中，社会统筹占20%，成为养老保险的骨干部分，但由于制度内部和外部条件等原因，社会统筹基金管理层次不能提高，二十多年来以市县为主，由此带来种种问题，其主要弊端有二。

1. 统筹层次低，成为吸入财政补贴不可测量的无底洞。一方面，基金不能全国统一调剂使用，导致落后地区收不抵支，只能年年依靠财政转移支付发放养老金，而发达地区由于流动人口的流入等原因有大量基金结存，规模越来越大的基金结余只存于银行，时刻处于贬值风险中。另一方面，从国家层面看，每年大量财政补贴与大量结余同时存在，不能相互冲抵，最终转化为国有银行的低息存款，变相“支持”了国有银行。财政对统筹基金的补贴没有计划和预测，规模逐渐扩大，1998年仅为24亿元，占当年GDP的0.02%，到2014年则高达3 548亿元，占当年GDP的0.6%。1998～2014年财政补贴合计为21 887亿元。制度结构不改变，这种现象将长期存在，成为吸入财政补贴的“漏斗”。

2. 统筹层次低，基金投资体制难以建立起来。1993～2012年CPI年均复合增长率高达4.8%，2003～2012年也高达3.28%，而存入银行的利率只有2%左右，十几年来损失超过千亿元，按照全国社保基金理事会的收益率来衡量，将损失5 500亿元。重要的是，基金收益率太低导致制度公信力太差，参保人的积极性受到负激励。

（四）个人账户制度设计存在先天缺陷

制度的账户设计存在一些天生的财务缺陷，导致这个制度注定离不开财政转移支付。换言之，制度设计上的这些天生缺陷决定了这个制度从诞生之日起就离不开财政补贴。

1. 个人账户设计的结果是保输不保赢。按规定，参保人提前死亡的，个人账户资产可以继承，超过平均余命的长寿者则可领取账户养老金到死亡，大数法则荡然无存。因为个人账户不能封闭运行，其缺口由统筹基金兜底支付，而统筹基金则由财政兜底支付，所以个人账户制度从建立的第一天起就注定需要有财政间接兜底。因为这个规定在《社会保险法》中得到确认，所以修法已显得非常急迫。

2. 个人账户长期以来难以做实。从 2001 年实施做实个人账户试点至今已有 14 年的时间，但由于种种原因，各级政府和企业对做实个人账户的积极性不高，空账规模逐年扩大，到 2013 年底，已达到 30 955 亿元，而做实账户仅为 4 154 亿元，部分积累制的目标长期不能实现，制度长期不能定型（见表 1）。

（五）行政管理体制不利于提高统筹层次

制度运行中一些管理体制还有很多不顺的地方，他们也导致制度不能实现收入最大化，存在很多漏洞。

1. 养老保险费双重征缴制度并存导致收入不能到位。1999 年颁布的《社会保险费征缴暂行条例》规定，社会保险费的征收机构由省、自治区、直辖市人民政府规定，可以由税务机关征收，也可以由社会保险经办机构征收，目前的情况是大致各为半壁江山。在征缴过程中，为了降低第二年的任务基数，一些地税部门完成征缴的额度往往是最低限度的门槛。

2. 社保经办机构属地化管理不利于提高统筹层次。自 1991 年中央提出向省级统筹过渡以来，统筹层次至今几乎还是原地不动，大部分仍以县级统筹为主，基金管理的地方利益越来越固化，这也是造成统筹层次难以提高、投资体制难以改革、收益率低下、财政补贴逐年增加的主要原因之一。除了其他原因之外，社保经办机构属地化管理也是造成统筹层次难以提高的原因之一。

二、向名义账户转型：统账结合制度升级

针对养老保险制度的财务可持续性现状，党的十八届三中全会做出重大改革决定，即完善个人账户制度和坚持精算平衡原则。“完善个人账户制度”是对统账结合制度的重新定位，它取代了 2001 年以来始终如一的“继续做实个人账户试点”的传统表述，从根本上解决了由于转型成本巨大和统筹层次低下而导致的个人账户难以做实的空账窘境，将个人账户的

功能主要集中体现为多缴多得的依据和载体，并以国际通行的名义账户（NDC）理论与标准对其予以重塑。所谓“名义账户”即“名义缴费确定型账户”，是一种混合型制度，在融资方式上采取的是现收现付制，但在待遇计发方式上采取的是模拟积累制。“坚持精算平衡原则”是对基本养老保险制度在认识上的重大突破，是首次以中央文件的形式对社会保险财务目标提出的基本要求，意味着要在制度上坚持收入与支出的精算平衡，就必须真正实现缴费与权益的精算中性，即强化多缴多得的激励机制，提高制度的收入能力和支付能力，以期达到提高财务可持续性的目的。坚持精算平衡与增强激励机制显然在于强化个人账户的功能，建立制度之初引入个人账户的目的皆在于此，因为账户比例越大，激励机制就越强，就越有利于实现制度的精算平衡。

由此可以看出，完善个人账户制度和坚持精算平衡原则具有严密的逻辑关系，即做实个人账户要求账户比例越小越好。于是，2005 年国务院颁布的《关于完善企业职工基本养老保险制度的决定》（国发［2005］38 号）将个人账户从 11% 缩小到 8%，旨在配合和加快 2001 年实施的做实个人账户试点，但个人账户越小，激励性就越差；向名义账户转型为扩大账户比例提供了条件，从根本上克服了扩大个人账户比例与做实个人账户产生的冲突，使统账结合这两个背道而驰的制度目标首次有条件得以弥合和统一。换言之，完善个人账户制度为坚持精算平衡原则提供了制度条件，而坚持精算平衡原则则建立在完善个人账户制度基础之上。如果只实行了向名义账户转型，而未有效扩大账户规模，就没有提高精算平衡能力和强化激励性，意味着这轮改革只走了半步。因此，提高账户比例等于是向名义账户转型而产生的“红利”，这个“红利”表现在节省转型成本和扩大账户规模这两个方面，对这两个方面的“红利”我们不应只知其一，不知其二，否则将是对第二个“红利”的极大浪费。当这两个“红利”同时发挥作用并“相互拥抱”时，统账结合的制度就得以升级。下面是统账结合制度升级之后的具体方案、假定条件和测算结果。

（一）三个情境方案及其基本假定条件

在雇员缴费 8% 与雇主缴费 20% 不变的条件下，为达到扩大个人账户规模比例和缩小社会统筹比例的目的，账户与统筹的比例搭配可有多种情形。为方便比较研究，可将其简化为三个方案：一是目前的“小账户”方案，即“8%账户+20%统筹”；二是“大账户”方案，即“16%账户+12%统筹”，就是从雇主缴费里划出8%进入个人账户；三是“全账户”方案，即“28%账户+0统筹”，就是雇主的20%缴费全部计入个人账户，个人和单位的缴费全部划归个人账户。在“全账户”方案下，社会统筹部分由财政转移支付形成，其规模以2013年财政补贴养老保险制度的3 019亿元为基准，每位退休人员每月领取定额统筹养老金312元，替代率大约为岗平工资的5%，以后每年指数化按岗平工资增长率调整。支出规模在2037年之前占GDP比重从未超过0.5%（2013年的水平），2037年之后始终没有超过1.20%。这样，在城镇职工养老保险的统账结合制度中，账户养老金就完全由缴费形成，统筹养老金由财政转移支付构成，这就与目前“城乡居保”的统账结合的资金来源性质完全一致，实现了公共财政的公平性。

向名义账户制转型之后，账户记账利率为上年度岗平工资增长率的100%，即2015～2020年约为10%，2020～2030年约为8.6%，2030～2050年约为6.8%，2050～2090年约为3.0%。

（二）个人账户规模越大，财务可持续性越好

以下将“全账户”情形作为基准，对2015～2090年进行75年的测算，其结果较为理想。

1. 替代率高于改革前。改革前的2014年，养老金全国平均水平为2 100元，替代率为43%左右。改革后，替代率水平明显高于改革前，以退休第一年个人替代率为例，如果将2015年作为改革元年的话，当年替代率为60%，此后便从未低于60%，在60%～72%之间波动。如果加上5%的统筹养老金的替代率，则升级后的统账结合的替代率始终在65%～77%之间。待遇调整幅度是工资增长率的80%，即2015～2020年利率为8.0%；2020～2030年利率为7.0%；2030～2050年利率为5.5%；2050～2090年利率为2.5%。

2. 制度财务可持续前景乐观。由于制度激励性非常好，参保人将完全按真实工资收入进行缴费，制度收入能力非常强，当期收支结余非常明显：2020年收入6.3万亿元，支出3.4万亿元；2030年收入21万亿元，

支出仅为8.7万亿元；2040年收入53万亿元，支出25万亿元。由于老龄化等原因，与其他所有国家一样，收不抵支的时点终将来临，它将出现在2049年，即从2049年开始出现收不抵支，从此，收支缺口将由基金累计结存予以支付。基金终将枯竭的时点将发生在2088年。届时，如果制度其他参数不进行调整（比如提高缴费率或提高退休年龄等），就需外部资金介入。全国社保基金（假定从2015年开始按7%的投资收益率计算，并假定在没有新的资金注入的情况下）规模将达210万亿元，但相对于每年养老金支出几百万亿元的规模来讲也是杯水车薪。

3. 建立基金投资体制。从2015年开始，由于新的缴费收入将全部进入个人账户，基金上解渠道通畅，与地方管理脱钩，立即实现全国统筹，国家统一建立投资机构成为可能。在2088年基金枯竭之前，规模庞大的基金累计结余实行市场化和多元化的投资体制，假定按7%的投资收益率计算，它成为基金收入的重要来源。由此，基金累计结余规模一直增长，2020年达12万亿元，2030年达到82万亿元，到2049年高达587万亿元，占GDP比重达到峰值的63%，此后，占GDP比重将呈下降趋势。需要指出的是，2015年旧制度的遗产3.1万亿元基金累计结余将作为“初始基金”沉淀在投资体制内，共同进入投资体制。

4. 财政支出负担不重。由于统筹养老金完全由财政转移支付，其规模逐渐上升，但从未超过占GDP的1.2%。例如，2053年支出超过10万亿元，占GDP的1%，到2090年达60万亿元，占GDP的1.2%。这项支出只是将原来财政对城镇职工基本养老保险制度的补贴“转换”成统筹养老金而已，并不是额外的财政支出。换言之，城镇职工基本养老保险在这轮改革中并未增加财政负担。

5. 可以采用降低缴费率的其他选择。在制度设计中，还有降低缴费率的选择，如将缴费率降到24%，2050年之前替代率水平下降不是很多，但在2050年之后，大约是28%方案的90%。收不抵支和基金枯竭两个时点的到来大约较28%方案均提前10年。

三、统账结合制度升级之后优势明显

改革后，保险制度与财政制度的边界得以厘清。由财政转移支付形成的统筹养老金将财政因素补在明处，并成为所有参保人都有份的定额式养老金，体现了公共财政的公平性。

（一）激励性好，账户资产积累透明

雇主的缴费全部划入个人账户，且记账利息颇具吸引力。以2015年为例，如果有一个职工月收入5 000元，每月个人缴费400元进入账户，单位缴费1 000元也进入账户；一年的个人缴费仅为4 800元，但加上单位缴费12 000元和10%的记账利率之后，账户总资产将超过18 000元，其激励性是“乘四效应”，比住房公积金的“乘二效应”还要好，高出将近一倍，且透明易懂，其便携性像银行存款一样十分便捷，不存在异地基金转移的问题。这样的激励性不仅成为扩大覆盖面的内生激励机制，还将彻底改变参保人的参保行为：缴费基数和费率都变得“真实”起来，多缴多得的制度将成为现实，道德风险得以全面遏制，“公地悲剧”的病灶彻底根除。甚至，各级政府的道德风险也全然受到遏制，因为任何侵害基金的行为都是对参保人权益的直接损害。

（二）制度运行质量得以大大提高

20多年来，由地方负责管理的统筹基金一直是影响制度运行质量的主要根源之一。取消这个资金池之后，养老保险制度与地方完全撇清和脱离，制度运行质量登上一个新台阶：劳动力全国范围自由流动的便携性障碍彻底根除；养老金待遇正常调整机制难以建立的制约因素完全消失；提高退休年龄的主要障碍之一得以消除，代之以多缴多得的个人决策选择；出现群体性事件的主要诱因存在于散在各地的统筹基金，此时这个问题将得到彻底解决；分散在各地的统筹基金对低收入阶层的参保可及性、缴费水平的确定等都是不利的，此时将完全解除；分散在各地的统筹基金的存在是阻碍统一降低缴费率的主要原因，提高到全国统筹之后将使降低费率成为可能，将有利于减税降费和提高企业竞争力。

（三）节省了大量的转型成本

在小账户、大账户、全账户的三个情境方案中，其融资方式均采取现收现付制，这就节省了大量的转型成本，完全规避了14年来做实个人账户试点不能达标的窘境。同时，在待遇计发方式上采取的是模拟的“缴费确定型”的账户制，记账利率采用的是生物收益率。这个具有“名义缴费确定型”（NDC）的典型特征的设计是一种制度创新，各项预测指标均符合党的十八届三中全会《决定》提出的总体要求。

（本文原载于《开发研究》，2015年第3期）

做实养老保险个人账户可持续吗?

——基于黑龙江省的典型调研

关　博*

经过20余年的改革和实践，我国确立了以“统账结合”为基础的城镇职工基本养老保险制度，但由于改革初期没有正视转制成本问题，也没有安排专门的清偿路径，导致各地转借挪用个人账户资金，个人账户处于“有账无钱”的状态。据测算，到2013年我国个人账户空账规模已经达到了2.6万亿元，并呈现快速扩大的趋势。是否继续深化做实个人账户改革，有必要对做实政策的实际实施效果进行考察，研判其是否具有可持续性和扩大实施范围的可操作性。

黑龙江省是我国较早进行做实试点的省份，积累了相对丰富的管理和实践经验，其“补账户”做实方案为上海、山西等省市所采用，成为我国做实个人账户的标准模式。同时，黑龙江省试点做实个人账户政策运行已整10年，政策的正面和负面效果已经充分显现。

本次调研在了解黑龙江省做实个人账户主要做法的基础上，着重关注黑龙江做实政策是否实现充足性、保障性和可负担性三大政策目标，即个人账户是否充分积累，制度保障能力是否显著提升，做实成本是否超过了财政和社会的负担能力，进而根据黑龙江的做实效果，结合我国的具体国情，就进一步完善“统账结合”模式提出改革思路，着力回答是否有必要在全国范围内继续推进做实个人账户改革，如何提高基本养老保险制度的保障效能等关键问题。在调研方法上，采取了座谈、实地考察、专家访

---

* 关博，国家发展和改革委员会社会发展研究所助理研究员。

谈等多种方式，深入了解黑龙江做实个人账户试点工作的主要做法和实施效果。为了全面了解个人账户资金的投资安排和收益使用情况，课题组部分成员还对中国证监会研究中心、全国社保基金理事会等机构的研究人员和养老基金投资管理人员进行了补充调研。

一、黑龙江省做实个人账户的做法及政策比较

（一）我国做实个人账户政策的出发点

为落实“统账结合”模式的部分积累功能，提升基本养老保险制度在人口老龄高峰时的支付能力，在2000年《国务院关于印发完善城镇社会保障体系试点方案的通知》中明确提出了要逐步做实个人账户，此后做实试点范围先后扩大至11个省市。

我国启动做实个人账户政策改革的出发点在于通过加大财政补贴的方式逐步偿还历史欠账，充实个人账户的基金积累，完善基金管理运营机制，增强“统账结合”模式的保障效能，进而提高基本养老保险制度对人口老龄高峰时养老金支付压力的承接能力。据此，可以将政策的总体目标归纳为充足性、保障性和可负担性（见表1）。

表1　　做实个人账户政策目标

政策目标	政策内容
充足性	个人账户切实做实，资金积累充分
保障性	做实资金实现有效的保值增值，提高制度的保障水平
可负担性	因做实个人账户发生财政补贴及其他引致的成本，不超过财政体系和社会的承受能力

（二）黑龙江省做实个人账户试点的主要做法

根据2004年国务院办公厅《关于在吉林和黑龙江进行完善城镇社会保障体系试点工作的通知》和国务院《关于同意黑龙江省完善城镇社会保险体系试点方案的批复》等有关文件，黑龙江省从2004年1月1日起开始做实个人账户。具体的做实措施包括做小个人账户记账规模、逐步增加个人账户积累和完善资金投资管理办法等三方面内容。

1. 调整个人账户与统筹账户的计提比例，缩小个人账户规模。为减轻财政补贴压力，同时扩大统筹账户规模，确保当期养老待遇足额发放，将企业缴费比例提高为职工工资总额的20%左右，哈尔滨等高于20%的地区暂时维持原缴费比例；个人缴费缩小为职工工资总额的8%，企业缴费全部进入统筹账户，个人缴费记入个人账户，从而个人账户的规模由1997年统一规定的11%下调至8%。

2. 增加财政投入，逐步做实个人账户。为彻底解决养老保险改革所发生的转制成本问题，规定采用逐步增加积累的办法，建立个人账户做实基金。以2004年1月1日为基期，按照当期5%的规模做实个人账户，其中中央财政补助为3.75%，其余部分由省级财政负责补助。从2004年开始，按照每年动态增加1%的比例，逐步增加资金积累，最终按照8%的水平做实个人账户。同时，企业和个人的缴费收入全部用于当期基本养老金支付，结余部分作为积累基金纳入财政专户管理。

3. 完善基金投资管理，分类归口运营。为强化做实资金的保值增值能力，黑龙江省根据做实账户基金来源建立了不同的管理运营机制。对地方财政补助资金，根据社会保险资金管理的相关规定纳入财政专户，允许省政府根据国家有关规定制定养老保险基金管理和投资运营办法，由省级社保管理部门负责投资运营，实现保值增值。对中央财政补助资金，由黑龙江省委托全国社保基金理事会投资运营，社保基金理事会负责承诺最低收益率。

（三）黑龙江省做实政策与辽宁省做实政策的比较

在黑龙江省之前，我国于2001年在辽宁省首先进行了做实个人账户的改革试点工作。在具体的做实办法上，黑龙江方案与辽宁方案存在着较大的差异，代表了两种做实模式，突出表现在个人缴费资金使用、资金补助方式、积累基金管理方式等方面（见表2）。

在黑龙江方案下，当期统筹账户可以继续使用个人缴费，财政负担压力较小，但也会发生财政补助资金小于个人账户实际记账额，形成账实缺口的问题。辽宁方案下，个人账户随即做实，账实关系清晰明确，但财政补贴责任沉重，特别是地方财政压力较大。因此，2005年上海、山西等省市扩大做实个人账户试点，全部选择了黑龙江“补账户”的做实方案。

表 2　　黑龙江省和辽宁省做实政策比较

比较内容	黑龙江省	辽宁省
个人缴费资金使用方向	个人缴费进入统筹账户，用于当期支付	个人缴费资金向个人账户专户归集，统筹基金不能占用个人缴费
财政补助方式	根据账户规模来确定财政补助水平，被称为“补账户”模式	根据统筹资金缺口确定补助水平，也被称为“补缺口”模式
个人账户资金管理办法	中央财政补助资金委托全国社保基金理事会运营管理，并承诺不低于 3.5% 的收益率；地方补助资金根据国家有关政策管理运营	由本省社保机构负责管理，以国债为主要投资方向

二、黑龙江省做实个人账户的实施效果及可持续性评估

（一）黑龙江省做实个人账户政策的实施效果

黑龙江省做实政策实施 10 年以来，个人账户已经出现再空心化趋势，现有做实政策并不能实现个人账户资金的充分积累，也不能改善“统账结合”模式的保障效能，做实产生的财务融资压力已超过了地方财政和企业的负担能力，做实个人账户政策已不可持续。

1. 充足性目标：个人账户出现再空心化，账实不符现象突出。从充足性目标来看，中央和省级财政补助资金不能足额清偿因个人缴费挪用发生的债务缺口，补助水平也不能随记账数额变化及时调整，个人账户账实缺口不断加大，出现了再空心化趋势。

调研发现，中央和黑龙江省级两级财政补助渠道都普遍采用了定额包干制来确定补助标准的办法，其中中央财政补助资金完全采用定额包干制，即按照 2004 年个人账户记账额的 3.75% 确定补助标准，每年定额补助 10.5 亿元。在地方财政补助渠道中，最初做实部分采用定额包干方式补助，即按照 2004 年个人账户记账额的 1.25% 补助，每年定额补助 3.8 亿元，其余逐步做实部分采用动态做实办法。

由于黑龙江省城镇在岗职工工资持续保持较快速度增长，社会保险覆盖面不断扩大，个人账户的实际记账额以每年 6% 以上的速度增长，2013 年个人账户记账额为 145.6 亿元，为 2004 年记账额的 6.5 倍。财政包干

补助金额固定，无法覆盖因挪用个人缴费形成的基金缺口，账实不符现象突出。因此，2007 年后按照做实资金和记账金额匡算，每年新增部分的实际做实比例反而逐年下降，远没有达到 8% 的做实要求。2013 年黑龙江省做实个人账户当期补助资金 68.9 亿元，其中中央财政定额补助 10.5 亿元，地方财政定额补助 3.8 亿元，地方财政按照当年记账额按比例动态补助 76.7 亿元。与 145.6 亿元的记账额相比，当年形成账实缺口 68.9 亿元，以 8% 的名义做实比例进行套算，当期实际做实比例仅为 4.73%。

从累计做实情况来看，个人账户再空心化问题更为严重。随着每年新补贴财政资金较实际记账额的比例不断下降，账实缺口持续扩大，再加上做实个人账户改革之前所积存下来的历史债务，累计做实基金不足个人账户记账金额的 1/3。2013 年，黑龙江省期末累计记账金额为 1 002.92 亿元，积累做实个人账户资金 308.8 亿元。由此计算，累计发生账实缺口 649.12 亿元，实际做实比例仅为 2.46%（见图 1）。

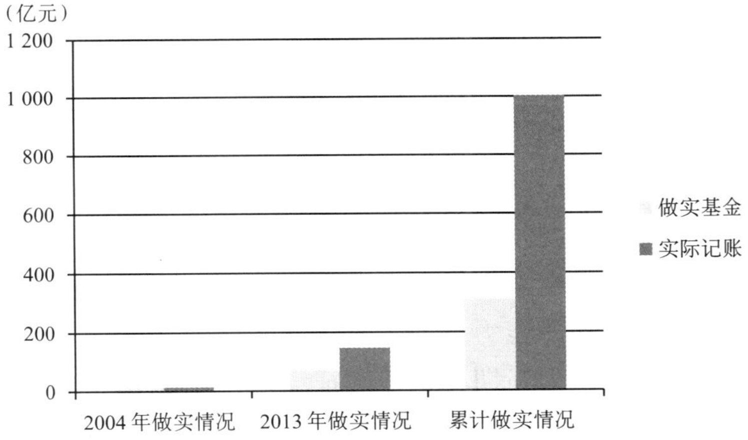

图 1　黑龙江省个人账户账实缺口情况

2. 保障性目标：基金投资机制不健全，保障效能不高。从保障性目标来看，黑龙江地方归集做实个人账户基金还继续沿袭保守的投资策略，缺乏保值增值能力，基金投资收益没有“反哺”参保职工，个人账户养老金保障能力没有得到实质性的提升。

（1）缺少国家上位政策支持，地方归集基金管理低效。在国务院批复的做实方案中，允许黑龙江省政府在国家政策框架下制订地方补贴资金的投资管理运营办法，由社保和财政部门负责具体的经办运营。2005 年的《国务院关于完善企业职工基本养老保险制度的决定》明确提出了“国家制订个人账户基金管理和投资运营办法”的改革要求，但截至目前，国家层面关于个人账户基金管理的上位政策尚未出台，黑龙江省本级归集的182.3亿元基金只能按照统筹结余基金的管理规定，全部存入省级财政专户管理，采取定期存款方式运行计息。由于投资策略保守、投资渠道狭窄，制约了补助资金的保值增值能力，近年来基金平均回报率稳定在3%左右的低水平，部分年份甚至低于通货膨胀率，基金缩水贬值风险日益凸显。

（2）未建立起投资收益共享机制，个人账户保障能力不高。与黑龙江本省归集资金不同，中央补贴资金已委托全国社保基金理事会运营，目前第一期资金已于2013年结算期届满，结算年化收益率为8.47%。按照黑龙江省与全国社保基金理事会的委托投资协议约定，初始委托资金及其投资收益全部转为下一结算期的委托本金。个人账户记账利率依然锁定一年期定期存款利率，并没有反映实际的投资收益变动情况，参保者也没有参与分享投资收益。由于记账利率水平偏低，个人账户养老金在参保者退休时所能提供的实际给付水平极为有限，养老保障功能不足。同时，过低的账户利率使缴费水平和缴费时限对参保者的个人账户养老金影响微乎其微，个人账户所设计的多缴多得和长缴多得激励机制不能实现。

3. 可负担性目标：地方财政“持米叫饥”，企业缴费负担加大。从可负担性目标看，筹集做实基金增加了地方养老保险基金的财务压力，削弱了财政对制度的兜底保障能力。为了避免养老保险基金发生支付风险，黑龙江省采取多种手段扩大当期养老保险征缴规模，部分措施透支了远期支付能力，增加了企业和个人的缴费负担。

（1）地方财政“持米叫饥”，支出压力沉重。由于黑龙江省历史上国有企业比重大、产业工人多，近年来原国企职工已经集中进入退休高峰，制度整体赡养比已达1:1.4，高于1:3的全国平均水平。同时，部分中央下放企业和农垦系统移交地方，未能妥善解决历史遗留问题，补助资金与实际支付需求之间缺口较大。受此影响，近年来黑龙江省养老保险基金发生了较为严重的收不抵支。2013年全省养老保险基金收入560.6亿元，支出810.1亿元，收支缺口高达249.5亿元，在中央财政补助206.3亿元之后，仍有43.2亿元的收支缺口，预计2014年的收支缺口将超过100亿元。在统筹资金收不抵支问题较为严重的背景下，为继续做实个人账户，还需要每年另辟财力筹集资金近 70 亿元，地方财政陷入了“持米叫饥”的两难境地。黑龙江省经济发展相对滞后，特别是 2014 年以来，受经济下行压力影响较大，地方财政已经无力长期承担做实账户和养老金刚性兑付双重担保责任。

（2）养老保险扩面潜力挖掘殆尽，远期支付风险加大。做实政策挤占了地方本可用于补贴统筹账户的财政资金，为了避免影响当期的养老金支付，黑龙江努力挖掘征缴潜力，扩大制度的覆盖范围。据了解，从 2005 年开始，黑龙江已经将 25 万国企混岗职工、5 万返城未正规就业“知青”、12 万超过法定参保年龄的集体职工、55 万“五七工”、家属工和刑满释放人员等社保“边缘群体”纳入职工养老保险保障范围，继续扩面的潜力挖掘殆尽。“扩面”措施虽然在短期内增加了制度缴费收入，但也随之加重了未来所需承担的支付责任，同时会导致扩面参保者集中退休的问题，使制度远期财务状况面临更大的不确定性。

（3）实际负担费率偏高，加重企业生产经营负担。严格征缴是黑龙江省缓解养老保险基金财务压力的另一重要举措。调研发现，为了提高征缴收入，部分企业养老保险最低缴费基数按照当地社会平均工资核算，而其他省份最低缴费基数普遍按社会平均工资的 60% 确定，浙江宁波等地甚至规定企业可以按照职工实际工资水平确定缴费基数。最低缴费基数设置方式不合理，会拉高中低收入群体和经营困难企业的社保缴费负担，在极端的情况下，实际费率会超过名义费率 2/3 以上。同时，社保缴费基数还会以每年 10% 以上的速度快速增加，进一步加大了企业的缴费压力。在东北地区经济下行风险加大的背景下，企业生产经营普遍面临前所未有的困难，过于严格的社保征缴机制会导致企业成本支出持续加大，流动资金更加紧张，长此以往企业将难以为继。

（二）继续做实个人账户政策可持续性评估

从黑龙江做实政策运行的情况看，做实个人账户改革既不能解决养老保险“空账”的当务之急，也不能切实改善参保者的实际利益，做实政策不可持续。

1. 我国工资增长率与资本回报率倒挂，不具备现收现付制向部分积累制转轨的前提条件。从调研了解到的情况看，黑龙江委托全国社保基金投资运营基金的年化收益率为 8.47%，远低于城镇在岗职工社会平均工资两位数的增速。由于工资增长率与资本收益率倒挂，基金积累制下的单位缴费内生回报率会低于现收现付制，继续进行做实改革反而降低了制度的整体保障效能。

2. 我国缺少适宜的转制成本清偿路径，难以妥善解决收支缺口问题。现行做实政策是希望通过财政补贴和扩大统筹账户筹资水平的方式来解决转制成本问题。实践证明，这一解决方案既不能实现账户的完全做实，也超过了财政和企业的承受能力。从全国来看，黑龙江面临的问题也不是个案。辽宁省作为我国最早做实个人账户试点的省份，在财政定额补助不足以弥补统筹基金缺口，且在省内扩面潜力基本耗尽的情况下，于 2009 年开始“借支”个人账户资金，政策实施最初两年，累计借支资金已经超过 140 亿元。

3. 隐性债务规模不断扩张，继续做实成本持续加大。随着社会平均工资的增长和参保覆盖面的扩大，个人账户的记账规模也逐年增加，与之对应的做实成本会呈现快速攀升之势。据测算，2012 年我国个人账户的累计记账额已高达 2.95 亿元，其中当年新增记账规模为 4 684 亿元，较 2011 年增加 18.84% 左右。在此背景下，继续扩大做实个人账户将面临更加沉重的财政补贴压力，远超过社会的综合承受能力，显然不具有可操作性。

三、完善“统账结合”模式的改革思路

（一）勇于做改革减法，停止做实个人账户改革

为贯彻落实党的十八届三中全会的精神，建立更加公平可持续的社会保障制度，不应只做“加法”，不做“减法”。对于那些符合我国广大群众和社会保障制度根本利益的改革政策，要以破釜沉舟的精神攻坚推进。对于那些与我国经济社会发展环境不匹配、配套支撑条件不成熟的改革政策，也要有壮士断腕的“叫停”勇气。由于现有做实个人账户政策并不能切实做实资金积累，也不能改善“统账结合”模式的保障效能，且做

实产生的财务融资压力已超过了地方财政和企业的负担能力，因此要果断停止做实个人账户改革，重新优化基本养老保险制度结构，提高积累资金使用效率，减轻政府和企业的财务压力，为建立健全适合中国国情的“统账结合”模式提供改革空间。

（二）重新梳理“统账结合”组织方式，加快名义账户制度设计

目前，“统账结合”模式已经被确立为我国基本养老保险制度的根本架构。在停止继续做实个人账户之后，如何进一步完善“统账结合”模式，更好发挥其养老保障功能，是建立更加公平可持续养老保险制度所不能回避的问题。

部分国家在20世纪90年代起所进行的名义账户制度改革，为解决我国养老保险个人账户空账问题提供了更为理性的改革思路和新的发展空间。名义账户设计兼具个人账户机制的诸多优势，如保留了多缴多得的激励功能，明晰了养老金权益的计算方式，提供了更好的便携性，对劳动市场也不会产生“提前退休津贴”等不合理的刺激，符合我国引入个人账户的改革初衷。同时，名义账户保留了现收现付制的筹资方式，不会产生转制成本，可以规避我国做实个人账户所必须面对的财务融资压力问题。从其他国家的实践经验来看，经过十余年的发展和完善，采用名义账户制度国家的养老保险制度运行总体平稳，世界银行也将名义账户作为多支柱养老保险模式构建第二支柱的推荐方案之一，证明了名义账户制度设计具有相应的生命力和可靠性。

在下一阶段的改革中，不再强调个人账户是否具有基金积累，而是要进一步优化制度结构，在“空账”运行的情况下，发挥好“统账结合”模式的功能。要科学测算未来支付责任，改革个人账户计算公式，提高记账利率水平，增强制度对参保者的激励机制和实际保障效能，建立适应我国当前经济社会发展实际需要的“名义账户”模式。

（三）做好已积累资金的投资运营工作，提高“统账结合”的保障能力

从提升保障性来看，要用好做实改革已经积累的基金和统筹账户的结余资金，应将其视为养老保险制度的风险储备基金，继续做好这部分资金的投资运营工作。通过拓展社保基金投资渠道和工具选择，完善管理和风

险控制，提高基金增值收益水平，可以减轻筹资主体的财务负担，增强养老保险制度的抗风险能力和长期支付能力。

1. 改善投资结构，扩展投资工具。应加快制定国家层面的做实账户基金管理办法，同时修订《社会保障基金财政专户管理暂行办法》等有关政策规定，在不影响当期支付并留有一定准备金的基础上，允许富余资金进行多元化运营。在投资工具选择上，可参考全国社保基金的资产组合模式，将银行存款、企业债、股权债和股票等多种投资工具纳入资产组合包，合理匹配资产回报期限和风险，实现稳健与收益兼顾。

2. 创新投资运营方式，分享经济发展红利。将保障性住房、棚户区改造等公共项目作为养老保险基金的重要投资方向，并明确限定投资比例。同时，积极引入国际广泛使用的另类投资工具，进行本土化开发操作，丰富养老保险基金的投资选择，从而使养老保险基金可以直接或者间接参与实体经济，分享我国经济发展的成果，规避资本市场风险，提高基金收益水平。

3. 完善管理体制，加强风险管控。进一步理顺社保基金管理体制，明确财政、社保等部门在养老保险基金投资问题上的责任和职能边界，落实管投分离原则，遵循现代基金法人治理结构，改革基金管理体制。建立信息披露机制，定期向社会公布养老保险基金的资产总量、现金流量、收益水平等基本财务状况，及时披露重大投资行为，接受社会公众和专业机构的监督质询。

（四）完善转移支付机制和缴费确定机制，减轻地方政府和企业的财务负担

从确保可负担性的角度看，要进一步明确中央和地方在养老保险支出问题上的财权和事权关系，建立更加完善的专项转移支付机制，由中央与地方共同承担基本养老保险的兜底责任。同时，健全完善养老保险缴费确定机制，减轻企业缴费负担。

1. 理顺财权、事权关系，建立专项转移支付机制。对于中央推动的各项重大改革事项，应该由中央财政承担主要的改革成本，并停止使用包干补贴的办法，建立补贴资金动态管理机制，根据实际资金需求同步调整补助水平。对于为贯彻落实中央有关政策而增加的统筹账户支出，如养老

金的待遇调整支出，应由中央财政和地方财政按比例分担，并对中西部地区和退休职工数量多的老工业区进行政策倾斜。

2. 健全养老保险缴费基数确定机制，切实减轻企业负担。在当前复杂、严峻的经济形势下，社保缴费负担对于企业生产经营的冲击作用不能忽视，特别是养老保险缴费占社保总成本的一半以上，缴费机制确定不合理将对企业产生持续负面影响。因此，要考虑建立更为科学的养老保险缴费基数确定办法，建立法定最低缴费基数机制，以社会平均工资的一定比例作为缴费下限，缩小企业名义费率和实际缴费负担之间的敞口。对于生产经营困难企业，要启动弹性缴费基数机制，以企业的实际工资水平作为缴费依据，切实减轻企业成本压力。

（本文原载于《宏观经济研究》，2015年第2期）

名义账户制是改革的倒退

韩克庆*

世界上各个国家的福利制度设计，既反映了其特定历史阶段的经济发展状况，也是社会价值观和发展理念的集中体现。市场化改革以来，中国社会保障制度的设计理念发生了根本变化，计划经济时期“平均主义”的价值观念也在市场经济大潮中涤荡殆尽，取而代之的是个人主义的流行和自由市场的兴起。社会保险制度的设计也发生了根本性变化，计划经济时期的国家保险制度随之被社会保险制度所取代。正是在这种时代背景下，养老保险制度改革确立了社会统筹账户和个人账户相结合的缴费模式，简称统账结合养老保险制度，并一直沿用至今。

概括起来，养老保险制度有三个核心环节：一是怎么收钱；二是怎么管钱；三是怎么发钱。从收钱的环节看，目前主要有缴费制和缴税制两种方式：缴费制即通过雇员、雇主或者参保受益人直接缴纳社会保险费的方式。缴税制即直接通过消费税、营业税或者开征社会保险税的方式进行税收征缴，进而实现社会保障待遇和国民福利的再分配。由于缴费和缴税方式的区别，导致管钱、发钱的环节也不同。缴费制有专门的社会保险基金管理经办机构，负责社会保险费的征缴、管理、基金运营、养老金发放工作。缴税制则通过国家税务部门和财政部门，对包括社会救助、社会保险、社会福利服务在内的社会支出进行统一预算管理。

---

* 韩克庆，中国人民大学劳动人事学院教授、博士生导师。

一、何谓名义账户制

在社会保险制度中，所谓名义账户制，简单点说，就是只有账户之名，而无账户之实。按照中国社会科学院世界社会保障研究中心郑秉文的解释，名义账户制也叫名义缴费确定型模式（NDC），是指现收现付制与积累制、待遇确定型（DB）和缴费确定型（DC）的一种混合模式，它既有某些“DB 型现收现付制”的特征，又有“DC 型积累制”的特征，所以“名义账户制”既可被称为“DC 型的现收现付制”模式，也可以被认为是“DB 型现收现付制”的某种变形。从融资的方式来看，“名义账户制”是建立在现收现付制的基础之上，即社会缴费直接用于支付当前的退休者，账户系统仅仅是一种“记账”的管理方式，而不需要实际存入缴费；从养老金给付的条件和规则来看，虽然个人账户中的资产是“名义”性质的，但在退休时却变得具有真正的实际意义，成为记发标准的根本原则。

因此，名义账户制有两个根本特征：一是现收现付；二是空账运行。结合中国的现实语境，对于名义账户制的讨论，不可避免地面临五个问题：一是个人账户做实还是做空。二是基于名义账户制的统账结合养老保险是现收现付还是部分积累。三是个人账户如何管理。四是个人账户与社会统筹账户是什么关系。如果在现行的统账结合养老保险制度中，社会统筹账户属于现收现付的名义账户，那么个人账户的名义账户化会不会使得个人账户没有存在的必要。五是如果社会统筹账户和个人积累账户都走向名义账户制，那么基金积累就是一句空话，如果没有基金累积的话，那么所谓的养老保险基金投资运营就是镜花水月。

二、我国统账结合养老保险制度改革及政策演进

改革开放前，我国实行国家统筹、企业支持、现收现付的劳动保险制度。随着经济体制改革的推进，基于计划经济基础上的劳动保险和单位福利制度开始全面改革。1984 年，四川、广东、江苏、辽宁等省率先进行了国有企业退休费用的社会统筹试点，开始由国家保险向社会保险转变。

1986年，国务院颁布《国营企业实行劳动合同制暂行规定》，实行劳动合同制，退休养老费用社会统筹，国家统包统配的劳动保险、公费医疗、公共住房、教育分配制度沿着市场化的、社会化的路径快速改革。1991年，国务院颁布了《关于企业职工养老保险制度改革的决定》，开始在城镇推广养老保险基金社会统筹试点。

在各地试点改革的基础上，1993年中共十四届三中全会《中共中央关于建立社会主义市场经济体制若干问题的决定》提出，建立多层次的社会保障体系，包括社会保险、社会救济、社会福利、优抚安置和社会互助、个人储蓄积累保障。按照社会保障的不同类型确定其资金来源和保障方式，重点完善企业养老和失业保险制度，强化社会服务功能以减轻企业负担，促进企业组织结构调整，提高企业经济效益和竞争能力；城镇职工养老和医疗保险金由单位和个人共同负担，实行社会统筹和个人账户相结合；建立统一的社会保障管理机构，提高社会保障事业的管理水平，形成社会保险基金筹集、运营的良性循环机制。上述规定不仅确立了统账结合的基本养老保险制度模式，也为各项社会保障制度改革明确了方向。

随后，国务院于1995年颁布《关于深化企业职工养老保险制度改革的通知》（以下简称《通知》），要求各地按照两个方案进行试点：第一个是大个人账户、小社会统筹，这叫“体改委方案”；第二个是小个人账户、大社会统筹，这叫“劳动部方案”。《通知》附两个方案的实施办法，要求各地可以根据实际情况任选其中一种进行同步试点。1997年7月，《国务院关于建立统一的企业职工基本养老保险制度的决定》明确规定，企业缴费不超过20%，个人缴费达到8%，然后从企业缴费中划入个人账户，按本人缴费工资11%的数额为职工建立基本养老保险个人账户。2001年7月，辽宁省开始进行完善城镇社会保障体系试点，社会统筹和个人账户分账管理，个人账户实账运行，并逐步在东北三省进行试点推广。

此后，做实个人账户的政策陆续出台。2003年，劳动和社会保障部转发《中国人民银行关于商业银行办理养老保险个人账户基金人民币协议存款的通知》，要求做好养老保险个人账户基金人民币协议存款工作，制订具体办法或方案，规范管理运作行为，建立健全监管机制，保证基金安全。办理协议存款地区的养老保险统筹基金，以及未办理协议存款地区的养老保险统筹基金和个人账户基金活期存款，仍执行三个月整存整取定期存款利率。2005年11月15日，劳动和社会保障部《关于扩大做实企业职工基本养老保险个人账户试点有关问题的通知》提出，逐步做实养老保险个人账户，是完善企业职工基本养老保险制度和应对人口老龄化的重要措施。在总结东北三省做实企业职工基本养老保险个人账户试点经验的基础上，国务院决定进一步扩大做实个人账户试点，2006年选择6~8个有积极性且有一定实力的省、自治区、直辖市进行扩大做实个人账户试点，经批准作为扩大做实个人账户试点的省、自治区、直辖市，从2006年1月1日启动做实个人账户工作。对做实个人账户试点的中西部地区、老工业基地和新疆生产建设兵团，仍按照在东北三省试点时中央财政的补助标准给予补助。

2005年12月，《国务院关于完善企业职工基本养老保险制度的决定》规定，从2006年1月1日起，个人账户的规模统一由本人缴费工资的11%调整为8%，全部由个人缴费形成，单位缴费不再划入个人账户。2005年12月15日，劳动和社会保障部发出《关于贯彻落实国务院完善企业职工基本养老保险制度决定的通知》，要求各地从2006年1月1日起，将个人账户规模统一由本人缴费工资的11%调整为8%；职工个人缴费比例尚未达到8%的地区，要统一提高到8%。随后，国务院批复天津、山西、上海、山东、河南、湖北、湖南、新疆等8省（自治区、直辖市）做实个人账户试点实施。《劳动和社会保障部、财政部关于进一步做好扩大做实企业职工基本养老保险个人账户试点工作有关问题的通知》提出，积极推动做实个人账户试点工作全面深入地开展；在确保基本养老金发放的前提下提高做实个人账户比例，天津等8省份2006年从3%起步做实个人账户，以后逐步提高做实比例；经济发达省份可依靠自身能力开展做实个人账户试点。这样，做实个人账户的试点，就扩大至辽宁、吉林、黑龙江、天津、山西、上海、山东、河南、湖北、湖南、新疆11个省（自治区、直辖市）。2008年以后，则逐步扩大至辽宁、吉林、黑龙江、天津、山西、上海、江苏、浙江、山东、河南、湖北、湖南、新疆等13个省（自治区、直辖市）。做实的个人账户基金，逐步由2006年的485亿元，扩大至2013年的4 154亿元（见表1）。

表 1　　做实个人账户试点省份情况表

年份	个数	省（自治区、直辖市）	账户基金（亿元）
2001	1	辽宁	13.3
2002	1	辽宁	35.0
2003	1	辽宁	40.5
2004	3	辽宁、吉林、黑龙江	49.6（辽）
2005	3	辽宁、吉林、黑龙江	265.9（辽 206、吉 27.5、黑 32.4）
2006	11	辽宁、吉林、黑龙江、天津、山西、上海、山东、河南、湖北、湖南、新疆	485
2007	11	辽宁、吉林、黑龙江、天津、山西、上海、山东、河南、湖北、湖南、新疆	786
2008	13	辽宁、吉林、黑龙江、天津、山西、上海、江苏、浙江、山东、河南、湖北、湖南、新疆	1 100
2009	13	辽宁、吉林、黑龙江、天津、山西、上海、江苏、浙江、山东、河南、湖北、湖南、新疆	1 569
2010	13	辽宁、吉林、黑龙江、天津、山西、上海、江苏、浙江、山东、河南、湖北、湖南、新疆	2 039
2011	13	辽宁、吉林、黑龙江、天津、山西、上海、江苏、浙江、山东、河南、湖北、湖南、新疆	2 703
2012	13	辽宁、吉林、黑龙江、天津、山西、上海、江苏、浙江、山东、河南、湖北、湖南、新疆	3 396
2013	13	辽宁、吉林、黑龙江、天津、山西、上海、江苏、浙江、山东、河南、湖北、湖南、新疆	4 154

资料来源：耿树燕："辽宁：做实个人账户成效明显"，《中国劳动保障》，2005 年第 5 期；中华人民共和国人力资源和社会保障部：《劳动和社会保障事业发展统计公报》（2005 ~ 2007 年度）、《人力资源和社会保障事业发展统计公报》（2008 ~ 2014 年度），http：//www. mohrss. gov. cn/SYrlzyhshbzb/zwgk/szrs。

2010 年 10 月 28 日颁布的《中华人民共和国社会保险法》（2011 年 7 月 1 日起施行）第 10 条规定，职工应当参加基本养老保险，由用人单位和职工共同缴纳基本养老保险费。第 11 条规定，基本养老保险实行社会统筹与个人账户相结合。基本养老保险基金由用人单位和个人缴费以及政府补贴等组成。第 12 条规定，用人单位应当按照国家规定的本单位职工工资总额的比例缴纳基本养老保险费，记入基本养老保险统筹基金。职工应当按照国家规定的本人工资的比例缴纳基本养老保险费，记入个人账户。第14条规定，个人账户不得提前支取，记账利率不得低于银行定期存款利率，免征利息税。个人死亡的，个人账户余额可以继承。第16条规定，参加基本养老保险的个人，达到法定退休年龄时累计缴费满十五年的，按月领取基本养老金。《社会保险法》的各项法条对统账结合的养老保险制度做了进一步明确和规范，对个人账户的建立和管理也从法律层面进行了说明，包括支取条件、利率、继承关系等。2014年4月21日，《国务院关于建立统一的城乡居民基本养老保险制度的意见》规定，国家为每个参保人员建立终身记录的养老保险个人账户，个人缴费，地方人民政府对参保人的缴费补贴、集体补助，以及其他社会经济组织、公益慈善组织、个人对参保人的缴费资助，全部记入个人账户。个人账户储存额按国家规定计息。可以说，上述法律法规的颁布实施，不仅进一步明确了统账结合的养老保险制度模式，也进一步强化了做实个人账户的政策路径。

综上，通过对养老保险制度改革进程的梳理，尤其是做实个人账户相关政策的梳理可以看出，中国养老保险制度改革的基本路径是强调政府、企业、个人的责任分担，基金管理的基本方式是从计划经济下的现收现付制走向市场经济下多元主体的部分积累制。社会统筹账户体现了企业的缴费责任；个人积累账户不但体现了个人的缴费责任，更是为了提高个人缴费的积极性。因此，做实个人账户，一直是养老保险制度改革的题中应有之意。

三、名义账户制是统账结合模式的倒退

在统账结合养老保险制度中，以现收现付的社会统筹账户和完全积累的个人账户为前提条件，目前已经取得了积累3.1万亿元基本养老保险基金的“巨大成就”。如果以个人账户空账为理由，以名义账户制取代做实个人账户，不仅没有养老保险基金平衡的数量依据，而且还会背离改革初衷、混淆个人账户的产权性质、抑制个人参保动力、降低对企业缴费的监督制约，最终导致制度混乱，并带来政府信任危机。退一步讲，即便个人账户存在空账缺口，也不能因噎废食，半途而废，退回到现收现付的制度模式。

假如实行名义个人账户制，那么统账结合养老保险制度就成了两个名

义账户捆绑在一起的现收现付制度，这也意味着统账结合养老保险制度走到了改革的尽头。事实上，统账结合养老保险制度远没有走到“穷途末路”，随着社会保险统筹层次的提高，“一个统一、五个同步”等一系列顶层设计方案的出台，做实个人账户试点正面临着“柳暗花明又一村”的美好未来，而名义账户制如果强制实行的话，极有可能带来一系列负面影响。

（一）背离改革初衷

市场化改革以来，社会保障制度改革顺应时代潮流，形成了一些基本共识，即新体制既要体现社会公正，又要具有激励机制，鼓励人们努力工作、乐于积累，从而有利于经济的长期发展。其中，以预定收益标准为基准的现收现付制具有代际转移支付的性质，切断了福利给付与保险费缴付之间的联系，弱化了缴款动机，不利于社会储蓄的提高，容易形成政府预算的包袱，所以应用缴费确定的个人账户制取代收益确定的现收现付制。在此背景下，1993 年《中共中央关于建立社会主义市场经济体制若干问题的决定》中，专门对社会保障制度的构建进行了论述，包括城镇职工养老保险金由单位和个人共同负担，实行社会统筹和个人账户相结合的基本制度。这种制度安排无疑有利于市场经济发展、有利于社会保障制度改革、有利于发挥企业和个人的积极性。2010 年《社会保险法》又提出，基本养老保险基金由用人单位和个人缴费以及政府补贴等组成，这就进一步明确了政府、企业、个人在养老保险制度中的责任划分，使做实个人账户具有更加积极的政策意义。如果以名义账户制取代积累账户制，无疑背离改革初衷，也会对其他社会保险制度运行带来巨大冲击。

（二）混淆产权性质

有人认为，养老保险个人账户与社会统筹账户一样，具有公共属性，可以共济使用，这是对个人账户的误解。个人账户具有明确的私有属性，属于个人财产，不但可以积累，而且可以继承。不管是美国的个人退休账户（IRA），还是新加坡的中央公积金制度，都强调其私有产权性质，以增强制度的吸引力。养老保险个人账户的一个重要特征是其私有性与便携性。设计个人账户的初衷是把个人缴费的钱积累下来，明确归个人所有，可以依法继承，职工跨统筹地区流动时个人账户资金随之转移。如果长期空账运行，会给劳动力在地区间的流动，尤其是企业建制搬迁设置巨大障碍，对市场经济的正常运行和发育造成不利影响，同时使账户的一次性支付和依法继承面临窘境，参保单位和职工也会对“统账结合”的养老保险制度以及政府诚信产生怀疑，这对社会稳定将产生严重后果。在我国其他社会保障项目设计中，住房公积金制度可以看作是做实个人账户的成功范例。

（三）带来信任危机

“商鞅立木”的故事大家耳熟能详。变法改革从来不易，取信于民尤为重要。从 1997 年算起，统账结合养老保险制度建立实行不过 20 多年的时间，《社会保险法》颁布实施也不过三五年的时间。20 多年来，养老保险制度各项内容逐步完善，制度运行良好，做实个人账户的改革路径深得民心。如果朝令夕改，就会对政府的公信力带来极大负面影响。如果背离改革初衷，进行南辕北辙的制度变革，还会制造新的社会矛盾，诱发社会动荡。

（四）抑制缴费动力

名义账户制看似美妙，实则虚无缥缈。对于个人而言，缴费积累如果跟自己没有关系或者只是一个数字符号，就会变得毫无意义；个人对捆绑缴费的社会统筹账户，也会因对个人名义账户的漠不关心，而变得无从知晓或者漠然处之。对于企业而言，缺少做实个人账户的制约，种种逃费、欠费、并费现象就无法从根本上予以遏制，进而割裂了个人和企业的联系，缺少对企业缴费行为的监督制约。相反，如果做实个人账户的话，养老保险的个人账户就变成私有财产的一部分，不但能够激励个人参加保险和缴纳费用的积极性，而且会随着个人账户基金的不断积累，形成对政府社会保险经办管理和企业（单位）缴费的有效监督。

（五）制造制度混乱

名义账户制对统账结合养老保险制度带来的最大冲击是社会统筹账户和个人账户的关系如何处理的问题。最有可能的情形是社会统筹和个人账户全部变成现收现付的名义账户，从而不可避免地带来两个账户的合并，使统账结合、部分积累的现行制度变成缴费确定的现收现付制度。这与计划经济时期的现收现付制如出一辙，只不过征缴方式和支付方式发生了变化而已。进而可能出现的情形是基金征缴方式面临重大调整，可能用财政预算或税收征缴方式取代缴费方式。于是，养老保险基金的投资运营就成了一句空话，养老保险制度改革的市场化取向将面临重大挑战。不仅如此，与养老保险制度相关的医疗保险制度、失业保险制度，也将面临名义账户制改革，从而使得整个社会保障制度框架及其管理体制陷入重新设计的混乱局面。

俗话说，“开弓没有回头箭”。改革不是文字游戏，政策也不是理论观点的试验场。名义账户从本质上讲是缴费确定的个人空账账户，是没有基金积累的现收现付制的变形。不管是实行名义账户制，还是换一种说法的“完善个人账户制度”，都脱离了统账结合养老保险制度改革的初衷，与中共十四届三中全会确立的社会保障改革的基本原则和方案设计背道而驰。为此，应该继续沿着做实个人账户的政策路径，破除做实个人账户的制度困境，强化政府的财政责任，偿还历史欠债，真正把个人账户的缴费激励和基金积累功能发挥出来。在具体的操作方案上，本着“记账积累、统一管理、功能拓展、名实结合”的原则，尽快做实个人账户，使个人账户惠及民众，使养老保险制度解除老年人的后顾之忧，使国家的各项社会保障措施真正惠及民生。

（本文原载于《探索与争鸣》，2015 年第 5 期）

城镇职工基本养老保险个人账户向何处去

李　珍　黄万丁*

中国的城镇职工基本养老保险由社会统筹和个人账户两部分组成。它在所有制上是一个共有和私有混合的制度，社会统筹由参保人共有，个人账户归个人私有；在财务机制上是一个现收现付和基金积累混合的制度；在责权关系上是一个受益确定（DB）和缴费确定（DC）混合的制度。参保人员离退休后，从社会统筹中领取的养老金取决于既定的计发公式，从个人账户中领取的养老金取决于本利和的多寡和设定的计发月数。经 30 年的探索、建立与发展，而今这个统账结合的制度是企业部门以及机关事业单位最重要的老年收入保障制度，并且是城乡居民基本养老保险制度的蓝本和参照系。

自 1995 年以来，城镇职工基本养老保险的个人账户从大到小、从实到空，一路坎坷却仍是问题丛生。制度建立之初，个人账户即因无共济性和存在诸多风险，招致了一些批评。近年来，因责权不清、空账运行、收益低下等问题，个人账户给政府带来的社会舆论压力越来越大。2013 年，党的十八届三中全会通过的《中共中央关于全面深化改革若干重大问题的决定》一改坚持多年的“做实个人账户”的提法，提出要“完善个人账户制度”，其意已超出“账务上做实空账”的局限而上升到了需要讨论制度定位的高度和全局上。为实现“十三五规划”提出的“建立更加公平更可持续的社会保障制度”的目标，我们认为完善个人账户的改革基

* 李珍，中国人民大学社会保障研究所所长、教授；黄万丁，中国人民大学社会保障研究所博士研究生。

于公平可持续的理念，应以优化全民老年收入保障体系而非仅仅是职工基本养老保险制度为落脚点。本文从制度的历史演变和现实困境出发，在评析主流关于完善个人账户观点的基础上，回溯基础理论，提出统账分离的观点以促进个人自愿性养老储蓄制度的发展。

一、制度演变及其现实困境梳理

企业职工的养老金制度在计划经济时期是“企业—国家保险”。随着经济体制改革的不断推进，本制度在20世纪80年代末90年代初逐步过渡为“社会养老保险”，并于1993年党的十四届三中全会正式提出“社会统筹和个人账户相结合”的制度模式，财务机制上实行现收现付和基金积累相结合。个人账户产生的时代背景，就国内而言，“效率优先、兼顾公平”在20世纪八九十年代是我国分配及再分配领域的主流价值观；就国际而言，肇始于20世纪70年代中后期的私有化浪潮对我国多领域的改革产生了深远影响。自上而下的改革希望通过建立“多缴多得”的个人账户，强化个人责任意识，提高制度的激励性，同时为抵御人口老龄化的压力进行养老储备。

1995年，国务院发布《关于深化企业职工养老保险制度改革的通知》（国发［1995］6号）（以下简称“6号文”），明确按照“统账结合”模式进行改革试点。基于“6号文”推荐的两个不同的实施办法，虽然个人缴费比例大多为3%，但各省市确定的个人账户规模却有较大悬殊，全国2/3以上的省市地区选择了比例为10%及以上的大账户模式，剩下的既包括海南的零账户模式，也包括广东、福建等地的中小账户模式（比例为3%~8%）。1997年，国务院颁发了《关于建立统一的企业职工基本养老保险制度的决定》（国发［1997］26号）（以下简称“26号文”），从缴费比例、个人账户规模、养老金计发办法三个方面统一了企业职工基本养老保险制度，至此，统账结合的制度模式正式确立。2005年，为扩大制度覆盖面并解决“统账结合”模式在实践中出现的一系列问题，国务院颁布《关于完善企业职工基本养老保险制度的决定》（国发［2005］38号）（以下简称“38号文”），该文对计发办法进行了重大调整，且在“26号文”的基础上进一步缩小个人账户规模并规定全部由个人缴费形成。自此，“统账结合”模式的基本参数稳定至今（见表1）。

表1　　个人账户相关参数变迁（1995~2005年）

文件	个人费率	个人账户规模	统筹规模	月除数	个人账户储存额利息
国发［1995］6号文	最低3%	最高16%	7%左右	120	按养老基金保值率计算利息
国发［1997］26号文	4%	11%	13%	120	每年参考银行同期存款利率计算利息
国发［2005］38号文	8%	8%	20%	56~233	国家制订个人账户基金管理和投资运营办法，实现保值增值

注：在“38号文”中，个体身份参保者的费率为20%，其中8%计入个人账户，12%计入统筹账户。

和制度模式渐趋稳定相伴，近年来，社会舆论对个人账户的批评亦越来越多，如表2所示。这些批判主要聚焦于两个问题：首先，个人账户空账规模越来越大。2007年底，个人账户空账规模还只有10 957亿元，但到了2014年底，空账规模已经达到了3.5973万亿元，年均增长速度达18.55%；其次，个人账户计息率极低。空账运行的个人账户基本是参考一年期存款利率计算利息的，而多年来，该利率的平均水平尚不足3%（见表2）。

表2　　个人账户相关参数情况表

年份	参保人数（万人）	记账规模（亿元）	实际资产（亿元）	空账规模（亿元）	一年期存款利率（%）
2006	18 766.3	9 994	—	—	2.52
2007	20 136.9	11 743	786	10 957	4.14
2008	21 891.1	13 837	1 100	12 737	2.25
2009	23 549.9	16 557	1 569	14 988	2.25
2010	25 707.3	19 596	2 039	17 557	2.75
2011	28 391.3	24 859	2 703	22 156	3.50
2012	30 426.8	29 543	3 495	26 048	3.00
2013	32 218.4	35 109	4 154	30 955	3.00
2014	34 124.4	40 974	5 001	35 973	2.75

资料来源：一年定期存款利率（年末数）来自于中国人民银行货币政策司；参保人数来源于《中国统计年鉴2015》；其他数据来源于郑秉文主编的历年《中国养老金发展报告》。

在海量空账和低计息率的现象背后，个人账户的现实困境至少可归纳为三个方面：第一，从微观层面来讲，经济性严重不足。长期储蓄资产被计以低息，不仅使个人资产的保值增值权利受损，更是极大地拉低了养老金替代率的水平。第二，从宏观层面来讲，因为不满足“艾伦条件”，社会福利损失严重。自制度建立以来，由于基金计息率（投资收益率）远低于实际工资增长率和人口增长率之和，强制性个人账户的社会福利效应是“有人受损，但无人获益”。第三，从责权关系来讲，政府、社会和个人责权不清。首先，本应由政府（以及原参保单位）承担的转制成本通过挪用个人账户、保持高费率等转嫁给了参保人；其次，由于计发月数远低于实际余命对应的月数，导致个人账户有余时权益归个人，个人账户不足时责任归社会统筹；最后，政府“确保”使得其责任边界在福利民粹的推动下不断扩大，同时，搭便车等个人行为大量滋生，制度公信力严重受损。

二、理论争鸣及相关实践路径评介

虽然现实困境近十几年才渐趋严重，但基于理论的学术争鸣从 20 世纪 80 年代就开始出现了。近 30 年来，关于个人账户的讨论大致可分为两个阶段：20 世纪 80 年代末到 2002 年，是要与不要以及规模大小的讨论；2003 年以来，是财务空实以及规模大小的讨论。

早期的争论主要围绕是否需要以及引入后规模如何的问题展开。根据宋晓梧先生的回忆，制度设计之初，“体改委受世界银行的影响主张应该搞个人账户，劳动部则受主张既定收益制的国际劳工组织和国际社会保障协会影响，反对个人账户。双方僵持不下，最后中央决定在社会统筹的基础上引入个人账户”[①]。正是由于不同部门及相关学者们意见分歧太大，无法统一，1995 年“6 号文”给出了两个不同的实施办法，“办法一由体改委提出，主旨是大个人账户、小社会统筹，办法二由劳动部门提出，设计原则是大社会统筹、小个人账户”[②]。虽然当时选择大账户模式的省份更多，但 1995 年之后的十余年时间个人账户规模不断缩小，其现实原因是个人账户难以做实，时代背景是自 2002 年之后公平的理念逐渐在再分

① 张霞、郭悦：“新一轮养老金改革改什么——个人账户存与废”，《南方周末》，2016 年 2 月 1 日。

② 彭森、陈立：《中国经济体制改革重大事件》（下），中国人民大学出版社 2008 年版。

配领域占据主导。

随着个人账户做实的失败和空账规模越来越大，近年来关于个人账户何去何从的争鸣主要围绕“空账还是实账”展开。虽然郑秉文教授在21世纪初就认为“名义账户制是我国养老保障制度的一个理性选择”[①]，并为此进行了大量的基础理论分析、国际经验介绍，但在2013年之前，只有少数学者支持名义账户制。与之对应，主张做实个人账户的观点几乎主导着社会舆论。党的十八届三中全会改提完善个人账户制度，郑秉文教授及其团队又开始大力宣传名义账户制，此主张虽得到了部分支持，但也招致了大量反对。总结这些研究，我们发现：（1）同样是支持做实个人账户，大部分的观点其实是在批评空账，只有少数学者如郑功成、王延中是以捍卫体现互助共济精神的现收现付制为基础进而主张做小做实个人账户；（2）同样是支持名义账户制，郑秉文更多基于制度机理，其他人更多基于难以做实的现实困难；（3）同样是反对名义账户制，申曙光、鲍淡如是基于实行名义账户制仅仅是将债务向后移动，未来压力会更大；杨俊、鲁全更多基于名义的大账户或全账户会有损社会养老保险的互助共济；（4）即使是同一个学者的同一个观点，如支持名义账户制的郑秉文，其观点的具体内涵亦从早期做空个人账户向近年的做大做空个人账户，甚至是全账户转变。

虽然在政策层面“做空还是做实”仍是当前要回答的首要问题，但我们认为如果不改变制度结构，无论做空还是做实都是有问题的。

（一）做实个人账户的艰难实践

为解决空账问题，2000年国务院印发《关于完善城镇社会保障体系试点方案的通知》（国发［2000］42号），决定2001年在辽宁开始做小做实个人账户并完善基金投资运营的试点工作，个人账户比例缩小为8%且全部由个人缴费形成。此后，经2004年、2006年、2008年先后三次扩面，做实试点的省份最终变成13个。做实个人账户虽然符合制度设计的初衷，但步履维艰之下做实的比例一再下降，2001年确定为8%，2004年下降为5%，2006年之后下降为3%。2013年底，13个省份做实的总

① 郑秉文：“名义账户制：我国养老保障制度的一个理性选择”，《管理世界》，2003年第8期。

金额占其总记账金额的比例只有21.22%。2009年，采用“补缺口”模式的辽宁省又开始了统筹基金向个人账户基金的借款，至此，做实个人账户在实践上宣告失败。2010年，当年颁布的《社会保险法》只明确了统账结合的制度模式，但回避个人账户做实问题，至此，做实个人账户在政策上开始动摇。

回顾做实试点的艰难实践，可以说其失败是难以避免的。具体而言，第一，做实个人账户必须以清偿转制成本为前提。个人账户资金不被挪用首先要求社会统筹部门能实现收支平衡，这就必须以厘清、补偿转制成本为前提，但现实是转制成本没有得到重视。第二，做实个人账户需要一个与之匹配的基金管理和决策制度。当前管理上高度分散、投资策略上严重保守的体制机制并不能保证做实的个人账户资金“安全且能实现保值增值”。第三，实账运行的个人账户制度作为强制性的私人养老金在中国缺乏现实基础，要保证个人账户的投资收益率大于或等于“生物回报率”（实际工资增长率和人口增长率之和）实在太难。

（二）实行名义账户制的现实困境

名义账户制即缴费确定型的现收现付制[①]。在本质上，我国的城镇职工基本养老保险就是一种准名义账户制或者说名义账户制的变形[②]。我们认为如果将这种准名义账户制改为名义账户制，其实质并无突破，但其带来的问题却很多。

第一，实行名义账户制会破坏制度的预算约束。在做实的政策环境下，个人账户资金多少还有一些外部保护，政府由于无法回避给付压力也会尽力偿还历史成本，完善现实的制度漏洞。即使扣除财政补贴，目前现收现付部分的年度收支缺口仍小于个人账户的年度收入额，如果实行对积累没有要求的名义账户制，个人账户将会面临更加严重的侵蚀。届时，在正常的补缺口之外，本应由政府承担的历史成本、本应由所有责任人共担且势必会继续恶化的现实漏洞都将压向个人账户。有了个人账户买单，制

① Edward Palmer, 2000: The Swedish Pension Reform Model: Framework and Issues, *Social Protection Discussion Paper Series* 0012, World Bank, Washington, DC.

② John B. Williamson, Matthew Williams, 2005: Notional Defined Contribution Accounts: Neoliberal Ideology and the Political Economy of Pension, *American Journal of Economics and Sociology*, Vol. 64 (04), PP. 485－506.

度可推卸理顺账务之职责，当下在职一代人也无还钱之使命、省钱之压力，反倒有花钱之动机。

第二，实行名义账户制将面临计息高低两难。正如积累制下的强制性私人养老金必须保证一定的投资收益率才能取信于民一样，名义账户制下的计息率也必须维持较高水平。虽然低计息率会损害账户持有人的利益且会导致退休后养老金严重不足，但如果计息率过高则会给下一代留下巨大负担。近年来，有学者在力推名义的大账户和全账户时提出按生物回报率计息。即使只是基于逻辑推断，我们亦知道按生物回报率来计息给未来世代带来的利息和支付压力都将是天文数字。虽然高计息率于当代人有利，但借的钱总归要还，有关公共政策的研究必须要认识到这一点，必须替未来世代考虑。

（三）“名义全账户”等其他意见的困境

除了做实和做空，近一两年来，完善个人账户的讨论或主张还包括“延长计发月数”“个人账户余额不再继承”“名义全账户”等。此三者中，延长月除数固然对“可持续”有利，但会拉低月均养老金水平，“保基本”的目标会进一步受损。同样，个人账户余额用于再分配，不仅其私人产品的属性被改变，《社会保险法》的既有规定也被突破，强行实施只会加重现有制度的参保负激励。“名义全账户”是近年最具争议性的改革意见，它的内含是财务上实行现收现付，机制上将社会统筹也并入个人账户。主张者认为，名义全账户的好处是不用承担转制成本，同时增强参保人的缴费激励。针对此观点，我们认为，如果个人账户的“空实”是术的问题，那么个人账户的“大小”就属于道的问题，“大小”的选择事关“互助共济”还是“各活各好”的价值观选择，必须予以慎重考虑。

第一，在意识形态上，“名义全账户”与社会主义市场经济这一基本体制不符。市场经济在分配上是盲目的，保有更多的再分配因素是社会主义市场经济的应有之义。基本养老保险是中国社会保障制度最重要的可实现再分配目标的项目之一，在收入及财富分配形势渐趋恶化的当下，将其私有化，是对再分配领域“社会主义”成分的极大削弱。当前制度虽有诸多问题，但我们不能“将孩子和脏水一起倒掉”。第二，在技术上，“名义全账户”无法实现“成果共享”，也无法实现“风险共担”。社会统筹是现收现付制度，理论上，在经济繁荣时，可以通过调整计发办法让退休一代共享经济发展的成果，在人口老龄化、经济下行时，也可以调整计发办法让两代人共担养老能力不足的风险。在完全个人账户的情况下，一旦利息记入个人账户则意味着支付变成硬约束，即使经济下滑严重，制度支出也不能打折扣。第三，实施“名义全账户”会带来较严重的政治和经济后果。近年来，我国养老保险制度的公信力持续下降，若再改行“名义全账户”，制度转型的政治成本不可估量。此外，第一次转型的转制成本尚未厘清，若再转一次，转制的经济成本将更是一笔糊涂账。第四，若实施“名义全账户”，上文分析的现行8%费率下个人账户计息率高低两难的问题会被放大到极致。

三、个人账户问题基础理论辨析

我们认为，基本养老保险要走出困境，需要厘清以下三个理论问题：

（一）个人账户不是保险，更不是社会保险

保险是一种风险分摊机制，社会保险由“社会”和“保险”两个概念构成，以强制性为基础，是强调社会性的风险分摊机制。从产品属性上讲，养老保险和社会养老保险都是共有产品，产权归所有参保人共有，都强调互助共济，只不过商业养老保险纯粹以长寿风险为基础，只强调精算公平，社会养老保险则以长寿风险和老年贫困风险为基础，在强调宏观精算平衡的同时更注重社会公平。

基本养老保险中的社会统筹是典型的社会养老保险，产权归所有参保人共有，它通过工作一代向退休一代转移支付来平滑收入与消费，在此过程中分散长寿风险和老年贫困风险。个人账户则是强制性私人储蓄，产权归个人所有，它平滑个人的终生收入与消费但不具备风险分散功能，所以个人账户只能算私人养老金，而不是养老保险，更不是社会养老保险。个人账户与社会统筹在产品属性及相应的价值观和运行机理上都是相冲突的。目前，将共有产品和私人产品混在一起，同时以对待准公共产品的方式来进行管理，这是城镇职工基本养老保险制度绝大多数问题的根源。

（二）个人账户的激励机制必须以产权独立和收益率优势为前提

在基本养老保险中设置个人账户的理论基础是“效率”，而“效率”的来源是“激励”，其逻辑是个人账户“多缴多得”会激励参保人努力工作、多多缴费从而产生效率。目前流行的“全账户”主张将这种“激励”的理论推到了极致，但实际上个人账户的激励机制必须以产权独立和收益率优势为基础。所谓收益率优势是指在考虑风险因素的作用后，相对于其他的投资工具，参保人能从个人账户制度中能得到更高的收益率，而绝非是指相对于少缴费的参保人而言多缴费者能得到更多，相对于小账户而言参保者能从大账户得到更多。所谓产权独立是指私人产权不受侵蚀，参保人对其个人账户的本金和利息有绝对的所有权和知情权以及相对的支配权。在这二者之中，产权独立是基础，如果产权不独立，私人利益易被侵蚀，即使再高的收益率也难起激励作用。

比照当前超低的计息率、混乱的共有私有产权以及几乎已无关联的权利义务机制，我们认为个人账户的激励机制其实已经被破坏殆尽。能普遍观察到的是没有人关心个人账户的积累，而只关注基本养老保险待遇的总额。

（三）强制性个人账户必须以更高的制度回报率为存在基础

具备产权独立和收益率优势两个条件表明个人账户制度对于个体而言是可以接受的，但让一个社会也接受强制性的个人账户制度则需要以其制度回报率高于现收现付制的制度回报率为条件。现收现付的制度回报率即生物回报率，强制性个人账户的制度回报率是投资收益率或计息率。无论实账还是空账，只有当制度的投资收益率或计息率高于生物回报率时，强制性的个人账户制度在宏观上才是有效的。1997～2015年，职工基本养老保险个人账户的年平均计息率仅为2.75%（以一年定期存款利率计），但与此同时，社会平均工资的年增长率达到12.56%，即使不考虑人口增长率，个人账户在事实上也是无效的，而且根据经济预期，这种事实还将持续多年。很明显，在讨论个人账户做实还是做空时，我们的讨论起点应该回到这里。

四、统账分离与自愿性个人储蓄制度的新发展

随着个人账户问题的日趋严重，近年来支持将个人账户从基本养老保险中分离出来的观点越来越多，其中有主张将个人账户在管理上变为省级或地区级适度集中的①；有主张将个人账户和企业年金合并并且个人账户部分仍强制实施的②；有主张将个人账户转化为部分积累制的记账式缴费确定型账户，同时基金由专业公司管理的个人储蓄投资账户的③。虽然这些观点都有其针对性，但我们认为统账分离应该彻底，并且分离后的个人账户建成自愿性的养老储蓄会是更好的制度安排④。

（一）统账分离可根除产权不清而不仅是管理上的混乱

彻底的改革必须将个人账户和社会统筹相分离，个人私有的权责归个人，社会共有的权责归社会。以此为基础，第一，政府、社会和个人的责权关系可以明晰；第二，历史成本、现实漏洞和未来压力的交互关系可以厘清；第三，社会统筹的强制性和个人账户的激励性才有可能得以实现。针对只强调管理分开的观点，我们认为管理混乱仅是产权不清的表现而非对等的实质。2012 年以来，“实现基础养老金全国统筹”屡屡出现在党政重大文件之中，这意味着社会统筹和个人账户将在管理上部分或全部分开（分别对应部分和全部统筹），虽然这可能有利于弥合地区分割带来的问题，但很明显这并不触及产权不清这一问题的根源进而就无法解决制度本身存在的问题，因为如果是部分分开则上述所有的问题都会部分保留，如果是全部分开则不仅个人账户微观和宏观都无效的问题会全部落到地方政府头上，中央与地方之间的博弈又会给整体制度带来更多麻烦。

（二）自愿性养老储蓄较之于强制性年金制度更有优势

个人账户和企业年金合并同时保留个人账户强制性的思路虽然有利于

---

① 王延中、王俊霞：“中国养老保险制度建设中的个人账户问题”，《社会保障研究》2012 年第 1 期。

② 董克用、孙博：“从多层次到多支柱——养老保障体系改革再思考”，《公共管理学报》，2011 年第 1 期。

③ 中国社会科学院经济研究所社会保障课题组：“多轨制社会养老保障体系的转型路径”，《经济研究》，2013 年第 12 期。

④ 李珍：“建立多层次多支柱老年收入保障体制的若干思考”，《行政管理改革》，2014 年第 1 期。

厘清产权归属和助推第二支柱的资产积累，但仍旧忽视了两个重要问题：第一，强制性个人账户的充分条件即使是从长期看都很难存在，即由于计息率低和制度收益率低造成的个人和社会福利受损的现实很难扭转；第二，由于企业年金的参保率极低，将个人账户和企业年金合并的做法实际上会拉低个人账户的参保率。基于以下两个基本国情，我们认为选择自愿性养老储蓄制度能更好地处理福利损失和参保率低的问题。首先，中国仍将长期处于社会主义初级阶段，居民收入水平总体不高且呈偏态分布，住房、教育等费用又极高，对于绝大多数年轻人和低收入人群来说，自愿性制度更有利于他们依据自身的效用函数来决定什么时间、拿出多少钱用于养老储蓄以增加其个人的终生福利，从而增加社会总福利；其次，伴随中国居民家庭储蓄率的居高不下和金融资产的普遍持续增加，自愿性养老储蓄制度拥有更广泛的人群基础。

（三）统账分离有利于降低费率助推供给侧结构性改革

习惯性的考虑需求多于考虑供给给中国社会保障制度建设带来的现实压力和未来挑战都极其沉重，适当降低社会保险费率以适应供给侧改革成为必然。梳理社会保险的五个险种，失业、工伤和生育的原费率加总也不足5%，即使经过2015年以来的两次调整，其总下调也仅为2.25到2.75个百分点，这很难有效缓解企业和个人的负担。医疗保险的政策性费率虽然有8%（近年来全国实际平均费率为9%左右），但目前财务状况堪忧，退休人员缴费也正在被提上议事日程。很明显，有效的改革必须着眼于养老保险28%的费率总量及其“20+8”的费率结构。如果将养老保险个人账户8%的费率从强制性保险中剥离，不仅有利于优化制度结构，也能有效降低企业和个人负担。

（四）职工基本养老保险统账分离有利于制度间的平衡

企业职工基本养老保险是其他养老保险制度的模板，对其进行统账分离可以带动全民的基本养老保险制度去个人账户的改革，这样一来可避免计息率的攀比，二来可消除待遇水平的攀比。当前，城乡居民基本养老保险的制度模式是“政府津贴+个人账户”，正在与企业职工基本养老保险“并轨”的机关事业单位基本养老保险则是“社会统筹+个人账户”。居民和职工两类基本养老保险中有三个不同的个人账户，城乡居民的个人账户是实账。企业职工的个人账户基本是“空账”，机关事业单位雇员的个人账户可能是实账。不同个人账户下的计息率既有风险利率又有无风险利率，如果改强制性个人账户为自愿性养老储蓄，则人群之间因计息率产生的攀比与矛盾就可以避免。与此同时，城乡居民养老保险个人账户分离出来后，居民的养老金制度回归政府津贴，其与职工养老保险的攀比及相关不和谐因素便可得以消除。

（五）彻底改革可助推全民的多支柱养老保障体系优化发展

在过去的20多年，我们惯于用锦上添花的思维来构建企业职工的养老金体系，明显缺少一些雪中送炭的考量，在强调纵向多层次的时候，忽略了横向多支柱的发展，这导致极少部分人群的保障有余，大部分人群的保障明显不足。中国的养老保障制度发展到今天，我们必须以“人人享有基本保障”为目标，充分考虑制度对不同人群的可及性。将个人账户建成自愿性的个人养老储蓄账户制度可以带动与零支柱、一支柱平行的第三支柱的发展，如此非正规就业人群可以不用顾忌第一、二支柱的门槛而享有第三支柱，正规就业人群中的低收入者也可以只建立第一支柱而不用背负第二、三支柱的费率负担，绝大部分的非就业人群都可以在零支柱（政府津贴）的基础之上享有第三支柱。当前，90%的城镇居民和60%的农村居民都拥有20%以上的储蓄率，这是发展自愿性养老储蓄的基础，至于经验，美国的个人退休账户（IRAS）、新西兰的储蓄养老金计划（Kiwi Saver）等都值得借鉴。

以彻底的统账分离为基础，我们认为政府必须尽快评估、买断债务，目前整体制度的累计结余和个人账户空账规模之间的差额还不太大，还债还是有能力的。如果再拖几年，届时就是想分开恐怕也有心无力了。当然，“分离”和“还账”要以整体制度的其他参量改革来配合，特别是要努力提高遵缴率和缴费基数，不然制度的收支平衡就会出问题①。

（本文原载于《国家行政学院学报》，2016年第5期）

---

① 李珍：“养老保险降费须与其他改革同步”，《财经》，2016年第1期。

当前完善社保体系的几个关键问题

宋晓梧*

改革开放以来，经过30年的高速经济增长，中国面临新的发展阶段。“十三五”时期将实施新阶段的开局五年规划。在这期间，人口老龄化已经使劳动力总供给明显下降，工业化进入中后期将使农业富余劳动力消耗殆尽，同时要化解多年积累的大量过剩产能，治理严重的生态污染，尤其要防止房地产和金融泡沫破裂对经济社会的强烈震荡，加之因世界经济萧条，外贸萎缩，中国经济从高速转为中速发展将是“十三五”时期的必经路径。经过一段时间的高速发展，然后转向中低速发展，其实是所有新兴工业化国家走过的路径。这一转变如果处理得当，将促使中国从前阶段依靠过高资本投入、过多资源消耗、过大环境污染、过低劳工成本获取高速发展的旧常态，转向资本投入高效、能源资源节约、生态环境友好、收入分配公平、公共服务均等、可持续发展的新常态。发展方式的重大转变可以给中国经济社会带来新的曙光，也必然经历调整和转型的阵痛。

纵观各国现代发展史，在经济发生重大转折期间，尽可能减少这一变动对社会造成的震荡，对于一个国家来说，除了保持政局稳定外，十分重要的一项举措是完善社会保障体系。适应社会主义市场经济的中国社会保障体系，探索于20世纪80年代中期，初建于20世纪90年代中期，基本框架搭建于21世纪初，经过近30年的艰苦努力，从制度层面看，已经覆盖了全体国民。截至2014年底，职工和城乡居民养老保险参保人数分别达3.1亿和4.7亿，比2010年底增长34.8%和319.6%。职工医保、居

* 宋晓梧，中国经济改革研究基金会理事长，原国务院振兴东北地区等老工业基地领导小组办公室副主任。

民医保和新农合三项基本医保参保人数超过13亿，总参保率在95%以上，这是里程碑式的历史性进步。然而，在人口加速老龄化、经济发展减速、财政增长趋缓的压力下，完善中国社会保障体系的任务仍然十分艰巨。“十三五”时期，如何按照党的十八届三中、五中全会精神完善中国社会保障体系，以应对经济新常态的需求，相关部门和多个研究机构都写出了有理论分析、有政策建议的课题报告或学术文章。本课题在讨论“十三五”时期社会保障改革面临的重大问题时，广泛收集梳理了有关文献，感到涉及社会保障的许多理论问题还存在重大分歧和争论。例如：“十三五”时期社会保障面临的突出问题是不是防止高福利陷阱；基本社会保障作为政府立法实施的二次分配是不是应当缩小一次分配差距；多缴多得是不是激励人们参加社会保险的主要手段；精算平衡是不是社会保险的基本原则；扩大个人账户规模是不是完善职工基本养老保险制度的正确方向；退休人员缴纳医疗保险费是不是完善职工基本医疗保险制度的必要举措等。对于许多涉及具体政策建议的分歧意见，课题组也都认真研究了，主要对上述六个有重大分歧的理论问题谈谈看法。

一、“十三五”时期社会保障面临的主要问题不是高福利陷阱

全世界社会保障支出占财政支出比重高的国家是瑞典、挪威等北欧国家和德国、英国、法国等。多年来，德国的这一比重约为45%，瑞典等北欧国家约为40%。这些国家在2008年以来的世界经济危机波动中表现还算良好，经济较为稳定，社会较为和谐，创新较为突出。“工业4.0”就是德国发起的。当然，也确实有一些国家，如希腊背负了沉重的社会福利负担，深陷困境，但希腊的社会保障支出并不比德国高，与其说这个国家是被高福利压垮了，还不如说是处理债务危机举措失当，致使经济萎缩不能再支撑原有的福利水平。至于拉美一些国家曾长期徘徊的“中等收入陷阱”，更不是什么高福利陷阱，而是收入差距过大的陷阱。按地理区域划分，拉美的基尼系数多年来一直排在世界最高位，再看看那些国家大规模的贫民窟，很明显不是社会福利太高而是贫富差距太大。

中国在20世纪90年代探索建立符合社会主义市场经济要求的社会保障制度之初，就明确了社会保障水平要与经济社会发展水平相适应的原

则。应当说，我们的起点是低的，覆盖面是逐步扩大的，社会保障支出长期以来是不足的。中国社会保障支出占财政支出的比重多年低于10%。据财政部公布的数据，2015年财政总支出是175 768亿元，其中社会保障和就业支出为19 001亿元，只占10.8%。如果将社会保障基金收入视同税收列入财政收入，那么加上社会保障基金支出约3.8万亿元，再剔除其中财政投入的约0.9万亿元，大致可计算出全社会的社会保障支出约占财政支出的23%，还低于发达国家15～20个百分点。以社会保障支出占GDP的比重分析，中国还低于土耳其、俄罗斯、墨西哥、伊朗、智利等国，比印度略高一点。这说明无论是从社会保障支出占财政支出的比重看，还是从社会保障支出占GDP的比率看，中国社会保障支出水平都很低。所以，“十三五”时期，中国合理提高社会保障的支出水平还有相当的空间。

有的政府官员和学者说，近年来中国社会保障支出压力陡然增长，如2015年就增长16.9%，大大高于GDP 6.9%的增速，因此是不可持续的。我们认为，尽管这几年社会保障支出增幅高于GDP增幅，中国的社会保障支出仍低于世界其他国家，说明前阶段这方面欠账过多。在经济下行时期，合理控制社会保障支出的增速是必要的，但不能因此得出中国社会保障已经面临高福利陷阱的结论。中国社会科学院社会学所2015年的《中国社会状况调查》覆盖了31个省市自治区的150多个市县，其中62.9%的人表示现在社会保障水平太低，起不到保障作用；31.1%的受访者认为政府提供的社会保障太差，从而对政府有不满情绪。

2014年全国农民工总量为27 395万人，比2013年增加501万人，增长1.9%。其中，外出农民工16 821万人，比2013年增加211万人，增长1.3%；本地农民工10 574万人，比2013年增加290万人，增长2.8%。据多个调研报告提供的数据，农村约有6 000多万留守老人、6 000多万留守儿童、3 000多万留守妇女。近5亿人的庞大社会底层群体的基本社会保障水平并不高，且他们根本没有条件和能力参加补充或个人储蓄性的第二、第三层次社会保障项目。“十二五”时期社会保障制度覆盖面扩大了，但最差的还是农民工。在养老、医疗、工伤、失业、生育等五险项目中，工伤保险只覆盖了26%的农民工，其他几项参保率更低，医疗保险是

17.6%，养老保险是16.7%，失业保险是10.5%，生育保险只有7.8%[①]。需要说明的是，解决农民工社会保障问题，不是为他们单独建立一套社会保障制度，这将进一步固化这一特殊社会阶层，而是让他们尽快市民化，融入城市，享有城镇职工的社会保障和城镇居民的基本公共服务，包括子女的教育和父母的自愿迁徙等。这应当是“十三五”时期完善中国社会保障制度的当务之急。

此外，全国七八千万企业退休人员抱怨养老金低，连续十几年在“两会”期间的社会焦点问题调查中名列前茅，是因为国家立法实施的职工基本养老保险制度双轨制使他们深感待遇不公，而不是他们罔顾国家连续十多年提高其养老金待遇，硬要向高福利陷阱迈进。这个典型案例从另一个角度说明包括基本社会保障在内的基本公共服务均等化对于防止过高福利是极为重要的。只要部分社会阶层不合情理地过高享有国家财政支付的社会保障等福利待遇，就一定会引起其他社会阶层或群体的强烈不满和攀比。如果说在社会保障体系构建初期人们主要关注自己所在的群体“有没有”被覆盖，那么当社会保障体系基本覆盖全社会后，人们更加关注的是不同群体享有的社会保障待遇“公不公”。“十三五”时期，与其泛泛地讲防止高福利陷阱，不如踏踏实实地推进基本社会保障均等化更符合国情民意。

二、当前社会保障制度面临的主要问题是再分配功能弱化

从世界范围看，工业化进程打破了以家庭为生产单位的农业经济生产方式，同时也破坏了家庭的保障作用，从而客观上要求建立适应劳动力大规模流动的社会保障机制。社会保障制度的基本功能，一是实行普遍关联原则，为包括鳏寡孤独及残疾者等弱势群体提供生活保障，这主要表现在社会救助项目上；二是实行就业关联原则，为就业人员暂时或永久退出劳动力市场时提供生活保障，这主要表现在社会保险项目上；三是作为政府立法实施的基本社会保障，发挥二次分配的作用，缩小一次分配的差距，使社会各阶层在分享经济发展成果方面更加公平和谐；四是随着社会保障

① 国家发展和改革委员会就业和收入分配司编：《中国居民收入分配报告2015》，中国财政经济出版社2016年版。

制度的发展，社会保障基金，主要是部分社会保险基金的积累和使用，对促进经济发展和平抑经济波动发挥了积极的作用。第四项功能本来是派生的，但在中国前阶段把GDP高速增长作为主要目标的背景下，社会保障制度激励经济增长的功能被过分强调，而社会保障制度作为二次分配应缩小一次分配差距的功能则被忽视或弱化。

根据世界银行WDI数据库和联合国大学世界收入不平等数据库、世界概况数据库、经济合作与发展组织数据库提供的资料，18个欧盟国家市场收入的基尼系数为0.443，这与中国的初次分配基尼系数相差并不太多，但是在社会保障的作用下，这些国家的可支配收入基尼系数降为0.29，远低于中国的0.47左右。从下降幅度看，欧盟国家政府的社会保障政策使其基尼系数的平均值下降了40%，相比之下，中国仅下降了12.3%。

实际上，中国的基本社会保障在一些项目上还存在“逆向转移”问题。早在21世纪初，就有学者指出，面对日益扩大的收入分配差距，我国社会保障制度改革的着力点没有及时得到相应调整，在总的原则上，还停留在改革启动时期，强调效率高于公平，向低收入者倾斜不够，在某种程度上还有拉大收入分配差距的问题[①]。如城乡社会保障的差距、城镇职工基本养老保险金双轨制等，都不仅没有缩小一次分配的差距，反而扩大了一次分配的差距。其中城乡社会保障差距的缩小，有赖于中国二元经济结构的调整，不是短时间可以解决的，而城镇职工基本养老保险双轨制的长期实施则完全是政策失误。2000年至今，15年过去了，社会保障制度缩小一次分配差距的功能仍很微弱，可是至今仍有一些官员或学者无意或有意地忽视社会保障应发挥的这项基本功能，一味过分强调激励作用。

职工基本养老保险制度设计是一个典型案例。中国在从计划经济向社会主义市场经济转轨的过程中，20世纪90年代初探讨并建立了个人账户与社会统筹相结合的基本养老保险制度。改革初期，城乡合计的基尼系数不过0.3。因此，20世纪90年代初，分配制度的改革重在打破平均主义。在这一大背景下，曾提出把一次分配的效率原则引入二次分配中，在基本养老保险制度中引入个人账户，因为个人账户是以职工在职时的一定工资

① 宋晓梧：《中国社会保障体制改革与发展报告》，中国人民大学出版社2001年版。

比例缴纳的，体现了多缴多得的原则。20 世纪 90 年代初，主张在基本养老保险中体现激励原则的人士设计了 16% 的个人账户。经过激烈的争论并总结不同省份探索个人账户的实践，国务院在 1997 年统一了职工基本养老保险制度，全国企业职工统一按 11% 建立个人账户，个人缴纳 8%，企业按职工本人工资缴纳 3%。其后，这项制度又逐步加以修正，个人账户降低到 8%，完全由职工个人缴纳，同时提高了养老金计发的社会统筹所占份额。一个国家社会保障制度建立与完善的历程应与本国经济社会的发展阶段、发展水平相适应。经过 30 多年的改革开放，中国的社会经济生活已经发生了巨大变化，在创造了高速经济发展奇迹的同时，逐步积累了许多问题，其中突出的是收入分配差距过大。中国城乡合计的基尼系数在 10 多年前就超过了国际 0.4 的警戒线，逼近 0.5。在新的经济社会发展阶段，面临一次分配差距过大的现状，基本社会保障项目应当提高公平性、共济性，以平抑一次分配的差距。作为基本社会保障最重要的项目之一，基本养老保险制度提高公平性、共济性的方向也应当明确。

课题组在与国际劳工组织和欧盟社会保障专家交流的过程中，曾问到社会保障制度与效率的关系，得到的答复出乎我们预料。他们认为，社会保障制度作为政府再分配的工具，在缩小一次分配的差距方面能起多大作用是衡量这一制度效率高低的重要标准，如果没有缩小一次分配的差距，这项制度就是无效率的。以这一标准衡量，中国社会保障制度的效率亟待提高，至少“十三五”时期，不应再降低其效率，这应作为进一步改革社会保障制度的底线来遵守。

三、社会保险项目不宜过分强调多缴多得的激励作用

社会保险是国家依法强制实施的，更应强调依法行使权利。在要求用人单位和职工群众依法参加社会保险时，应大力宣传社会共济、社会公平、社会公德，而不应着力渲染个人利益甚至迎合利己主义。一次分配要贯彻多劳多得的按劳分配原则，充分发挥市场配置劳动力资源的决定性作用；二次分配则应强调社会共济公平原则，更好地发挥政府的作用。如果在二次分配中仍片面强调多缴多得，一次分配的差距就难以缩小。

社会保险项目有多种，除了养老保险，其他险种都很难与多缴多得挂

钩。例如：职工缴纳了失业保险，不失业的一分不得，这是毫无争议的各国通行规则；职工基本医疗保险，只能是大家按一个标准，即职工工资的某一百分比缴费，谁得大病谁多得。如果能设计出一种个人缴费多就多报销医疗费的制度，还不如直接交给商业医疗保险去承担；工伤保险按不同行业的职业安全风险设计不同的费率，依国际惯例完全由企业负担，与职工多缴多得毫无关联。

唯一与多缴多得挂得上钩的是职工基本养老保险。在依法实施的前提下，为鼓励职工积极参加这一险种，在方案设计时，可以考虑一定的激励因素，大致有两种办法可供选择：一是从一生缴费年限上鼓励多缴多得，个人缴费时间越长，领取的养老金越多；二是从当年缴费数量上鼓励多缴多得，个人缴费越多，领取的养老金越多。第一种方法已经在实践当中了，当然还有进一步调整的余地。第二种方法需要慎重权衡利弊，因为职工基本养老保险按职工工资的一定比例缴纳，不可能像居民养老保险那样设计 5 ~ 10 个档次由投保人自由选择，在现行制度框架下，只能扩大职工基本养老保险个人账户的规模，扩大个人账户规模意味着缩小这一最重要的社会保障项目的共济性，这与“十三五”时期应扩大社会保障共济性的方向相悖（关于扩大个人账户规模的争论，拟在绪论的第五节中展开）。

这里想再次强调指出的是，社会保险的设计与实施，不宜构建在个人私利的伦理平台上，而应构建在社会共济的伦理平台上。如果政策设计和舆论导向过分倾向和过多宣传多缴多得的激励性，久而久之，势必引导参保人员斤斤计较，把个人得失放到第一位，社会保险的互助共济性将在道德伦理层面逐渐消逝，“如果这一制度应有的政治认同、国家凝聚、社会团结、集体文化及收入再分配功能丧失”[①]，共享发展又从何谈起。

四、在社会保险制度设计中正确运用精算技术

有的官员和学者，对作为社会保障核心项目的社会保险如何发挥其缩小一次分配差距的主要功能闭口不谈，却把精算平衡夸大为基本原则，引

① 郑功成：“基本养老保险不宜采取大账户制”，《民生专报》，2015 年第 1 期。

起了社会保障学界的诸多困惑。社会保险的本质是社会政策，在本课题组收集到的大量国外资料中，还没有找到一个国家把社会保险列入金融保险范畴。

社会保险的五大项目中，由于人口基数庞大且相对稳定，基本养老保险基金的支出确定在法定退休年龄之后，不会出现即时支付的情况，所以在这一项目的设计中可以较好地借助精算技术，以便尽可能到达收支平衡。然而，社会保险制度自 1883 年俾斯麦政府开始创立时，就明确其筹资原则是三方共担，国家财政要承担适当补贴和兜底责任，这就决定了社会保险不能与商业保险简单类比，达到完全的“精算平衡”，更应强调其原则、方向与作用，必要时由国家财政出资。

精算很重要，但它的作用也是有限的。瑞典 1994 年实施 17% 的名义账户制，2008 年精算结果是 2020 年才会出现负债大于资产的情况，实际情况却是当年名义账户的负债就开始大于资产，只能通过降低退休待遇水平才可保持制度平衡，否则就需要增加财政投入[①]。即便是商业养老保险，精算也并不一定能平衡。美国按税法 401K 条款建立的各种养老基金是完全市场化运作的，多少精算师天天在精算，无一人事前精算出了 2008 年金融危机对这一类基金的影响。如果没有美国的联邦社会养老保险垫底，次贷危机不知道会给美国社会造成多大的震荡。

需要强调指出，商业保险起源远早于社会保险，商业保险不精算，保险公司就要赔本，但商业保险的局限性在于即使精算，也难以预判大的社会或自然变动，更没有平抑一次分配差距的功能。在自然经济及其相对应的家庭保障被工业化摧毁之后，为弥补商业保险的不足，欧美等国逐步建立起社会保险体系。如果社会保险以精算为基本准则就可以实现精准平衡，那就交给商业保险公司办算了，政府何必多此一举。

此外，鉴于社会经济发展的不确定性，以不同的边界条件为假设或预测，就有不同的精算结果。以中国职工基本养老保险个人账户隐性债务为例，世界银行、原国务院体改办、原劳动保障部社会保险研究所等单位的精算结果从 2 万亿元到 12 万元人民币，大约有十几种。有的课题组提出多种测算边界，假设投资回报率平均为 4% 是一种，假设为 6% 又是一种，

① 李珍、周艺梦：“社会保障制度的瑞典模式”，《经济学动态》，2010 年第 8 期。

再加上退休年龄延迟情况的多种假设，组合起来就有多种结果，请问哪一个是“精算中性”？近几年，中国银行、德意志银行、中国社科院、北大经济学院等课题组对中国养老保险的总体隐性负债进行了精算，分别得出18万亿元到802万亿元人民币的不同结论①，再请问哪一个是“精算中性”？商业保险公司在不同精算结果的基础上可以设计众多种类的产品出售，由投保者自行选择，效益不好，尽快停售，效益很好，扩大销售，总体盈利就算成功。作为国家立法强制实施的基本社会保险，绝对不能根据不同边界条件精算出的不同结果出台不同的政策措施让公众自行选择。

一国应当在多大程度上实现社会共济，雇主与职工缴纳社会保险费的比例是多少，政府财政对社会保险的支持力度多大，是在不同利益群体博弈的基础上，执政党的决策问题，不是依靠什么“精算中性”算出来的，政治决策确定后，制订具体方案时，可以也应当充分利用精算这一工具手段。

五、扩大个人账户规模不是完善基本养老保险制度的方向

党的十八届三中全会指出：“建立更加公平可持续的社会保障制度，坚持社会统筹和个人账户相结合，完善个人账户制度”，明确了养老保险制度改革的方向。其中关于完善个人账户制度，始终存在“做空”与“做实”两种观点的争论，在多年“做实”试点停滞不前的情况下，名义账户制成为一种比较务实的选择，但如何设计名义账户，学术界仍存在很大争议。2015年机关事业单位与企业基本养老金制度并轨的方案出台后，如何完善个人账户制度的讨论更趋激烈。

有的学者提出将单位（工资总额的20%）和个人（工资收入的8%）缴费全部纳入个人账户，实行28%零统筹的名义“全账户”职工基本养老保险制度②，并一再声称，只有扩大个人账户才符合党的十八届三中全会决定的精神。在这种制度设计中，用人单位将以职工个人工资近2.5倍的数额缴费，计入个人账户。举一个浅显易懂的例子：北京市2014年度平均工资是7.7万元，按现行规定，以3到0.6倍为缴费上下限，甲职工

① 郑秉文：《中国养老金发展报告（2014）》（主报告），经济管理出版社2014年版。

② 郑秉文：《中国养老金发展报告（2014）》（分报告九），经济管理出版社2014年版。

年薪20万元，这在许多企业尤其是金融业高管中并不鲜见，单位将每年为他个人账户打入40 000元；乙职工年薪40 000元，许多农民工还达不到这一水平，单位将每年为他个人账户打入8 000元。单位为工资高的甲职工打入的年养老金缴费额等于工资低的乙职工年薪，这是雪中送炭还是锦上添花？再经过30～40年的积累和复利，无疑是把初次分配的差距大大扩展到基本养老保险这一再分配领域。如前所述，这完全与现阶段应提高基本社会保障的公平性、共济性南辕北辙。

除了名义“全账户”方案与当前社会保障制度应提高共济性相悖这一方向性错误外，其方案本身的内在逻辑也被许多社会保障学者质疑。

一是在借鉴国外经验方面，只谈瑞典17%大名义账户的优点，而无视其存在的问题。有学者指出，瑞典的名义个人账户模式要解决的社会问题与我国现存的社会需求不符。瑞典多年来崇尚社会平等，福利国家强调劳动力的去商品化，向所有人提供均等化的养老金。在产业结构变化，国家能力下降的条件下，仅有1 000万人口的高素质国民集体要求通过改变公共养老金的计算方法，鼓励个人缴费，这不失为一种制度性尝试，而我国从来就没有提供过均等化的养老金，所需要解决的是现有的“社会统筹+个人账户”模式的针对性和适用性及可持续性问题。瑞典的名义个人账户实际上实行的仍然是现收现付制，这就意味着最终承担养老责任的仍然是政府。从长远来看，无疑加重了老龄化社会的负担，使得制度更加不可持续。瑞典的改制实验已经证明，名义个人账户的弊端还包括管理费增加，因为要根据每个人的整个缴费历史进行细致的精算，这将使一些就业回流到政府部门。此外，过分强调个人差异的制度必然会加大贫富差距。对于瑞典这个自诩为公平社会的国家来说，社会制度与文化传承之间已经出现了裂痕，社会保障制度通过二次分配调节收入分配的原理已被挑战，其道德和政治领域里的可持续性尚未可知。本课题组在与国际劳工组织和欧盟社会保障专家的多次交流中获知，由于瑞典大名义账户出现了包括本文前面提到的精算不精等诸多问题，瑞典政府要求调查委员会去调查原因。2013年，政府延长工作年限和退休年龄委员会声明：“养老金改革、慷慨的税收政策和主要的信息刺激等均期望引导老年人随着平均预期寿命的延长来增加工作时间。然而，尽管对老年人就业产生了一些正向激励，但这些变化都是中性的。瑞典实际的正常退休年龄仍是65岁，老年人工作时间确实延长了，但延长的过程非常缓慢。”2015 年瑞典政府请欧盟专家对大名义账户进行诊断，结论是这一模式还远不完善，有待改进。我国的收入分配差距比瑞典高一倍，却要设计比瑞典还要大 10 多个百分点的名义个人账户，实与国情不符[①]。

二是设计“全账户”、“大账户”的学者和支持这一观点的部门领导一方面竭力宣传“全账户”对职工的激励作用，另一方面又坚决反对个人账户继承，甚至在公开举办的论坛上指责、嘲讽全国人大常委会前几年刚通过的《社会保险法》关于个人账户可继承的条款。因为 28% 的大名义个人账户如果被继承，又没有实账积累，超过平均余命的养老人员将成为财政极其沉重的负担，而建立“全账户”的激励作用与“个人账户余额不继承”的负激励设计完全自相矛盾。如果一种制度设计使职工一生中近 1/3 的收入积累额不能继承，若职工在退休前或退休后几年内去世，则至少几百万元的积累都将充公，那倒不如把这笔钱存入银行或购买商业保险呢。而且个人账户规模扩大就能提高职工参保积极性的说法并没有被实践所证明，包括智利在内的所有实行个人账户改制的南美国家，其职工参保率都是下降的。瑞典实行名义个人账户制后，65 岁以前提取退休金的人所占的比例从 1999 年的 10.3% 上升到 2005 年的 18.1%[②]。对职工来说，扩大个人账户规模不如提高账户利率更有激励作用。

主张取消个人账户继承的人还说他们在这一设计中体现了社会共济，即早去世的职工为晚去世的职工做贡献。不知道他们是否按职工的行业、工种、收入分组等精算过了，是煤矿工人的平均寿命高还是证券业职工的平均寿命高，是一线工人的平均寿命高还是企业高管的平均寿命高，是低收入组人群的平均寿命高还是高收入组人群的平均寿命高。按常识推断，当然是后者。所以这种所谓“不同寿命人群的社会共济”，总体上必然产生国家法定养老保险制度造成低收入群体的社保福利向高收入群体逆向转移的问题。

本课题组认为，在我国一次分配差距已经过大的情况下，完善职工基本养老保险制度，坚持公平、共济性的原则不能偏离，坚持缩小而非扩大初次分配差距的方向不能偏离，在此基础上，才可以进一步讨论如何有效

---

① 古钺：“论谋求职工养老保险制度的基本定型”，《中国社会保障》，2016 年第 2 期。

② 李珍、周艺梦：“社会保障制度的瑞典模式”，《经济学动态》，2010 年第 8 期。

解决当前职工基本养老保险制度存在的具体问题。我们认为，把现在职工缴纳的8%个人账户改为名义账户就可以达到较平稳过渡的效果，如果能将个人账户缩小到5%，则社会共济性还可以进一步提高。同时，应坚决实施基础养老金的全国统筹，推进渐进式延迟退休年龄，夯实缴费基数，加快农民工市民化进程以扩大缴费基数。现阶段完全没有必要大动干戈去搞28%的零统筹“全账户”，那样既缩小了职工基本养老保险的共济性，又与现制度衔接难度极大。

六、退休人员缴费不是完善基本医疗保险制度的必要举措

2016年年初，有官员在主流媒体撰文，提出要“研究实行职工医保退休人员缴费政策，建立与筹资水平相适应的医保待遇调整机制”[①]。人力资源和社会保障部新闻发言人则表示，是否实行退休人员缴纳医疗保险费并未确定，只是在“十三五”时期启动这方面的研究。本课题组经初步研究认为，在实行统账结合的职工基本医疗保险制度框架内，退休人员再缴费并非必要举措。

2011年实施的《社会保险法》明确规定：“参加职工基本医疗保险的个人，达到法定退休年龄时累计缴费达到国家规定年限的，退休后不再缴纳基本医疗保险费，按照国家规定享受基本医疗保险待遇。”这一规定的依据是1998年《国务院关于建立城镇职工基本医疗保险制度的决定》（以下简称《决定》）。当年劳动和社会保障部部长就这一决定做了说明，其中第八条专门讲到老职工和离退休人员由于年老体弱，医疗费用负担较高，切实解决他们的医疗费用负担是这次改革所要解决的一个重点问题。《决定》提出建立社会统筹和个人账户相结合的城镇职工基本医疗保险制度，既可以发挥统筹基金的互助共济功能，解决当前老职工的医疗费用负担问题，又可以发挥个人账户的积累作用，使职工在年轻健康时为将来年老多病时做必要的积累，缓解将来人口老龄化所带来的医疗费用支出压力。《决定》强调，明确规定退休人员不缴纳基本医疗保险费，目的是为了减轻他们的负担；各地对退休人员在统筹基金支付时的个人负担医疗费

① 楼继伟：“中国经济的最大潜力在于改革”，《求是》，2016年第1期。

的比例要予以照顾[①]。这说明，退休人员不缴纳医保费是统账结合职工医疗保险制度设计的初衷，当时的制度设计者就考虑了中国人口老龄化的紧迫性，也做了多次人口老龄化趋势及其对医疗费用增长的预测分析。

为何现在提出要研究职工医保退休人员缴费问题？看来不是制度不公平，还是职工医疗保险基金支出压力增大了。2008 年之前，职工医疗保险基金没有出现问题，个人账户基金还有大量积累，当时关注职工医疗保险的学者们大多在研究如何适时扩大职工医保报销水平或适当减少职工缴费水平。2008 年之后，“新医改”启动，取得了许多重大进展，但也出现了“泛福利化”倾向[②]。一些统筹地区，没有考虑到劳动力人口结构的变化及实际缴费水平，过分扩大报销范围，过快提高报销比例，本来可以为商业保险留下发展空间的一些小概率大病保险也纳入职工基本医疗保险基金支出范围。近年来，职工医疗保险基金虽然在全国范围仍有结余，但许多地方已经出现当年收不抵支的情况。《中国社会保险发展年度报告（2014）》提供的数据显示，2014 年年底，职工基本医疗保险参保人数为 28 296 万人，比 2013 年增加 853 万人，增长 3.1%；比 2009 年增加 6 359 万人，年平均增长 5.2%。职工基本医疗保险基金收支总规模达到 14 735 亿元，比 2013 年增加 1 843 亿元，增长 14.3%；比 2009 年增加 8 685 亿元，年平均增长 19.5%。2014 年，职工基本医疗保险统筹基金累计结存 5 537 亿元，比 2013 年增加 731 亿元，增长 15.2%；比 2009 年增加 2 876 亿元，年平均增长 15.8%。但是，这些基金主要积累在广东、江苏、浙江、山东等省份及其他经济发达地区，同时 108 个统筹地区，主要是老工业基地和中西部一些地区的职工医疗保险基金出现当年亏空，有的甚至花光了积累。考虑到中国经济发展整体处于转型期，许多省市财政支出压力陡然增大的实情，有些人想出让退休人员再缴纳医保费的主意似乎也在情理之中。问题是这一措施能解决问题吗？

首先，退休人员按什么标准缴纳医疗保险费。显然，不可能让用人单位再按他们 6% 或 8% 的退休金缴纳医疗保险费，因为他们已经与单位解除劳动关系了，不是计划经济下的“单位人”，而是社会主义市场经济下

① 原劳动和社会保障部医疗保险司编：《中国医疗保险制度改革政策与管理》，中国劳动和社会保障出版社 1999 年版。

② 参见《基本医疗保险评估报告》，中国医疗保险研究会 2015 年 5 月 4 日发布。

的“社会人”。关于职工医疗保险缴费不能实行“双基数”的问题，20年前在镇江、九江职工医疗保险试点时就已经讨论过了，所以退休人员最多只能按他们退休金的2%缴费，所起的作用有限。

其次，当前职工医疗保险基金总体结余，一些统筹地区收不抵支，是区域结构性问题。职工基本医疗保险作为“十二五”规划中明确列为国家基本公共服务的项目，改革的方向是逐步实现基本公共服务均等化。基本公共服务均等化绝不是指某一统筹地区的均等化，而是全国的均等化。在这一大方向下，如果全国统一实行退休人员缴纳医疗保险费，东南沿海地区的职工医疗保险基金将进一步结余，老工业基地和中西部困难地区的职工医疗保险基金也增收不了多少。如果允许各地根据各自的基金收支状况自主确定退休人员的医疗保险缴费水平，那么与基本公共服务均等化的改革方向相悖，也必然进一步扩大地区间的收入分配差距。

最后，缓解因老龄化带来的职工医疗保险基金压力，光开源不节流显然不够。虽然我国于2008年开始了新一轮医改，但至今公立医院逐利性质基本没变，媒体报道许多省市大建五星级、六星级高标准干部病房，医疗服务中的诱导性消费不降反增。另外，应对高级干部医疗、一般干部医疗、普通职工医疗费用的支出与增长情况做结构性分析，不能笼统地把医保费用过快增长的原因都归咎于广大普通职工和退休人员。建议相关部门公布我国医疗资源和资金在不同群体中使用的结构数据和人均水平，为职工医疗保险基金节支明确主攻方向。保持基本医疗保险资金收支平衡的重要因素包括改变公立医院的逐利性、建立分级诊疗和双向转诊制度、降低虚高药品价格和天价医疗设备检查费用，以达到医疗资源和职工医疗保险基金在不同地区、不同人群之间的合理均衡使用。

这里举一个美国的案例。这个被誉为发达国家中市场化程度最高的国家，争论了20多年也没有最后确定如何给在职人员提供医疗保险，但美国早就有联邦医疗保险。2014年，这一保险覆盖5 380万人，其中4 490万人是65岁以上的老人[①]。联邦医疗保险有两个基金账户，其中国家法定要缴费的是“医院保险信托基金（HI）”，这一基金只为老年人的医院护理付费，来源于在职人员和雇主各按职工工资的1.45%缴费，总计为

① 参见美国《联邦医疗保险受托人报告2014》。

2.9%。显然，退休了就不用再缴纳这1.45%的工资税了。此外，2013年，美国对联邦医疗保险缴费标准做了调整，把个人年收入超过20万美元、夫妻年收入超过25万美元的职工缴费率提高到3.8%，但绝对没有所谓的“多缴多得”，这些年收入高的职工退休后依然与其他退休人员同等享有医院护理费。我国国情虽然与美国不同，但这个例子还是对我们有些启发意义的。

退休职工缴纳医疗保险费不是应对人口老龄化的关键，能起到的财务作用也十分有限，而带来的社会成本可能很大，与中央一再强调的改革要为民众谋利的宗旨相距甚远，应当慎之又慎。

（本文摘自《“十三五”时期我国社会保障制度重大问题研究》，中国劳动社会保障出版社2016年版）

第三篇

深化社保改革的政策建议

我国社保制度框架已经建立，但具体制度还需要加快完善，本篇围绕化解基本养老保险转制成本、职工基本养老保险全国统筹、企业年金制度、商业养老保险、农村养老、老年服务、医保制度、社会救助制度、延迟退休等具体制度，剖析问题症结，提出对策建议。

多策并举有效化解基本养老保险转制成本

李志明　邢梓琳*

"十三五"规划纲要提出建立健全更加公平更可持续的社会保障制度，这是新时期我国社会保障制度全面深化改革的目标和方向。但是，对于基本养老保险制度来讲，如果不妥善化解在制度转轨过程中所产生的转制成本，则不仅导致建立健全更加公平更可持续的养老保险制度在短期内无法实现，而且也会导致"十三五"规划纲要提出的"适当降低养老保险费率"难以实施。对此，我国应当多策并举，有效化解基本养老保险转制成本。

一、基本养老保险转制成本的由来及影响

目前，我国基本养老保险制度的转制成本主要由两部分组成：一是城镇企业职工基本养老保险制度在20世纪90年代中期从现收现付制向社会统筹和个人账户相结合制的转变过程中，由于原来制度的筹资机制和财务管理方式被打破，制度对原来保障对象所承诺的隐性债务逐步显性化而形成转制成本，具体包括改革前已经退休的"老人"的全部养老金和改革前参加工作、改革后退休的"中人"的过渡性养老金；二是机关事业单位工作人员养老保险制度改革开展后，原来财政供款的退休养老制度对改革前已经退休的"老人"、改革前已经工作的"中人"工作年限所对应的养老金承诺（隐性债务）的显性化，具体包括"老人"余命期间的全部养老金以及为"中人"支付其改革前"视同缴费"年限对应的过渡性养

* 李志明，国家行政学院社会和文化教研部副教授；邢梓琳，国家行政学院社会和文化教研部。

老金。对于城乡居民基本养老保险制度来说，其新建制度的属性决定了不存在转制成本问题。

那么，上述两项基本养老保险制度涉及的转制成本规模到底有多大呢？据学者测算，城镇企业职工基本养老保险制度以及机关事业单位工作人员养老保险制度的转制成本规模数以万亿计，从几万亿元到十几万亿元不等。然而，面对巨额的基本养老保险转制成本，我国并没有建立专门的转制成本化解机制。城镇企业职工基本养老保险的转制成本目前是交由改革后的社会统筹和个人账户相结合的新制度（具体是由职工基本养老保险社会统筹基金）来负担，各级政府在社会统筹基金收不抵支时通过财政资金予以补贴；对于机关事业单位工作人员养老保险制度改革的转制成本负担，国务院《机关事业单位工作人员养老保险制度改革的决定》语焉不详，参照城镇企业职工基本养老保险制度做法的可能性较大。城镇企业职工基本养老保险制度的教训表明，在没有建立专门的化解机制的情况下，将转制成本转嫁给新制度来承担，必然导致社会统筹基金收不抵支、个人账户长期"空账"运行，使得社会统筹和个人账户相结合的基本养老保险制度结构有名无实。

二、多策并举、分类消化基本养老保险转制成本

在笔者看来，对于消化城镇企业职工基本养老保险的转制成本，首先要做的一件事就是依据制度内"老人"与"中人"的数量、待遇标准、平均寿命等因素，准确测算并锁定该制度的转制成本。在此基础上，合理划分中央和地方在化解转制成本中的责任。这是因为，在城镇企业职工基本养老保险制度改革前相当长的一段历史时期里，我国在公有制企业中长期实行"低工资、高积累"的分配政策，国家对职工的劳动贡献在作了"必要的扣除"之后，并没有将职工应得的劳动报酬全部分配给职工，而是用作积累并根据企业隶属关系被上缴至各级政府，形成了各地现有的国有资产。以国有企业众多的老工业基地沈阳市为例，在 1984 年以前，沈阳市技术工人的平均技术等级约为 4 至 5 级，4 级工的月工资标准为 52.9 元，而当时沈阳市技术工人平均每小时生产出产品的价值约为 48 元，一天为 384 元。这平均每人一天生产产品的价值，就是工人月平均工资的

7.3倍，可见大量剩余价值被国家和企业用作积累了。因此，在偿还基本养老保险制度转制成本时，应当根据各级政府原属和现属国有企业中的“老人”和“中人”的数量来分担化解转制成本的责任。在此基础上，多策并举，有效化解基本养老保险转制成本。

第一，根据各级各地政府经济发展和财力状况，列出长期资金投入计划，以每年政府财政预算形式予以落实，建立政府化解转制成本的前端投入机制，摆脱“补缺口”性质的后端被动投入局面。

第二，划拨国有资产及收益弥补转制成本。将“现收现付制”下本应作为“老人”与“中人”的养老保险基金以利税形式上缴国家的部分国有资产划转给全国社会保障基金理事会持有，该部分资产收益全部用于弥补基本养老保险转制成本。必要时，在政策与法律允许的范围内，通过处置部分国有资产、提高国有资本收益上缴比例以弥补基本养老保险转制成本。

第三，中央财政发行一定数量的政府债券，以跨期调整、债务递延的方式来弥补基本养老保险转制成本。通过中央财政发行政府债券解决养老保险转制成本的方式，其可行性在于“老人”与“中人”余命期内需要支付的转制成本被年均化，改支付压力“由重到轻”为“压力均等”。

第四，积极稳妥地推进基本养老保险基金投资入市，提高基金收益水平，增强制度自身化解转制成本的能力。在政策允许和确保资金安全的前提下，加大基本养老保险基金入市比例，购买零风险或风险较小的投资产品，提高基金收益。另外，对未入市的基本养老保险基金也要加大与专业银行议价力度，适当引入竞争机制，同样在保证资金安全和保险待遇及时足额支付的前提下，实现结余资金存款收益最大化，确保基本养老保险基金的保值增值。

第五，严格缴费基数、扩大覆盖范围，缓解消化基本养老保险转制成本的财务压力。在我国，城镇企业职工基本养老保险制度虽然已实施超过二十年，各级社会保险经办机构也在不断努力，但仍有不少企业并未严格按照制度规定的缴费基础来缴费而刻意降低缴费基数或少报工资总额，也有为数众多的灵活就业人员和进城务工农民未参加社会养老保险。这些都是我国增加基本养老保险基金收入可以挖掘的内在潜力。我国应当在进一步加强立法的基础上，完善征管稽核工作，逐步扩大基本养老保险的覆盖范围，实现制度内增收，提高化解基本养老保险转制成本的能力。

对于机关事业单位工作人员养老保险制度改革，偿还转制成本的情况则有所不同：各级政府是各类机关事业单位工作人员的雇主，对机关事业单位工作人员养老保险制度承担的是雇主供款责任，而各级政府对城镇企业职工基本养老保险制度承担的则是公共财政补贴责任。因此，我国在推进实施机关事业单位工作人员养老保险制度时，必须事先谋划处理好旧的退休养老制度遗留下来的各项历史债务，安排专门的偿付渠道清偿转制成本，既使机关事业单位工作人员已经积累下来的养老金权益得到充分体现，又避免将相应的债务转嫁给新设立的机关事业单位工作人员养老保险的社会统筹基金。具体的建议是坚持“新人新办法、老人老办法”的改革原则，对于改革时点已经开始领取退休金的退休人员，要保持原来的支付水平和调整机制，所需资金要由各级财政统筹解决，不能增加基本养老保险基金的支付压力。对于改革时已经参加工作但尚未达到退休年龄的“中人”，要采取发放过渡性养老金等办法进行适当补偿，过渡性养老金根据各单位性质由财政和工作人员所在单位按比例分担。

（本文原载于《中国经济时报》，2016 年 12 月）

职工基本养老保险全国统筹之路

郑功成*

养老保险是我国社会保障体系中重要的制度安排之一，而职工基本养老保险因覆盖人口持续扩张与基金收支规模持续扩大而又构成了整个养老保险体系中的支柱性制度安排，其基本职能不仅是增进劳动者的福利并解除其养老后顾之忧，而且还承载着促进社会公平和增进国家认同等多重功能，它的长期积累特性和巨额给付规模决定了其对整个社会保障制度的成败具有根本性影响。

我国职工基本养老保险制度采取的是社会统筹与个人账户相结合（以下简称“统账结合”）模式，它是在借鉴绝大多数国家实行的现收现付制养老保险和以智利、新加坡等为代表的完全积累制养老保险的基础上的具有中国特色的制度创新尝试。在肯定从国家负责、单位包办的传统退休制度转向社会养老保险制度方向正确、成效巨大的同时，我们还必须看到，由于受“摸着石头过河”年代的思维定式、渐进改革策略的路径依赖、制度转型成本以及财政与行政体制的多重制约，这一制度迄今仍处于地区分割统筹状态。这种区域碎片化实质上是将法定的全国统一的国家制度沦为差异性的地区性制度安排，既导致了不同地区之间费率负担畸轻畸重，又直接制造了不同地区之间养老保险基金余缺并存的畸形格局，更突破了社会养老保险制度筹资应当公平和市场经济条件下法定养老金成本应当公平的双重底线。这种状况直接损害了这一制度的公平价值取向，限制了这一制度的互助共济功能，并对市场经济条件下的劳工成本构成与劳动力流动产生深刻影响，进而对国家整体推进区域协同发展造成极为不利的

* 郑功成，中国社会保障学会会长、中国人民大学劳动人事学院教授。

影响。因此，应尽快实现这一制度从地区分割统筹向全国统筹的转变，让职工基本养老保险制度真正步入全国统一的时代，并在统一的条件下走向定型、稳定与可持续发展的新阶段。

一、地区分割统筹是职工基本养老保险制度的根本缺陷

职工基本养老保险地区分割统筹源于20世纪90年代中后期。最初是1995年国务院决定推出企业职工养老保险实行统账结合模式，并明确地市级政府可以在中央政府提出的两个方案中自主选择或者重组制度安排，这一举措使原本统一的退休养老制度变成了地方进行改革与制度创新的试验场，所带来的直接效应便是全国的养老保险模式五花八门、各行其是。同时，国务院在这一时期先后批准10多个行业在全国范围内自行统筹本行业的养老保险业务，实质上是允许不同行业在国家的原则规范下分别建立自己独立的养老保险制度，这更加剧了制度安排的碎片化。1998年8月，针对养老保险行业统筹失控的局面，国务院发出《关于实行企业职工基本养老保险省级统筹和行业统筹移交地方管理有关问题的通知》，明确指出："为了深化企业职工养老保险制度改革，加强基本养老保险基金管理和调剂力度，确保企业离退休人员基本养老金的按时足额发放，国务院决定，加快实行企业职工基本养老保险省级统筹，并将铁道部、交通部、信息产业部（原邮电部部分）、水利部、民航总局、煤炭局（原煤炭部）、有色金属局（原中国有色金属工业总公司）、国家电力公司（原电力部）、中国石油天然气集团公司和中国石油化工集团公司（原石油天然气总公司部分）、银行系统（工商银行、农业银行、中国银行、建设银行、交通银行、中保集团）、中国建筑工程总公司组织的基本养老保险行业统筹移交地方管理。"这一改革的进步意义是解决了不同行业职工之间养老保险制度碎片化问题，但也因强化属地管理而留下了不同地区之间的养老保险制度碎片化问题，现在成为优化职工基本养老保险制度安排最大的拦路虎。

职工基本养老保险全国统筹虽然写入了2010年制定的《社会保险法》和2011年通过的国家"十二五"规划，但还停留在政策讨论阶段。目前仅有北京、上海、天津、重庆、陕西、青海、西藏等少数省、直辖

市、自治区实现了职工基本养老保险基金省级统收统支；大多数省、自治区还停留在建立省级、地市级调剂金阶段，个别省甚至连省级调剂金也未建立。因此，作为养老保险制度主体的职工基本养老保险总体上仍然停留在市、县一级分割统筹状态。这种状态带来的负面作用主要表现在如下三个方面。

（一）地区分割统筹导致地区之间养老保险实际缴费负担畸重畸轻，突破了养老保险制度筹资公平与市场经济竞争公平的底线

公平筹资是法定养老保险制度铁的法则，而公平竞争是市场经济铁的法则。职工基本养老保险作为国家法定的统一制度安排，不应成为不同地区劳动者养老保险权益及其成本构成差异的致因，更不应成为一些地区的企业压低劳工成本、损害劳动者权益的诱因。然而，在地区分割统筹的情形下，尽管有中央财政的补贴加以调剂，但各地实际上必须自担其责。由于不同地区的人口年龄结构有别，老年人口抚养比例有别，退休人员的历史负担有别，导致养老保险实际缴费率在不同地区之间存在着显著差异。根据调查资料，东部沿海部分省区是劳动力的主要输入地，人口相对年轻，使得企业实际缴费率偏低；中西部地区以及老工业基地因为人口老龄化较为严重，使得实际缴费率偏高。根据相关研究，按照当地实际征缴的人均缴费额与当地在岗职工平均工资之比的统一口径测算，广东省2011年企业实际缴费率为5.9%，甘肃省2011年企业实际缴费率达到24.6%，即使扣除因缴费工资水平高低有别或趸缴所造成的误差，不同地区实际缴费率高、低之间相差也高达3倍以上。这种畸轻畸重的缴费负担，不仅直接冲破了职工基本养老保险筹资应当公平的底线，而且严重地背离了市场经济条件下法定劳动成本应当公平的铁的法则。

（二）地区分割统筹严重扭曲了职工基本养老保险制度的实践路径，将国家统一制度异化成地方利益，不仅直接导致养老保险基金在不同地区之间呈现收支余缺两极分化，而且弱化了国家认同，不利于区域协同发展

在地区分割统筹、缴费各异的情形下，广东、浙江、江苏、山东等省因养老负担相对较轻，即使缴费率低也出现基金结余不断增加的情况；黑龙江、吉林、辽宁等省因养老负担重，即使缴费率高也出现收不抵支的情

况。据调查，广东省职工基本养老保险基金累计结余2003年为456.7亿元。2008年为1 621亿元，2012年达到3 636.6亿元，2013年增长到3 898.59亿元。山东省到2014年时城镇职工基本养老保险基金累计结余达1 930.3亿元。江苏、浙江两者的累计结余均超过2 000亿元。广东、山东已先后将本省结余的养老保险基金中的1 000亿元划转全国社会保障基金理事会进行委托投资运营，剩余的结余基金仍然在不断贬值。黑龙江省2014年的养老保险基金收支缺口高达200多亿元。这种基金余缺两极分化的现象造成了原本不该结余的社会统筹基金在部分地区大量结余，而原本应当实账运行的个人账户基金却在另一些地区成为空账，从而严重地扭曲了统账结合的制度模式。这种格局事实上是改革开放初期农村承包责任制的延伸，它将本该由国家统一的法定基本养老保险制度交由地方负责，中央虽然有补贴，但这种补贴根本不足以扭转基金余缺分化的非正常局面。正是这种养老保险“地方承包制”，使职工基本养老保险制度日益固化成失衡的地方利益格局，带来的是在制度不统一、缴费负担不公平条件下不同地区之间的逆向调节。如果继续维持地区分割统筹的现状，将会进一步固化不同地区的人口结构差异和由此带来的企业缴费负担差异，以及地区经济发展竞争不公平的环境，既不利于东部沿海地区的产业升级与新竞争优势的形成，也不利于传统制造产业从东部地区向中西部地区转移以及在中西部地区发展劳动密集型产业，从而不仅弱化了公众对制度的国家认同，还不利于国家区域协同发展战略的推进。

（三）地区分割统筹还导致了一系列其他负面效应，直接阻碍着制度优化

职工基本养老保险的地区分割统筹还造成了其他负面效果，主要包括：一是缴费基数与缴费率无法统一。各地因老年负担比不同，所需要的资金自然不同，缴费基数与缴费率也必然不同，这使得职工基本养老保险丧失了公平、稳定的制度根基。二是名义费率偏高问题无法得到解决。因为基金不能在全国范围内统筹，必然导致那些收不抵支地区的缴费率居高不下。三是基金贬值风险难以化解。尽管广东、山东两省采取了委托全国社会保障基金理事会进行投资运营的方式，但若不是全国统筹，数以万亿元计的职工基本养老保险结余资金仍然只能分散在成百上千个省级、市级

甚至县级统筹单位，这种分散局面致使基金贬值的状况无法从根本上改变。四是直接阻碍着制度优化。由于目前实行的是中央支持下的地方“承包制”，各地情况不一，如果对制度结构进行统一优化，必然会遭遇地方抵触。五是加大了劳动力流动的障碍与运行成本。由于各地的实际缴费率、个人账户规模均存在较大差异，劳动力流动便必然存在权益流失现象，也给经办机构与劳动者办理转移接续手续带来较大的时间和经济成本。六是损坏了制度的公信力，引发了信任危机与焦虑不安情绪，这是地区分割统筹所带来的最为严重的后果，因为它正在动摇公众的信心，一旦放任下去，整个养老保险制度将失去可靠的群众基础。

综上所述，地区分割统筹确实是现行职工基本养老保险制度的重大缺陷。因此，从2008年以来，笔者一直强调推进全国统筹的重要性与紧迫性。2010年全国人大常委会通过的《中华人民共和国社会保险法》就明确了全国统筹的法定目标。在2012年中共十八大报告，以及国家“十二五”规划、社会保障“十二五”专项规划和国务院深化收入分配制度改革的若干意见中，都明确提出要实现职工基本养老保险基础养老金全国统筹。新一届中央政府曾将“研究制定基础养老金全国统筹方案”列为2013年改革重点范畴，但事实上并未得到有效推进。

二、全国统筹必须克服观念、利益、体制三大障碍

实行全国统筹是矫治职工基本养老保险制度根本缺陷的治本之计。当前已经暴露出来的制度危机已较深刻，若再延续下去，制度发展就会愈加被动，不良效应就会愈加恶性化，改革的阻力也会越来越大，不仅需要持续付出高昂的经济代价，而且还会付出相应的社会与政治代价。那么，实现职工基本养老保险全国统筹到底能够解决什么问题呢？首先，全国统筹能够让职工基本养老保险制度从“承包制”的地方性制度安排回归到国家法定的统一制度安排，国家的全局、长远利益会替代地方的局部、近期利益，从而确保法定养老保险制度筹资公平的底线和市场经济条件下法定劳工成本应当公平的底线，同时伴生的还有增进公民国家认同的政治效应，以及有力促进地区之间的经济社会协同发展。其次，全国统筹必定在全国范围内推行缴费基数计算依据和缴费率的统一，实现各地区、各单

位、所有参保人缴费负担公平，同时让统账结合的财务机制正常化，并因结余基金的集中管理而为保值增值创造有利条件。最后，全国统筹还可以带来一系列正面效应。例如，可以真正厘清中央政府与地方政府的财政责任，节约行政运行成本，提高行政管理效率，避免劳动者的养老保险权益在地区之间转移而出现收益渗漏或损失的现象。一旦实现了全国统筹，就能真正实现职工群体平等的基本养老保险权益，并且保障这种权益不因为职业身份的变化和就业地点的变化而受到损害，从而有利于维护社会公平、促进社会流动，为劳动者提供稳定的安全预期，因为国家统一的制度安排无疑较地方化的制度安排更具可靠性与稳定性。全国统筹还有利于经济结构调整、经济发展方式转型和高质量城镇化的实现，因为缴费的公平可以促进投资环境的公平，基本养老保险制度的统一能够促进全国劳动力市场的统一。所以，无论是从制度发展的客观规律出发，还是考虑到地区分割统筹的诸多弊端及其带来的巨大利益损失与社会、政治代价，中央政府都应该下定决心、排除阻力、理性决策，尽快推进全国统筹。

然而，虽然全国统筹属法定基本养老保险制度的内在要求并可以带来上述多方面的积极效应，但当前面临的观念、利益与体制障碍同样巨大。因此，在尽快推进基础养老金实现全国统筹的同时，客观评估现实阻力并加以应对将是十分必要的。

（一）传统的“承包制”观念与属地管理思维定式是最大障碍

从学理、法理与制度常识出发，任何一个主权国家都不应当按照地域的不同来分割实施筹资有别、权益不等的法定基本养老保险制度，都不可能出现以省级为本位或者以市级，甚至以县级为本位等不同层次的混乱格局，但这种现象在我国似乎很正常。通常被引用得最多的理由是各地区的老年人抚养比或者退休人口多寡不一造成了各地区养老保险筹资的不平等和基金余缺两极分化，而制度不能统一的理由则归结为中国的地区发展不平衡，似乎包括养老保险在内的社会保障制度不是要寻求促进地区均衡发展、缩小地区发展差距，而是只能屈从乃至固化地区发展的失衡格局。在国家层面，继续沿用“摸着石头过河”年代采取地方政府“承包制”和突出属地管理的思维定式，而不是基于法定基本养老保险制度必须由中央政府出面来确保全国范围内筹资机制公平、运行规范有序、待遇权益统一的本质要求。

在这种观念与思维定式的影响下，中央与地方的关系也被异化为中央与地方的一对一的关系，即中央政府对基金收支状况好的省份不提供财政补贴或者少提供财政补贴，而对收支存在缺口或者缺口较大的地区采取给予较多财政补贴的做法。在此，国家扮演的不是强力推进制度统一的角色，而是扮演地区之间调和者的角色，制度在区域之间碎片化及其导致的系列问题也就不可能得到真正解决。在地方层面，同样视法定基本养老保险为地区利益，有基金结余的地方不认为自己降低缴费率已经损害了这一制度的公正性，而是将结余基金视为本地区应得的利益；收支有缺口的地区则将缺口视为自己的责任，同时向上级政府直至中央政府寻求支援。近十年来的实践已经证明，如果过时的地区"承包制"观念不更新，不树立国家统一观和制度公平观，就不可能有推动这一制度走向全国统一的真正动力。正是由于国家与地方两个层面均不以地区分割为异常，亦对地区分割统筹及其严重后果缺乏足够的估量，导致职工基本养老保险制度全国统筹被一再拖延，已经丧失了最好的时机。

（二）日益固化的地区利益格局已经形成了强劲的路径依赖

十年前，虽然地区分割统筹存在着前述缺陷，但广东等省的结余基金有限，黑龙江等省的收支缺口不大，地区利益还处于差距不大的状态。如果当时推进制度的全国统一，无疑阻力不会太大。然而，由于观念障碍与认识不足，致使这种分割格局延续至今，已经形成了日益失衡的地区利益格局。隐藏在这种显著的基金收支余缺格局背后的，还有越是基金结余多的地区，其实际缴费率越低；越是基金收支缺口大的地区，其实际缴费率就越高。这种失衡的利益格局，不是因为基金结余多的地区经营有方，而是因为制度分割下各地区养老负担比不同造成的结果。如果要实现职工基本养老保险制度统一即全国统筹，缴费低的地区就必然要增加缴费，而缴费高的地区也会相应地降低缴费，这是对已经失衡的利益格局的深刻调整。以维持现有职工基本养老保险水平和基金收支总体规模为基点，以确保缴费负担公平为基本原则，根据对职工基本养老保险基金收支的测算，全国统筹采取全国统一的缴费基数、统一的缴费率后，有 23 个省区的实际缴费率会相对下降，8 个省区的实际缴费负担会有所加重。负担降低的省区集中在中西部地区，负担上升的省区集中在东部发达地区，其中广东省的缴费负担约增长1倍，浙江省的缴费负担约增长50%左右。这种情形虽然是对职工基本养老保险制度地区缴费负担不公及其破坏市场经济公平竞争环境的必要矫治，但实际缴费负担上升的地区必然会出现劳动成本迅速上升的现象，短期内会影响其竞争力，这些地区必然反对全国统筹。同时，发达地区也会有全国统筹导致当地退休人员养老金水平下降的担忧。不仅如此，在国家层面，也有人担心可能会因全国统筹而导致中央财政补贴规模扩张，导致中央政府压力增大，从而消极对待全国统筹。因此，日益固化的地区利益格局构成了推进全国统筹的强大阻力，缺乏明确责任划分的中央与地方关系亦形成了强势的路径依赖。

（三）现行体制、机制不利于推进全国统筹

一方面，职工基本养老保险制度全国统筹意味着中央政府对这一制度直接负责，必然带来相应的干部管理体制与社会保险行政管理体制的变化，地方党委、政府将丧失对这一制度的直接控制力与影响力，而现行财政分级负责体制也并未与养老保险制度有机地结合起来，所采取的是中央与各省、直辖市、自治区单个对应、单个处理的关系，既缺乏统一的政策规范，亦缺乏平等的公共博弈。另一方面，全国统一的制度安排必然要求统一经办机构并采取垂直管理的方式，养老保险经办机构将真正步入专业化、法人化运行阶段，而现行的经办机构是隶属于各级社会保险行政部门的，这种机制与全国统筹存在着内在冲突。同时，基金管理及其投资运营，亦会带来不同层级政府之间的利益冲突。所有这些，在现阶段均很难达成共识，从而增加了推进全国统筹的难度。此外，全国统筹还面临着基础准备不足的障碍。例如，各地的缴费基数标准不一，一些地区的弹性过大，而全国统筹应当实现全国范围内统一缴费基数的计算口径。同时，职工基本养老保险的信息系统并未真正实现全国统一，它构成了全国统筹的技术障碍。

综上所述，职工基本养老保险制度通过全国统筹走向全国统一，面临的阻力是多方面的，尽管深化改革必须明辨是非、坚守原则，但改革还需要化解误区、增进共识，从而特别需要认真应对。

三、全国统筹需要理性确立推进思路与实践路径

既然全国统筹是促使职工基本养老保险制度走向成熟、定型的治本之计，就必须坚定不移地加速推进，但若推进的思路和路径存在问题，深化改革就不可能真正成功。因此，特别需要理性地确立正确的改革思路和合理的实践路径。

（一）全国统筹应当坚持公平、互济、责任分担、统账分离、平稳过渡的原则

职工基础养老金全国统筹的目标，是依法将已经在一定程度上沦为地方性制度安排的职工基本养老保险制度真正恢复为国家法定的统一制度安排，并以此为契机，全面优化这一制度的结构，提高制度的吸引力与激励性，促使其早日实现定型、稳定、可持续发展。因此，在推进全国统筹过程中，需要遵循如下五项原则：

1. 公平性原则。职工基本养老保险是国家法定的统一制度安排，必须确保筹资公平、待遇公平，这不仅是这一制度的本质要求，也是市场经济对公平竞争环境的内在要求，从而必须做到全国范围内缴费基数计算口径统一、缴费率统一，实现名义缴费率与实际缴费率完全一致，做到养老金待遇计发及正常增长办法统一。

2. 互济性原则。互助共济是现代社会保障制度的基本特征，也是基本养老保险制度应当遵循的普遍规律。我国现行的职工基本养老保险制度因个人账户过大而削弱了参保人之间的互济性，地区分割统筹又使其丧失了区域之间的互济性，导致现行制度逐渐陷入难以自我克服的困境。因此，推进全国统筹时应当强化这一制度的互济性，包括通过全国统筹实现区域之间的基金互济，以及缩小个人账户规模、扩大社会统筹（基础养老金）规模来增强参保人之间的互济性。

3. 责任合理分担原则。一个理性的养老保险制度安排一定是养老责任得到合理分担的制度安排。我国现行的职工基本养老保险制度虽然已经确立了责任分担的机制，但政府与劳资双方的责任边界并不清晰，劳资双方承担的缴费义务比例失衡，政府承担兜底责任在使制度丧失自我平衡的

动力，同时也让政府承担的风险难以估量并丧失主动，而中央政府与地方政府亦缺乏合理的责任划分。因此，推进全国统筹时应当进一步明确责任合理分担原则，并使这一原则在政府、用人单位与个人之间得到合理贯彻，总体取向应当是通过相对固定的比例分担机制来稳定政府责任，降低用人单位缴费负担，适当强化参保者个人责任，同时要明确划分中央政府与地方政府的责任。只有责任分担明确并相对均衡，才能有效地调动主体各方的积极性，并使制度发展保持理性。

4. 统账分离原则。在职工基本养老保险地区分割统筹的条件下，由于历史责任与现实责任混淆在一起，只能采取混账运行的方式，这是造成统账结合模式在实践中被严重扭曲的根源。因此，推进全国统筹时应当将现收现付的社会统筹板块与完全积累的个人账户板块相隔离，即由混账管理变为分账管理，前者采取现收现付制并实行全额预算管理，后者采取完全积累制且在缩小账户规模的条件下实现集中投资运营，并确保个人账户所有者获得应有的投资回报。

5. 平稳过渡原则。由于实行全国统筹是对被扭曲的职工基本养老保险制度的矫正，是这一制度变革从长期试验性状态走向定型、稳定、可持续发展阶段的转折点，必须确保平稳过渡。为此，在筹资方面，基于当前养老保险基金收支总体平衡的基本判断，以维持现有筹资总量指标为基本出发点，必须统一缴费基数计算口径，优化筹资结构，确保绝大多数企业实际缴费负担不变或有所下降，确保财政对当期养老保险基金补助与划拨全国社会保障基金两者的规模总量保持相对稳定，并对费率统一等指标设计相应的过渡方案。在优化制度安排的同时，还必须及时将管理体制、经办机制及信息系统调整到位。

（二）全国统筹需要明确全国统收统支、中央与地方分担支出责任的财务模式

从当前讨论的情况来看，如何实现全国统筹，似乎有两种方案可供选择：一种是在全国范围内实现职工基本养老保险社会统筹基金的统收统支；一种是在省级范围内实现职工基本养老保险社会统筹基金的统收统支，中央则建立调剂金，对各省收支余缺进行调节。在这两种方案中，有关部门倾向于选择第二种方案。然而，这种取向虽然名义上可以强化省级

政府的责任而让中央政府处于较为超脱的位置，但它并非真正意义上的全国统筹，也不可能带来这一制度的全国统一。

因为从法定养老保险制度全国统一的内在要求出发，最为核心的指标应当是实现筹资公平，即统一规范缴费基数、统一采取同一标准费率。如果只建立调剂金制度，在同一缴费基数与同一费率条件下，现在低费率、高结余地区还会有更多的基金结余，现在高费率、低结余甚至存在缺口的地区将出现更大的缺口；反之，如果不采取统一缴费基数与同一费率，现行格局下筹资不公及其所带来的国家认同危机与地区竞争不公等问题仍然无法解决。因此，建立中央调剂金方案，并非统一制度安排的合理选择，它完全可能像当前部分省采取调剂金制而让省级统筹煮成“夹生饭”一样，也会将这一制度的全国统筹煮成“夹生饭”，最终还将付出巨大代价。笔者不赞同以调剂金方案替代全国统收统支方案，这不仅是基于制度统一的本质要求，也是基于部分省建立省级调剂金的实践并不成功的教训。鉴于此，笔者依然主张全国统筹必须坚持全国统收统支的财务模式，可以安排一定的过渡期让各省、自治区、直辖市逐步过渡到全国统一的缴费基数、缴费费率，但不能采取调剂金方式来继续留下后遗症。同时，为控制中央政府承担过大的财政责任，可以明确中央与地方的财政责任分担机制，合理的取向应当是固化政府财政对养老金支出的补贴责任，并将这种责任在中央财政与地方财政之间对半分摊。根据当前国家财政对养老金补贴达到了养老金支出的15%左右的事实，参照养老保险制度起源国德国政府财政补贴占养老金支出的20%的标准，国家可以确定以20%为限，由中央财政与省级财政各负担10%的份额，以此强化地方政府的责任。全国统收统支加上中央与地方均负担固定比例的养老金支出补贴责任，不仅能够创造统一缴费基数、统一费率标准的公平筹资条件，而且亦使中央与地方政府的财政责任在合理分担中得以明确，从而奠定养老保险制度在公平的轨道上实现可持续发展的稳定基石。

（三）全国统筹需要明确实现制度统一的目标与合理路径

基于职工基本养老保险制度实践现状，要实现全国统筹，需要明确实现制度统一的目标与合理路径。全国统筹的目标就是实现职工基本养老保险由地区分割统筹的地区性制度安排真正回归到国家法定的统一制度安排，其标志是五个统一：统一社会统筹与个人账户的结构与规模、统一缴费基数计算口径、统一缴费率、统一社会统筹基金收支、统一个人账户基金收益回报率；核心是实现统收统支，让中央政府真正成为这一制度的管理本位与主体责任本位。为实现这一改革目标，需要明确如下实践路径：

1. 明确缴费基数的计算口径与缴费率，确保在全国范围内采用统一标准。这是全国统筹的实质内容，也是促使这一制度走向成熟、定型的关键性条件。

2. 在坚持统账结合的大格局下，将当前的统账混合转化为统账分离。强调保持统账结合的大格局是因为优化养老保险制度需要保持制度基本框架的连贯性，确保制度信用和政治信用，并有利于和机关事业单位养老保险制度与城乡居民养老保险制度的衔接。同时，从全国统筹之日起，实现社会统筹账户与个人账户的彻底分离，在资金管理上不再有交叉，而是按照各自的缴费记账比率在征缴基本养老保险费时分别记入两个基金账户，在两条平行的轨道上各自运行。基于基本养老保险制度的公共职能，笔者认为，必须确保其公共性与互济性，以便为每个劳动者提供稳定的安全预期，因而一直主张适度扩大社会统筹份额，缩小个人账户规模（以3%左右为宜）。

对社会统筹部分即基础养老金部分实行全国统收统支，采取现收现付财务模式，实行全额预算管理，由中央政府承担最终责任。个人账户基金采取完全积累式财务模式，用于支付个人账户养老金。在实现全国统筹后，考虑到个人账户属私人所有，并具有强制性储蓄的性质，个人账户基金的投资回报率（记账利率）应当保持一致，即全国统一个人账户基金的投资收益率，以确保制度对所有参保人的公平性。

3. 固化财政补贴责任，并在中央与地方之间实行合理分担。根据现行法律，政府对基本养老保险承担的是兜底责任，即当养老保险基金出现收支缺口时，由国家财政补贴，这种责任承担方式实际上是将基本养老保险制度与国家财政紧紧地捆绑在一起，所带来的效应是基本养老保险制度缺乏自我平衡的动力，国家财政则存在难以估量的风险。因此，全国统筹不能放弃政府对基本养老保险制度的补贴责任，但应当顺势理顺政府与这一制度的财政关系，即将财政责任按照一定的责任分担比例固定下来并始终保持稳定状态，在此条件下，真正实现职工基本养老保险制度的自我平衡与自我发展。根据有关部门提供的数据，政府对职工基本养老保险制度支出的补贴规模在 2011 年时占职工基本养老保险金支出的比重为 15.8%，近年来基本维持在这一水平，而养老保险制度起源国德国则是将这一比例定为 20%。我国也可以明确为 20%，并将这一责任在中央政府与省级政府之间进行均摊，即中央与省级政府各负担 10% 的支出补贴。这种有限责任有利于打消各级政府的疑虑，有利于中央与地方政府合理配置财力并不再受养老金支付的冲击，还有利于均衡历届政府的责任负担，避免历届政府责任畸轻畸重的非正常局面出现。如果能够做到这一点，就能从根本上理顺国家财政与养老保险制度的关系。

4. 剥离旧账，分别处置。在推进全国统筹时，必须剥离之前形成的个人账户历史欠账，即冻结已经形成的个人账户空账与符合法律及政策规定的视同缴费，以彻底厘清新、旧制度之间的责任，切断历史责任模糊化对新制度下现实责任的直接影响。对历史欠账应当遵循“分类处理、分级负责、逐步偿还”的原则。所谓分类处理，是指针对不同原因形成的空账，明确不同的资金来源。形成个人账户空账的基本原因是个人账户基金被用于当期基础养老金的发放，而基础养老金收不抵支的原因有两个：一是国有企业职工视同缴费年限的存在，针对这部分空账（即账户所有人在参保时的职业身份是国有企业职工），宜用国有资产及其收益来弥补；二是各级财政未能全面履行在基础养老金中的兜底责任，针对这部分空账，可以通过动用所在地区基本养老保险基金累计结余和财政性资金来弥补。所谓分级负责，是指在财政责任部分，可以根据不同省区的实际财政承受能力，按照 7:3、6:4、5:5 三个档次由中央财政和地方财政分担。所谓逐步偿还，是指由于个人账户养老金无须一次性发放，且建立个人账户制度时（1995 年）参保的多数职工距离退休还有一段时间，因此，可以设置 10～20 年的期限，用一个相对较长的时间段来逐步化解历史欠账，避免将长期形成的历史责任由某一届政府来全部承担。当然，也可以在明确中央政府与地方政府的责任分担比例后，通过发行 10～20 年特种国债来一次性偿还，但采取这种方式需要以能够实现有效投资为前提，否则一次性做实个人账户的结果是基金大幅度贬值，这在经济上是效率极低的选择。当基础养老金实现全国统筹后，个人账户就不会再出现空账现象。因此，全国统筹是厘清历史责任并实现职工基本养老保险制度健康、持续发展的最佳契机。

5. 统一监管，垂直经办。全国统筹要求统一监管，为此必须明确由国家社会保险行政部门对这一制度行使统一的监督管理权，以确保制度统一实施，并切实推行行政问责制，省级社会保险行政部门根据财政分级负责的规模来承担相应的监管责任，地市级以下政府则不再介入基本养老保险制度的监管。全国统筹还要求实现统一经办，可以按照“一级法人、两级管理、网络经办”的思路来构建新型经办机制。根据管办分离原则，中央层级应当设置具有独立法人地位的养老保险总局或类似的法人机构，负责全国职工基本养老保险制度的运行，编制全国基础养老金预算，直接对这一制度的良性运行负责。同时，鉴于省级政府也分担了相应的责任，加之中国幅员辽阔，可以在各省区设置养老保险局或分局（受中央养老保险总局与省政府社会保险行政部门的双重领导），省以下则设置网络状的业务经办中心，借助银行等系统的力量，负责全国基本养老保险业务的经办。如果实现了监管统一和经办机构的法人化与垂直管理，全国统筹就有了应有的组织保证。

6. 全国同步推进。为确保全国统筹顺利推进，国家应明确在全国范围内同步推进全国统筹，但在地区利益严重失衡的背景下，它可能导致少数省份在短期内难以承受缴费水平大幅上升的压力，为此，可以允许当地政府动用以往结余的养老保险基金适度补贴用人单位缴费，以此为用人单位提供一个缓冲期，经过 3 年左右的过渡，全面实现全国统筹的目标。

（四）全国统筹需要同步完善相关机制

作为职工基本养老保险制度深化改革的治本之计，实现全国统筹还必须同步完善相关机制。

1. 将二元并存的养老保险费征缴机构整合成一元化的征缴机构。从 2000 年起，中央政府允许地方政府选择社会保险经办机构或者税收机构负责征缴包括养老保险费在内的社会保险费，结果出现了世界上唯一在一个国家由不同机构在不同地区分别征收社会保险费的现象，这种征缴机制不仅违背了制度统一性的原则，增加了行政成本，降低了经办效率，而且在一些地区出现了记账不明、记账不实等损害参保者利益的情况，给制度的定型与可持续发展埋下了隐患。因此，养老保险费征缴体制的调整应当纳入制度优化范畴，在推进全国统筹时，遵从养老保险制度的客观发展规律，按照服务社会化的目标和管办分离的原则，建立由社会保险经办机构统一负责稽核、记账，由银行等社会机构代征的养老保险费征缴体制。采取这种征缴体制的基本理由如下：一是由社会保险经办机构负责稽核，是因为它能够全面掌握所有参保单位和参保人的信息，从而能够准确地确定缴费数额。二是由于社会保险经办机构对养老保险基金的总体平衡负责，因此更有动力督促参保单位与参保人按时、足额缴费，进而实现权利和责任的有机结合。三是由于社会保险经办机构是以参保个体为管理单元，能够清楚地将社会统筹缴费与个人账户缴费分离，确保个人账户记录的清晰与连贯。四是由银行、邮局等社会机构代收养老保险费能够降低行政与经办成本，方便参保人缴费。

2. 建立全国统一的养老保险信息系统，为实现全国统筹提供必要的技术支撑。对目前相互分割、无法兼容的各省社会保险信息系统进行联网和兼容是确保国家社会保险经办机构真实、快捷地了解全国所有参保人参保信息及基金征缴与待遇支付情况的前提条件。因此，应当将信息系统的全国联网、无缝对接作为全国统筹的基础性工程。同时，尽快完善征信体系和惩戒机制，强化数据稽核与运行监管，通过信息系统实现中央社会保险经办机构及时、准确地了解和监督每个参保单位和参保职工的信息，并加强与就业、税务、工商、审计等部门的信息共享与信息核查，对违法违规的组织与个人给予相应的惩罚，以此切实化解全国统筹后可能出现的地方将压力全部转移给中央政府的风险。

3. 尽快制定养老保险基金投资政策。目前，全国职工基本养老保险基金累计结余达3.18万亿元，但这笔数量庞大的资金分散在各省、直辖市、自治区及地市县，如果放开投资，将因投资风险巨大而失控，因此伴随全国统筹的推进，国家需要同步制定养老保险基金投资政策，明确适当集中管理并有效营运不断壮大的养老保险基金。

4. 同步推进养老保险法制建设，让职工基本养老保险制度运行在法制的轨道上。我国的《社会保险法》对基本养老保险制度做了相应的规范，但这种规范过于原则化，包括养老保险基金与财政的关系、个人账户的属性、社会保险费的征缴、养老保险缴费基数统计口径、养老保险费率等均无明确的法律规定。因此，在全面推进依法治国的背景下，必须同步推进养老保险法制建设，以便为推进全国统筹提供具体的法律依据。在短期内无法制定专门的养老保险法的条件下，可以尽快修订《社会保险法》的相关条文，以满足推进全国统筹的法制需要，或者由国家立法机关明确授权国务院制定专门法规，为推进全国统筹提供具体的依据。

总之，职工基本养老保险制度改革已经进入到必须触动地方利益格局的关键时期，除了真正实现全国统筹并使这一制度尽快走向成熟，已经别无选择。要推进全国统筹，就必须充分认识到这一制度可能带来的地区利益严重失衡的负面效应，由中央政府担负起自上而下地强力推进全国统筹的责任。这一轮改革还特别需要吸取以往改革不足或决策失误的教训，充分尊重法定养老保险制度的客观规律，真正摆脱现实格局与局部利益的掣肘，尽快建成可以解除全体劳动者养老后顾之忧并为自由流动创造条件的统一制度。

（本文原载于《中国人民大学学报》，2015 年第 3 期）

基础养老金全国统筹资金安排与财政负担分析

庞凤喜　贺鹏皓　张念明[*]

所谓基础养老金，也称为社会性养老金，是退休人员依据一国基本养老保险制度从国家或社会层面获得的退休生活费保障。基础养老金统筹层次的高低，标志着一国公民权益保障的法治化程度和公平程度，同时也体现着一国公共治理体系和治理能力的现代化水平。依据政府承担养老保险事权与财权层级的高低，基础养老金可分为全国统筹、省级统筹、县市级统筹等层次。其中，全国统筹作为最高的统筹层次，可对所有公民提供无歧视、无障碍、无断裂的基本福利供给，并保障每位公民在年老时有权获得基本均等化的养老待遇给付，无疑是现代养老保险制度的上位选择。正因为如此，我国"十二五"、"十三五"规划纲要均明确提出要"实现基础养老金全国统筹"。当前，我国基础养老金的统筹层次长期偏低且不统一，不仅导致一系列消极效应，也成为我国社保制度运行诸多弊病的重要根源，而这与决策层对基础养老金中央财政责任划分的不明晰，以及对财政承受能力的担忧存在着极为密切的关联，从而也直接制约着制度顶层设计方案的最终确立。为此，笔者以城镇职工基础养老金为研究对象，对其实施全国统筹所引致的财政负担进行测算分析，以期为基础养老金全国统筹的尽快实施提供决策参考。

* 庞凤喜，中南财经政法大学税务学院教授；贺鹏皓，湖南省常德市审计局审计师；张念明，山东社会科学院财政金融研究所助理研究员。

一、当前我国基础养老金的实际统筹状况及效应分析

（一）我国基础养老金的实际统筹层次

当前，从表征层面看，我国城镇职工养老保险基本实现了省级统筹，但具体又可分为三种基金管理使用方式：

1. 统收统支模式。这种模式在北京、天津、上海、西藏、陕西和青海地区实施。主要特征是养老基金的收支都由省级政府集中进行支配与管理，各地、市、县不再分别设立独立账户。

2. 预算管理模式。与统收统支模式相比，预算管理模式在省级与地方具有一定程度的利益共享和责任共担机制，同时将其纳入预算管理。这种模式在河北、山西等省实施，但各省在执行办法上各具特色，特别是与激励问题相关的地方基金征收、留存和上缴办法各不相同。

3. 省级调剂模式。在此模式下，各省在平衡养老金的省内各地区盈亏差异上采用了不同的上解与下拨办法。其中，省级调剂金一般按月（或季）下拨，通常与地市基金征缴率、扩大覆盖面情况、清理企业欠费力度、养老金社会化发放率等工作实绩相结合，部分省份还把地市是否建立养老保险基金预警制度①作为省级调剂的一项指标。

总体来看，在全国31个省、市、自治区及新疆生产建设兵团中，虽然已有28个省份实现了预算管理框架下的省级统筹，但从基金是否在全省范围内实现统收统支的实质标准看，仅有北京、上海、天津、重庆、陕西等7个省（市、区）实现了省级统筹，其他地区实际仍局限于市级、县级统筹的低层次。

（二）地区间养老统筹水平差异明显，发达地区呈现“两高三低”格局，欠发达地区则与之相反

1. 实际待遇水平高。2014年，我国各地城镇职工养老保险的月均支付水平全国为2 109.63元，而经济发达省份普遍高于全国平均水平，其中北

① 结存基金不足2个月支付额时报警，地市政府采取措施予以补足。

京 3 064.86 元、上海 2 773.05 元、山东 2 537.67 元、山西 2 426.74 元、广东 2 409.46 元；经济欠发达省份则大多低于全国平均水平，其中重庆 1 630.37 元、吉林 1 649.83 元、江西 1 675.68 元、四川 1 688.53 元①。

2. 基金结余高。2014 年，我国城镇职工养老基金当年结余 3 555 亿元，但地区间却形成“冰火两重天”的悬殊格局。其中，广东省当期结余最多，为 770.26 亿元；北京、浙江、江苏也分别有 489.56 亿元、398.61 亿元、338.42 亿元；西藏、河北、吉林、青海、海南、广西的当期结余均不到 10 亿元；黑龙江省更是入不敷出，为 -106.15 亿元。

3. 缴费水平低。2014 年，我国城镇职工基本养老保险的单位缴费费率，浙江为 14%，福建为 18%，山东为 18% ~ 19%，广东为 10% ~ 20%，其余绝大部分省份职工养老保险的单位缴费比例为 20%，部分发达地区在缴费费率上享受“特殊待遇”。从职工月均负担水平看，2014 年全国平均为 826 元，黑龙江为 1 188 元，四川为 1 103 元，内蒙古为 1 259 元，但广东仅为 393 元，浙江为 649 元，福建为 533 元，呈现欠发达地区负担重、发达地区负担轻的“倒挂”格局。

4. 财政负担低。2014 年，我国城镇职工养老保险基金征缴收入占基金总收入的比例，北京最高，达到 96.25%，上海、广东、福建、江苏、浙江等省份均高于 90%，最低者为新疆生产建设兵团，仅为 39.85%，辽宁、黑龙江、重庆、吉林、海南、湖南均低于 70%②，这也表明养老金征收、筹集的难易程度与区域经济实力存在联系。

5. 制度赡养率低。2014 年，我国城镇职工基本养老保险的制度赡养率③平均为 33.66%，经济发达地区普遍低于全国平均水平，如北京、福建、浙江分别为 19.67%，19.79%，22.55%，广东最低，仅为 10.22%；经济欠发达地区和老工业基地则普遍高于全国平均水平，如黑龙江省为 68.57%，是全国平均水平的 2 倍，是北京、浙江、福建的 3 倍，逼近广

① 关于数据来源，如无特别注明，均为根据《中国统计年鉴》（2015）整理，中国统计出版社 2015 年版。

特别需要指出的是，实现省级统筹的地区，其职工养老保险的月均支付水平均高于全国平均水平。例如：陕西为 2 258.49 元，北京为 3 064.86 元，天津为 2 337.74 元，上海为 2 773.05 元，西藏为 3 390.46 元，青海为 2 625.15 元。

② 郑秉文：《中国养老金发展报告（2015）》，经济管理出版社 2016 年版。

③ 制度赡养率 = 享受待遇人员数/在岗职工人员数 ×100%。

东省的7倍，同时吉林、内蒙古、重庆、四川、甘肃、辽宁等省（自治区、直辖市）的制度赡养率均高于50%。

（三）基础养老金统筹层次低的诱致效应

1. 弱化养老保险的互济能力与保障功能。养老保险统筹的实质，是对养老金的大范围收支与调剂。养老保险的统筹层次越高，同一风险的参保者越多，其承受的风险越分散，保障能力也就越强；统筹层次越低，越会抑制社会保险互济性的实现。以2013年为例，全国有19个省（自治区、直辖市）出现当期收不抵支的情况，缺口共计1 702亿元，与此同时，有13个省份出现当期收大于支的情况。基金缺口与基金结余并存，地区之间养老基金的持续运行能力差距悬殊，社会保险的互济能力与保障功能明显难以实现。

2. 扭曲各级政府间的责任划分，加大财政风险。当前，基础养老金的区域化碎片分割，导致发达地区的资金盈余在其封闭系统内闲置沉淀，收不抵支的地区由于不能获得其资金补给，只能求助于财政补贴，而在政府间事权与支出责任划分不明的状况下，事实上导致中央财政成为财政补贴的主力支撑。以2014年为例，我国城镇职工基本养老保险费征缴收入共计20 434亿元，全国基金总支出为21 755亿元，存在1 321亿元的缺口，但实际上，当年我国各级财政对城镇职工基本养老保险的补贴即已高达3 548亿元，同比增长17.52%，而中央财政是主要承担者。其背后的形成机制是：低统筹层次下区域间收支“冷暖不均”——资金余缺难以互济——缺口地区财政补贴——地方财力薄弱——中央财政担责。由此必然扭曲各级政府间的责任划分，并加大财政风险。

3. 违背公平原则，加剧“马太效应”。在当前区域自保的基本格局下，基础养老金的统筹层次过低，使得养老保险制度的资源配置形成区域间畸轻畸重、冷暖不均的失衡结构。实践中，地方政府出于经济利益的考虑，在养老金征缴方面存在较大的弹性选择空间，基金结余较多、给付压力较小的地区对法定缴费基数、费率会做出调降及宽松征管的选择，而财政吃紧的地区则会从严执行相关政策，并强化征管，以保障基金收入，其结果是发达地区在享受高养老金待遇水平的同时，负担水平却低于欠发达地区，由此形成强者越强、弱者越弱的分化格局，并抑制劳动要素在全国范围的自由流动，加剧“马太效应”。

二、基础养老金全国统筹资金安排模式

（一）支付标准的确立

显然，基础养老金有必要尽快实现全国统筹，而这首先涉及统支的问题，且统支就必须明确是否需要统一支付标准的问题。我们认为，无论是从基本公共服务均等化的公平视角考虑，还是基于实现国家治理体系和治理能力现代化的高度，显然都有必要也应当采用全国统一的支付标准。

养老金制度改革关系到区域间、政府间的责权配置乃至每位公民的切身利益，标准的制定可谓“牵一发而动全身”。因此，全国统一标准的确定必须综合考量，如果标准定得过低，必然会严重挫伤经济发达地区劳动者参保的积极性，损害其利益；而标准定得过高，又涉及财政是否有足够的能力承担，以及未来的可持续性运行问题。因此，在确立基础养老金的统一标准时，一方面要考虑制度公平性，另一方面又不能明显损害现有各省职工的待遇水平。为此，本文倾向于以相对标准最高的北京标准为全国统一标准，并假定社会统筹部分全部由中央财政承担。

（二）基本养老保险基金收入筹集模式

目前，基本养老保险基金的收入来源一般包括三个部分：一是全国各地区的基础养老金征缴收入，是基金来源的主要部分；二是地方历年的基础养老金累计结余及利息收入；三是地方与中央的财政补贴，按各省基金的支出情况进行补贴。在实行基础养老金全国统筹的情况下，上述收入一般都要由中央政府统一决定并分别制定全国统筹模式。

1. 地方基本养老保险基金征缴收入的统筹模式。地方征缴的城镇职工基本养老保险基金收入由两部分构成：一是企业缴费部分，按上年度职工工资总额的20%缴纳基本养老保险费，记入基础养老金账户；二是个人缴费部分，个人按工资总额的8%缴纳基本养老保险费，记入个人账户。在基础养老金全国统筹的模式下，各省基本养老保险金的征缴收入应全部上交中央政府，统一编制全国各省基础养老保险基金支出预算表，统

一进行基金的安排使用。

2. 地方历年基金结余的统筹模式。理论上讲，在基础养老金全国统筹制度确立的前提下，各省基本养老保险基金的结余可以全部上交中央，各省打通，由中央统一安排使用。具体操作中，在时间点的把握上，则涉及两种情况：一是彻底的改革，即全部上缴中央，一步到位，实现真正意义上的全国统筹；二是部分保留原有既得利益，实施基础养老金全国统筹制度之前，各省积累的基金结余留归地方一部分，作调剂过渡之用。

3. 地方与中央的财政补贴。在基础养老金全国统筹的模式下，基础养老金负担全部归属中央政府，即由中央财政全权负担承担“兜底”责任。因此，将不再出现财政补贴问题。

三、基础养老金全国统筹的财政保障机制及其负担情况测算

在基础养老金全国统筹的制度安排下，对政府而言，最直接的效应即是中央财政的负担变化与负担能力问题。基于数据的完整性与易得性，本文以 2014 年数据为例，以北京市养老金待遇水平计算出的基础养老金作为全国统一标准，对城镇职工基础养老金全国统筹状况加以测算。

（一）基础养老金收入的主要来源

现行养老金包括社会统筹与个人账户两个部分，其中：社会统筹账户资金实行现收现付制，以工资收入基数 20% 的比例缴费形成；个人账户资金实行基金积累制，以工资收入基数 8% 的比例缴费形成。如果养老保险基金收入仅以征缴的工资收入作为全部来源，则社会统筹部分占城镇职工养老基金的比例约为 71.4%①。但实际上，城镇职工基本养老保险基金收入还包括财政补助收入、利息收入和其他收入。以 2014 年为例，我国城镇职工基本养老保险基金总收入为 25 310 亿元，其中征缴收入为 20 434 亿元，占比为 80.73%；财政补助收入、利息收入、其他收入占比分别为 14.02%、3.47%、1.78%。因此，测算可得，统筹部分的收入占城镇

① 社会统筹部分占城镇职工养老基金的比例 = 社会统筹占工资比 ÷（社会统筹占工资比 + 个人账户占工资比）= 20% ÷（20% + 8%）= 71.4%。

职工养老保险基金的57.64%[1]。近年各年份的情况也大体相同（见表1）。

表1 2008～2014年社会统筹部分收入占城镇职工基本养老保险基金收入的比重

年份	征缴收入（亿元）	城镇基本养老保险基金总收入（亿元）	征缴收入占比（%）	统筹部分占比（%）
2008	8 016	9 740	82.30	58.76
2009	9 534	11 491	82.97	59.24
2010	11 110	13 420	82.79	59.11
2011	13 956	16 895	82.60	58.98
2012	16 467	20 001	82.33	58.78
2013	18 634	22 680	82.16	58.66
2014	20 434	25 310	80.73	57.64

（二）全国统一的基础养老金标准假定

北京为目前全国养老金相对待遇最高的城市[2]，2014年每月为3 064.86元。为减少改革阻力，并体现基本公共服务均等化的要求，本文以北京为标准进行整体估算。从严格意义上来讲，在实际操作中，养老金的待遇水平不仅因人而异，而且因时而异，即不同群体现阶段的计发办法既不平均也不相同，但其共同点是基础养老金的来源都是社会化统筹部分，而财政可支配的这部分统筹收入所占城镇职工基本养老保险基金的比例也是相对固定的，在不考虑其他因素的影响下，本文进行简化处理，假定养老金待遇发放中的基础养老金所占的比例与统筹收入部分所占基金收入比例一致，由此估算全国城镇职工月均基础养老金水平（见表2）。

表2 以北京月均养老金待遇水平计算的全国月均基础养老金待遇水平

年份	北京市城镇职工基本养老基金支出（万元）	北京市城镇职工参保离退休人员（万人）	北京市城镇职工月均养老金支出待遇水平（元）	假定基础养老金占比与统筹部分占比一致时的比例（%）	全国月均基础养老金待遇水平（元）
2008	3 555 517	180.15	1 646	58.76%	967
2009	4 156 907	188.24	1 840	59.24%	1 090

① 2014年统筹部分的收入占城镇职工养老保险基金的比例＝71.4%×80.73%＝57.64%。

② 西藏虽高于北京，但含高原补贴，不作为全国统一标准考虑。

续表

年份	北京市城镇职工基本养老基金支出（万元）	北京市城镇职工参保离退休人员（万人）	北京市城镇职工月均养老金支出待遇水平（元）	假定基础养老金占比与统筹部分占比一致时的比例（%）	全国月均基础养老金待遇水平（元）
2010	4 824 000	195.50	2 056	59.11%	1 215
2011	5 608 331	201.18	2 323	58.98%	1 370
2012	6 401 624	210.68	2 532	58.78%	1 488
2013	7 347 896	220.00	2 783	58.66%	1 633
2014	8 417 075	228.86	3 064	57.64%	1 767

（三）基础养老金中央财政整体负担估算

2014 年，北京基础养老金约为每月 1 766.58 元[①]，当年全国参保的离退休人员为 8 593.40 万人，则中央财政需要承担 18 217.11 亿元基础养老金发放[②]。2014 年及近几年整体估算情况见表 3。

表 3　2008～2014 年城镇职工基本养老保险基础养老金估算中央财政负担

年份	全国月均基础养老金待遇水平（元）	全国城镇职工参保离退休人员（万人）	估算的中央财政总负担（亿元）
2008	967.27	5 303.6	6 155.99
2009	1 090.17	5 806.9	7 596.58
2010	1 215.46	6 305.0	9 196.14
2011	1 370.15	6 826.2	11 223.51
2012	1 488.49	7 445.7	13 299.44
2013	1 632.68	8 041.0	15 754.06
2014	1 766.58	8 593.40	18 217.11

对照现实的情况可以发现，我国 2014 年全国城镇职工基本养老保险基金的总支出就已达到 21 754.70 亿元，剔除当年个人账户资金的积累部分 5 844.12 亿元[③]，用于基础养老金待遇发放则达到 15 910.58 亿元，两

① 2014 年北京的基础养老金 = 2014 年北京养老金的支出待遇水平 ×2014 年统筹部分所占养老金比例 = 3 064.86 元 ×57.64% = 1 766.58 元

② 全国基础养老金标准 × 离退休参保人员 = 1 766.58 元 ×12（月）×8 593.40（万人）= 18 217.11 亿元。

③ 2014 年个人账户资金的积累部分 = 20 434 ×（1 − 71.4%）= 5 844.12 亿元。

者相差 2 306. 53 亿元。换言之，假设 2014 年全国各省的基础养老金都能达到北京的月均基础养老金待遇水平，则中央财政需再承担 2 306. 53 亿元。近几年的情况见表 4。

表 4　经估算的中央财政总负担与城镇职工基本养老保险基金实际支出的差额

年份	估算的中央财政总负担（亿元）	城镇职工基本养老保险基金实际支出（亿元）	当年个人账户积累金额（亿元）	剔除个人账户后的金额（亿元）	需由中央财政承担的差额
2008	6 155. 99	7 389. 60	2 292. 58	5 097. 02	1 058. 97
2009	7 596. 58	8 894. 40	2 726. 72	6 167. 68	1 428. 91
2010	9 196. 14	10 554. 90	3 177. 46	7 377. 44	1 818. 70
2011	11 223. 51	12 764. 90	3 991. 42	8 773. 48	2 450. 03
2012	13 299. 44	15 561. 80	4 709. 56	10 852. 24	2 447. 20
2013	15 754. 76	18 470. 40	5 329. 32	13 141. 08	2 613. 68
2014	18 217. 11	21 754. 70	5 844. 12	15 910. 58	2 306. 53

（四）中央财政承受能力判断

依据表 4 测算的数据，对照我国养老保险实际补贴额，仅 2013 年我国中央财政补贴金额就已达到 2 499 亿元，而各级财政补贴总额则高达 3 019 亿元，2014 年更是逼近 5 000 亿元[①]，远高于表 4 测算的需要中央财政承担的数据，而且长期以来，中央在养老保险的财政补贴中一直处于绝对主导地位，实质上承担着“兜底”的责任。假定基础养老金供给归为中央事权，实行全国统筹，各省的养老基金都收归中央，即由中央统一支出，则中央财政完全有能力保障基础养老金的供给，且其整体效果明显好于现行省级统筹办法（见表 5）。

表 5　2008～2014 年我国养老保险中央、地方各级财政补贴

年份	测算后需中央财政承担差额（亿元）	中央财政实际补贴金额（亿元）及占比（%）		地方财政实际补贴金额（亿元）及占比（%）		各级财政实际总补贴金额（亿元）
2008	1 058. 97	1 127. 4	78. 46	309. 0	21. 50	1 437. 0

① “2015 年城镇职工基本养老保险基金财政补贴达 4 716 亿元”，一统保险网，2016 年 5 月 31 日。

续表

年份	测算后需中央财政承担差额（亿元）	中央财政实际补贴金额（亿元）及占比（%）		地方财政实际补贴金额（亿元）及占比（%）		各级财政实际总补贴金额（亿元）
2009	1 428.91	1 326.3	80.58	390.5	23.72	1 646.0
2010	1 818.70	1 561.0	79.89	487.0	24.92	1 954.0
2011	2 450.03	1 846.9	81.29	425.1	18.71	2 272.0
2012	2 447.20	2 173.0	82.06	475.0	17.94	2 648.0
2013	2 613.68	2 499.0	82.77	520.1	17.23	3 019.0
2014	2 306.53					3 548.0

资料来源：《劳动和社会保障事业发展统计公报》以及财政部《关于2013年中央和地方预算执行情况与2013年中央与地方预算草案的报告》。

（五）未来运行状况堪忧，全国统筹应尽快推进

从中长期来看，随着基础养老金待遇水平的逐步提高，以及未来老年人口规模的不断扩大，基金支付将面临巨大压力。本文参考彭碧蓉（2015）的研究及中国社会科学院宏观经济运行实验室的研究数据，对未来统筹的财政压力进行测算。假定实行基础养老金全国统筹的事权与支出责任由中央承担，征缴收入中的社会统筹部分用于全国统筹后基础养老金的发放，发放标准为北京市人均养老金待遇水平，并以2014年为基期每年递增，则征缴收入中的社会统筹部分与基础养老金支出额可分别表示为：

$I = P \times W \times R$；$E = Q \times W$

其中：I为征缴收入中的社会统筹部分，P为年度在职职工人数，W为上年度在职职工平均工资数，R为缴费费率、遵缴率[①]与统筹比例的乘积；E为基础养老金支出额，Q为年度离退休人数，W为基础养老金的人均待遇水平。“I－E”的差额如为负数，则为中央政府当年需要提供的财政补贴额。2015～2050年基础养老金全国统筹下的财政负担能力见表6。

① 缴费人员占参保人员的比例。

表 6　　2015～2050 年基础养老金全国统筹下的财政负担能力测算①

年份	在职职工人数（万人）	年缴费基数（元）	遵缴率（%）	征缴收入中的社会统筹部分（亿元）	全国离退休人数（万人）	北京标准月基础养老金（元）	基础养老金月支出（亿元）	年财政负担（亿元）
2015	24 925	57 361	55	15 727	7 514	1 905	17 177	－1 450
2016	25 406	61 147	55	17 089	7 810	2 028	19 006	－1 918
2017	25 822	65 121	55	18 497	7 963	2 160	20 640	－2 143
2018	26 306	69 289	55	20 050	8 099	2 301	22 363	－2 313
2019	26 837	73 654	55	21 743	8 367	2 450	24 599	－2 856
2020	27 344	78 221	55	23 528	8 765	2 609	27 441	－3 914
2021	27 930	82 992	55	25 498	9 111	2 766	30 241	－4 744
2022	28 218	87 972	55	27 306	9 405	2 932	33 091	－5 784
2023	28 016	93 162	55	28 710	9 648	3 108	35 983	－7 273
2024	27 970	98 566	55	30 326	9 841	3 294	38 900	－8 574
2025	27 899	104 184	55	31 973	9 986	3 492	41 845	－9 872
2026	27 840	110 018	55	33 692	10 114	3 684	44 712	－11 020
2027	27 862	116 069	55	35 573	10 228	3 887	47 707	－12 134
2028	27 708	122 337	55	37 287	10 319	4 100	50 769	－13 483
2029	27 618	128 821	55	39 136	10 399	4 326	53 983	－14 848
2030	27 361	135 520	55	40 788	10 467	4 564	57 326	－16 538
2031	27 250	142 431	55	42 694	10 463	4 792	60 166	－17 473
2032	27 157	149 553	55	44 676	10 390	5 032	62 739	－18 063
2033	26 984	156 881	55	46 566	10 250	5 283	64 981	－18 415
2034	26 848	164 411	55	48 555	10 047	5 547	66 877	－18 322
2035	26 766	172 138	55	50 682	9 798	5 825	68 488	－17 806
2036	26 815	180 057	55	53 111	9 517	6 087	69 516	－16 405
2037	26 936	188 159	55	55 751	9 195	6 361	70 187	－14 437
2038	26 996	196 438	55	58 333	8 967	6 647	71 524	－13 191
2039	27 021	204 885	55	60 898	8 803	6 946	73 375	－12 477
2040	27 053	213 490	55	63 531	8 582	7 259	74 756	－11 225

① 根据中国社科院宏观经济运行实验室的预测，中国 2011～2015 年 GDP 潜在增长率为 7.8%～8.7%，2016～2020 年为 5.7%～6.6%，2020～2030 年为 5.4%～6.3%。假设未来工资增长率及待遇水平与 GDP 增长率保持一致，增速每年以 0.1% 左右的速率递减来进行估算。在遵缴率上，基于 2001～2014 年《中国统计年鉴》相关数据分析结果，基本养老保险基金实际遵缴率呈逐年下降的趋势，已从 2001 年的 74% 下降到 2015 年的 55%，本表假设未来不再下降，按 55% 预测。

续表

年份	在职职工人数（万人）	年缴费基数（元）	遵缴率（%）	征缴收入中的社会统筹部分（亿元）	全国离退休人数（万人）	北京标准月基础养老金（元）	基础养老金月支出（亿元）	年财政负担（亿元）
2041	27 036	222 243	55	66 094	8 475	7 549	76 773	-10 679
2042	26 897	231 133	55	68 385	8 409	7 851	79 223	-10 838
2043	26 794	240 147	55	70 779	8 386	8 165	82 166	-11 387
2044	26 660	249 273	55	73 102	8 367	8 492	85 263	-12 161
2045	26 495	258 496	55	75 337	8 400	8 831	89 016	-13 679
2046	26 214	267 802	55	77 222	8 520	9 141	93 458	-16 236
2047	25 812	277 175	55	78 699	8 740	9 461	99 227	-20 528
2048	25 441	286 599	55	80 205	8 947	9 792	105 131	-24 926
2049	24 987	296 056	55	81 373	9 333	10 134	113 497	-32 124
2050	24 475	305 530	55	82 256	9 809	10 489	123 464	-41 208

从表6可以看出，假定从2015年开始实行基础养老金全国统筹，则随着离退休人数的增加与支付标准的上浮，财政压力将逐年加大，并在2033年达峰点-18 415亿元，意味着当年中央财政需承担18 415亿元的“兜底”责任。此后，随着在职职工人数、年缴费基数、遵缴率的提高，中央财政压力有所趋缓。随着制度赡养率的上升，中央财政压力又开始增大。其中，2050年的制度赡养率高达40.07%，当年财政补贴数也高达41 208亿元。由此可见，如果继续按照现行社会保障缴款征缴与受益办法，人口流入多、经济承受能力强，支付压力不大的地区不足额征收，结余不受益于较大的区域；人口流出多、经济承受力弱，支付压力大的区域事实上由中央财政补贴兜底，则未来中央财政压力将更加不堪重负，因此尽快实现全国统筹，有助于真正按照保险的大数法则，实现基础养老金制度的公平与可持续发展。

至于基础养老金全国统筹框架下中央与地方“两个积极性”的发挥，我们认为，从中长期来看，随着区域经济社会一体化进程提速和区域间发展差距的不断缩小，以基本公共服务均等化为核心价值导向的基础养老金全国统筹将成为重叠共识，但在利益调整上，为保持并充分发挥地方的积极性，在基础养老金实施全国统筹后，可考虑在统一规则下由地方负责管理和运营养老金的个人账户部分，与企业年金、商业保险等联合构成多层次的社会保障体系，并可在法定框架内赋予地方设定“养老金附加”的权限，以满足其根据地方发展水平、人口结构等本土状况因地制宜的现实诉求。

四、结论与政策建议

实现基础养老金全国统筹，有助于全面提升养老保险基金的统筹能力与资金实力，降低其对财政补贴的高度依赖，降低财政风险；有助于实现各地养老保险负担的基本平衡，降低企业成本，促进区域经济社会协调发展；有助于促进劳动力自由流动，切实保障公民养老基本权益，实现基本养老服务的均等化；有助于培育并增强养老保险制度的独立运行水平及可持续发展能力。研究测算显示，财政具备较强的承受能力。为此，本文建议如下：

（一）明确并强化中央财政对基本养老保险的国家责任

实现基础养老金的全国统筹，其基本方向是在全国范围内实现基本养老保险制度与政策的统一、缴费基数与缴费比例的统一、待遇发放标准体系的统一、管理监督的统一、业务经办规程的统一等，其核心是将目前用人单位为职工缴纳的养老保险费、各地历年滚存结余的统筹基金余额和中央财政补助资金统一纳入到全国的基础养老保险基金池中，在全国范围内统筹安排，并由中央财政担负最终兜底责任。换言之，中央政府应在基础养老金全国统筹中起主导作用。作为全国性公共产品，基本养老保险的事权、财权应该主要集中于中央政府。中央政府与地方政府的关系应定位于决策监督者与执行者的关系，中央负责基本养老保险的政策制定与调整，同时对政策运行过程及相关机构的行为进行监督与管理。

（二）统一征收主体，并降低社保资金筹措的中间损耗

我国2010年7月起实施的《社会保险法》虽规定了统一征收主体，但迄今仍未明确何为具体主体故亟待将其加以明确并切实提高征管绩效。

研究表明，社会保障缴款无论名费或名税，其本质均属于税收[①]。为名正而言顺，并综合考察非市场领域的资金收支性质和税务逐渐接手社保资金征缴的背景及其实际征收成本与效率，有必要尽快将社保资金征缴主体明确为税务机关，通过制度设计的改进，降低社保资金筹措的中间损耗，提高效率，降低公共服务成本。

将税务机关作为社保缴款统一征收主体的优势在于：一是有利于真正落实收支两条线原则，确保社保资金安全；二是有利于扩大参保覆盖面，加大社会保险费征收力度，减轻财政的当前支付压力；三是有利于充分利用政府现有资源，节约政府成本；四是有利于方便缴费人税、费统缴，减轻缴费人事务性负担和遵从成本；五是有利于加快政府从管理型职能向服务型职能的转变，社保经办机构可以从繁杂的征收工作中解脱出来，集中精力做好个人账户的管理、享受待遇资格的认定和社会化发放工作，提高社会保障服务水平。

（三）实行社会保障缴款费改税，以统收促统支

在统一征收主体的基础上，适时推进社会保障缴款“费改税”，依靠税收的强制性与规范性全面提高社会保障基金的征收力度和统筹层次，有效化解社保资金征缴的扩面问题与统筹层次低的问题，同时打破条块分割，实现人力资源的合理流动和有效配置。总体来看，社会保险资金在全国的统收统支是制度统一的前提和基础，缺少基础养老金等社会保险的统收统支，制度统一将难以实现，而开征社会保障税是统收的捷径，也是统支的前提。

具体而言，可将目前征收的社会保障缴款通过税法进行规范，以所有取得工资薪金收入的公民作为社会保障税的纳税人，以工薪所得作为税基。在具体的征收管理上，由于个人所得税和社会保障税的税基具有本质上的同一性，通过开征社会保障税，由同一税务机构对税务登记、社保登记、人员参保信息管理、个税信息管理、人员账目信息管理、人员账目入库信息、个人支付单位信息、个人全员全额收入明细、个人险种信息、个人社保税征缴明细等诸多勾稽信息进行统筹管理，可实现对社会保障税征

---

① 庞凤喜：“论社会保障缴款的性质”，《中南财经政法大学学报》，2008 年第 2 期。

缴管理的有效控制，全面提高社会保障缴款的征管能力。

（四）统一并适当降低缴款比例，以低负担推进广覆盖、宽基数、严征管

在全面提高统筹层次的基础上，以及在保证收支平衡的前提下，统一基本养老保险费的缴款比例，改变当前区域间缴款比例畸轻畸重的失衡格局，公平企业负担水平，增强政策的稳定性。同时，适当降低缴费比例，增强企业与职工的负担承受力，以低负担推进广覆盖、宽基数与严征管，为社会保障制度的持续运转奠定坚实的基础。

（本文原载于《财政研究》，2016年第12期）

企业年金制度改革的顶层设计

郑秉文*

2004年建立企业年金制度以来，经过十几年的发展，取得了令人瞩目的成就，但总体而言，相较于第一支柱的基本养老保险制度，作为第二支柱的企业年金始终处于艰难前行中，与经济总量排名第二的地位很不相称，在三支柱养老保险制度架构中始终没有发挥其应有的作用，在国民福利制度结构中始终处于无足轻重的地位，在构建“多层次”社会保障制度的目标中仍是一个“中国梦”。

当前，养老保险制度改革的顶层设计正在研究制订之中。笔者认为，企业年金发展的最大问题是参与率太低，参与率难以扩大的最大障碍来自某些制度设计的诸多弊端；采取系列改革措施扩大企业年金参与率迫在眉睫，是当前“十三五”时期养老保险改革的头等大事，也是“十四五”期间养老保险改革的首要任务。

一、第二支柱——企业年金成为突出的“短板”及其后果

如果说第一支柱基本养老保险制度存在的主要问题是可持续性问题，那么第二支柱企业年金存在的主要问题就是由于其参与率太低而导致的公平性问题，其中，被广为诟病的“富人俱乐部”便是一个生动写照。对即将诞生的第三支柱个人养老保险来讲，鉴于目前有关各方对它的认识和博弈，并考虑到纳税人数量等诸多因素，其存在的主要问题很可能是公平性与可持续性。

* 郑秉文，中国社会科学院世界社会保障研究中心主任、研究员。

这里特别要注意的是，2015 年是企业年金参与率下滑的一个历史拐点，当年新建年金的职工人数只比上年增加了 1%，而 2007 ~ 2014 年每年新建年金职工人数的增长率分别是 11.7%、15.2%、13.6%、13.2%、18.1%、17.1%、11.3%和 11.5%（根据人社部公布的历年《人力资源和社会保障事业发展统计公报》计算得出）。2015 年出现的“1%”的增长率是一个重要信号，如不实施有力的系列改革措施，从此企业年金参与率就有可能停滞并成为一个“新常态”。

（一）企业年金成为突出“短板”的表现

企业年金参与率太低，主要表现在：

1. 与基本养老保险覆盖率相比严重失衡。第二支柱的规模太小，与其地位相比很不匹配，与基本养老保险制度相比不成比例。截至 2015 年，建立年金的企业 7.5 万个，参与职工 2 316 万人，积累基金 9 526 亿元；建立企业年金的企业数量不到全国企业法人单位的 10%，参与的职工人数只是城镇职工基本养老保险参保人数的 6.55%，占城镇就业人口的比例只有 2.99%，年金基金积累规模只相当于城镇基本养老保险基金累计结余 3.6 万亿元的 26.95%，只相当于当年 GDP 的不到 1.5%，而美国 2015 年底第二支柱的企业参与率和雇员参与率都超过了 50%，基金积累达 16.6 万亿美元，相当于当年 GDP 的 97%左右，如果再加上第三支柱“个人退休账户”（IRA）养老资产 7.3 万亿美元，两个支柱养老基金规模高达 24.0 万亿美元，相当于股市的市值。

2. 地区发展严重失衡。从地区分布来看，发达地区与欠发达地区的企业年金参保比例、基金规模相差悬殊，呈现很强的区域性特点，不仅在规模上存在东、中、西梯度分布结构特点，在发展增速上也呈现出区域性差异。人社部 2015 年的数据显示，只有北京和上海的职工账户数超过百万，分别为 120.39 万人和 113.53 万人；东部省份相比中西部省份人数明显较多，如广东省为 72.17 万人、江苏省为 44.13 万人、山东省为 47.74 万人；一些经济落后的省份，如广西仅有 16.28 万人、贵州省为 15.46 万人。

3. 覆盖行业和企业严重失衡。建立年金计划的企业大多为能源、电力、铁路、交通、烟草等垄断型和资源型企业，以及银行、证券和保险等盈利性很好的金融领域，还包括相关行业的龙头企业。从缴费额占年金积累总额比例来看，大约3/4为国有企业，民企占比很小，基本被排除在外。民企是解决中国就业问题的主力军，但却成为企业年金制度的一个“痛点”。

4. 小微企业基本被排除在外。根据2014年国家统计局《第三次全国经济普查主要数据公报（第一号)》，中国的小微企业法人单位有785万家，在全国工商登记注册企业中占97%以上；小微企业从业人员为1.47亿人，吸纳了城镇就业人口的50%以上；小微企业资产高达138万亿元。但总体看，为国民经济发展做出巨大贡献的小微企业基本与年金制度无缘。

（二）企业年金发展相对滞后的后果

长期来看，企业年金这个短板如果不补，其后果主要有三：

1. 职工退休收入水平不足。多年来，基本养老保险的退休收入水平始终处于持续下滑通道上，2010~2014年城镇在岗职工平均替代率为42%~44%。企业年金本来应成为退休收入的重要来源之一，但由于参与率太低，企业年金的养老金领取人数仅为90万人，2015年领取总金额是260亿元，假定一次性领取的话，人均仅为2.9万元，如果平均到每个月，仅为209元，不到基本养老保险的10%。

2. 与机关事业单位全员建立年金相比形成新的社会不公。机关事业单位全员建立职业年金制度并已经开始缴费。如果私人部门的企业年金参与率没有根本性改变，这轮机关事业单位养老金改革的目标就没有完全达到，甚至有可能引发新的潜在矛盾和社会风险。国家对此应予以考虑，以防止由于年金制度的巨大反差而导致公共部门与私人部门之间出现“社会撕裂”。

3. “多层次混合型”养老保障的制度目标将渐行渐远。构建“多层次混合型”养老金制度是建立中国特色社会保障制度的必由之路，是国民福祉的根本所在。但是，如果企业年金参与率问题始终得不到较好的解决，“多层次混合型”必将长期处于纸上谈兵状态，社会保障制度的自信必将受到影响，社会保障制度作为一个国家重要的“软实力”，有可能长期成为“硬实力”GDP增长的一个“累赘”，甚至成为与美国等发达国家相比一个难以弥合的“社会鸿沟”。

二、当前正是改革企业年金、扩大参与率的历史时刻

（一）企业年金改革面临四个契机，历史节点在此交汇

当前是企业年金改革的重要“窗口期”：一是在供给侧结构性改革中降低社会保险费是重要任务之一，这为扩大企业参与率提供了空间；二是《企业年金试行办法》已实行13年，《企业年金规定（征求意见稿）》已公开征求意见，企业年金政策修订和制度升级势在必行；三是第三支柱个人商业养老金政策正在最后完善过程之中，打开第二支柱和第三支柱个人账户之间的通道并给出第二支柱和第三支柱的一揽子顶层设计正当其时；四是机关事业单位职业年金制度刚刚启动，诸多细则需要补充完善，诸多条例需要制定，公共部门与私人部门之间的人员流动、企业年金与职业年金两个制度之间的相互转换需要对年金制度进行统筹考虑，并建立一个年金平台。

（二）养老保险顶层设计正在制订，亟须配套制订企业年金改革一揽子措施

上述四个事件是企业年金历史性的改革机遇，应抓住这四个契机，在构建“多层次混合型”社保体系中解决企业年金扩大参与率的制度设计问题，尤其是一揽子解决中小微企业的进入门槛问题。中小微企业的主要特征是生命周期短、职工流动性大。据官方统计，生存时间一年以内的企业占全国企业总量的14.8%，三年以内的占40.4%，五年以内的占49.4%，5～10年的占32.9%。要针对中小微企业的主要特征，增强制度的激励性、可及性和灵活性，给出一揽子改革方案。

三、扩大企业年金参与率的五个核心措施

（一）引入“自动加入”机制是扩大年金参与率的突破口

企业年金之所以发展滞后，门槛太高是一个重要原因。现行的《企

业年金试行办法》是2004年发布的，有些规定已不适用。其中规定：建立年金计划的企业需要满足三个基本条件：一是依法参加基本养老保险并按时足额缴费；二是已建立集体协商机制，民主管理制度比较健全；三是企业要有盈利。事实上，以民营企业为主的许多中小企业的内部治理还不完善，与现代企业制度相去甚远，而且工会组织运行不够规范，还没有形成比较健全的民主管理制度。更重要的是，中小微企业存续周期较短，经济实力较弱，获利能力不强，现金流缺乏，员工流动性大，同时满足上述三个条件很困难，尤其是第三个条件要求建立企业年金前一年无亏损，建立企业年金前三年须有两年无亏损且该三年总体无亏损。

显然，建立企业年金的三个门槛当初主要是针对国企的，目的是为了防止国企发生道德风险，影响国企上缴利润。在十多年后的今天，建立企业年金的国企比例越来越高，这个矛盾已基本不存在。对广大中小微企业来讲，这样的门槛就成为他们建立年金制度的障碍，或者成为他们不参加企业年金的借口，而“自动加入”机制必将为雇主建立年金增加一定压力，使职工成为推动年金发展的动力。例如，美国的自动加入机制可分为资格的自动缴费机制（EACA）与合格的自动缴费机制（QACA）即安全港自动加入机制。雇员一旦确认自动加入，此后的一系列程序也将自动开启，例如，缴费率每年自动上升的自动升级机制，自动加入合格默认投资工具（QDIA）等。英国的自动加入机制规定，所有年收入超过一定标准（每年进行上调，如2015～2016年为10 000英镑）、年龄在22岁到法定养老金领取年龄之间、未参加任何职业养老金计划的雇员都将自动加入年金计划，并且，自动加入采用分阶段实施的方式，从规模大的用人单位开始，逐渐推行到小规模用人单位。

自动加入机制实为委婉的强制性制度，对扩大年金制度来说效果十分明显。确立自动加入机制是扩大年金参与率和覆盖面的关键，在这轮改革中应及时将其作为重要改革举措纳入到“年金新政”之中。机关事业单位人员百分之百地建立职业年金的做法，其本质就是自动加入。如果企业在这次改革中没有相应建立起同样的自动加入机制，势必再次造成“制度不公平”的后遗症。“制度的不公平”将埋下公共部门与私人部门对立和矛盾的隐患，有可能成为未来“二次改革”的导火索。

（二）放开个人投资选择权是引入“自动加入”的充分条件

自2004年建立企业年金制度至今，除金融、外资银行以及IT行业非常少的企业职工享有个人投资选择权以外，绝大多数建立年金计划的企业都是实行单一计划制，即全体企业职工在一个计划里享有一个平均的收益率，企业与受托人负责制定企业层面的投资策略并进行资产配置。这种“企业选择代替个人选择”制度模式的确立是有历史原因的。

在制订年金制度时主要出于安全性、操作简便性的考虑，由企业作为委托人，受托机构作为受托人共同做出决策，选择计划的管理机构，行使监督权，并为全体职工提供单一的计划和单一收益率。单一计划做起来简单易行，职工之间没有攀比。此外，在年金计划引入初期，职工对年金知识的理解还不足，主动参与意识不强，尚未形成个人参与养老基金投资的习惯。

在过去的12年里，国企是年金制度的第一批建立者和受益者。在实际运作中，国企退休职工的补偿问题非常突出，即国企的“中人”有年金制度，而已退休的“老人”没有年金，由此存在一定的攀比和公平性冲突。于是，国企不得不对“老人”和即将退休的“中人”制定一些过渡期的补偿政策，而采取统一的补偿政策是最优选择。

在职工个人投资选择权缺位和企业统一投资政策的条件下，企业的投资决策必然趋于保守，宁可选择低风险的投资策略，也不允许年度投资业绩出现亏损。例如，按目前的政策规定，企业年金股票投资比例上限为30%，但近几年行业平均投资股票的比例很少超过上限的一半。从现实看，一个企业参加年金计划的职工少则几十人，多则成千上万人，职工的年龄、收入和退休储蓄情况因人而异，企业统筹投资的方式不可能满足每个职工的要求。因此，企业唯一可行的投资目标就是保证整个计划资产不受亏损，从而最大限度地减少管理者的法律责任，企业运营的重点只能是“保值”而不是“增值”。也就是说，整个基金的资产配置、投资收益率的参照、风险偏好的定位等，必然以年龄偏大职工群体为基准，青年雇员只能跟随老年雇员，长期看就必然“拉低”青年员工的终生投资回报率。

企业年金制度属于DC型制度，其账户是典型的个人资本化账户，其投资模式在全世界大概有四种：第一种是由中央政府制订的所有养老金账户资产的“全国统一投资决策模式”。新加坡等十几个国家实行的中央公积金制就是这样的投资决策体制。这显然是一种强制性公共养老金采取的投资决策模式，不适合企业年金的私人养老金制度。第二种是由账户持有人决定的“完全个人选择模式”。这是典型的“分散投资决策”。美国2006年改革前和香港强积金2016年改革前实行的就是这个模式，改革后实行的是混合模式，既允许个人完全选择，又鼓励选择养老金产品。例如：智利为职工提供了包括生命周期基金在内的养老金产品；美国2006年提供的是“合格默认投资工具”（QDIA）；香港强积金2016年改革提供的是“预设投资系统”（DIS）。第三种是中国目前独有的“企业统一投资模式”。这个制度的缺陷在于不能同时满足所有人的风险偏好。低风险低收益，意味着全体参保职工享受比较低的养老金收益水平，改变了养老基金作为长期投资基金的属性，投资管理人的长处不能发挥出来，全国基本是一个格式化的配置，缺乏市场竞争和服务意识。第四种是由账户持有人在雇主提供的标准化产品的范围内进行“有限个人选择模式”，即购买和投资的范围只是养老金产品，而不能在二级市场上购买个股，以规避市场风险。美国2006年改革后既保留了此前实行的完全个人选择权，又鼓励购买养老金产品，两种方式并存。不同于美国、智利和中国香港地区，中国大陆更适合实施有限个人选择模式，只允许投资购买养老金产品，包括生命周期基金。

放开个人选择权是引入“自动加入”的一个制度条件，是提高企业年金风险收益率的一项重要途径，既可改善目前企业统一投资模式的弊端，也可避免完全持有股票的风险。重要的是，实施“有限放开选择权”可避免年金基金“长钱短跑”，资本市场可以获得几十年期限的长期基金，这将十分有利于资本市场的建设，减少市场波动，抑制市场投机行为。

（三）建立“合格默认投资工具”是放开个人投资选择权的必然要求

有限个人选择权放开之后，可选择的投资范围就是合格默认投资工具。广义上讲，合格默认投资工具是指生命周期基金和生命特征基金，前者主要是目标日期基金，后者主要是目标风险基金，后者在2013年扩大投资范围后发挥了重要作用，受到业界普遍好评。生命周期基金可以较好地解决目前中国企业年金基金投资存在的诸多问题。一是可解决年金基金管理期限较短和无法长线投资的问题，即“长钱短跑”的问题。从2005年正式开办企业年金业务至今，委托人逐渐缩短合同年限，比较普遍的是三年期限，很少有五年的，而一年期的越来越多，导致投资管理人难以做出有效的长期投资安排。二是可解决年金资产变更频繁和考核体系不完善的问题。投资管理人在短期化的考核制度下，变更比较频繁，委托人或调减管理资产规模，或取消投资管理资格，其名下管理的资产也随之变现转移或更名过户，这都给委托人带来转换成本。三是可解决资产配置单一而无法满足员工个人需求的问题。四是可解决组合数多和投资效率低下的顽疾。企业年金资产配置单一，但投资组合数目却很多，这是因为许多相对大型的公司都会建立一个或多个企业年金投资组合。根据人保部2016年12月发布的数据，企业年金基金规模为10 666.31亿元，投资组合为3 152个，平均每个组合的资产仅为3.38亿元。相比之下，截至2016年底，公募基金规模为91 367亿元，投资组合近3 000个，平均每个组合的资产超过30亿元，是企业年金每个组合平均资产的10倍。因此，没有生命周期基金就不能享受资产规模效应产生的收益，同时还导致更多的时间成本和人力资源的投入，投资效率十分低下。

重要的是，企业年金作为长期投资者，引入生命周期基金就实实在在成为一支重要的长期投资基金，充当起资本市场的稳定器。企业年金基金是资本市场最重要和最大的机构投资者，而以生命周期基金为主的投资模式则使机构投资者的形成与壮大成为可能，这必将有利于促进养老金市场和资本市场的协同健康发展，而资本市场的健康发展又有利于企业年金和养老基金的长期投资和博取较高的风险收益。

如果在这轮年金改革中及时将自动加入、有限放开投资个人选择权、鼓励提供生命周期基金引入到一揽子改革之中，还可为改革机关事业单位职业年金目前实施的“多计划”模式提供改革试点。

诚然，在企业年金、职业年金，甚至即将启动的第三支柱养老保险的投资体制中引入生命周期基金等默认选择机制，目前还存在大众认知、行为习惯和文化氛围等方面的问题，需要加强宣传，逐步推进。2016年6月底，我们在实地考察中国香港强积金引入预设投资系统（DIS）的改革时，经过对十几个机构的走访调研，明显感到引入生命周期基金作为默认工具需要一个宣介教化、积极引导和政策立法的渐进过程。因为账户持有人每月的缴费由雇主自动扣除后不断地交由专业机构打理，看起来只有在几十年退休后才属于自己，必然有一个认识和接受的过程。考虑到短期内生命周期基金可能受到冷落，有关部门应通过政策手段、制度机制尽量缩短这个认知过程，并对这个过程的存在做好充分的思想准备。

过往 10 年的历史基本印证了上述判断。2006 年以来，国内市场上发行了三只生命周期基金："汇丰晋信 2016"（2016 年到期）、"汇丰金鑫 2026"（2008 年成立，2026 年到期）、"大成财富管理 2020"（2020 年到期），虽然三支基金的投资业绩不俗，成立以来的收益率分别高达 176%、109% 和 143%，其中"汇丰晋信 2016"年化收益率超过 10%，战胜了通货膨胀，跑赢了大盘，但是三只基金的现存规模分别仅为 5.6 亿元、0.8 亿元和 28.1 亿元，总体看小于发行规模（只有"大成 2020"大于发行规模）。这既说明生命周期基金在中国还需一个适应过程，又说明机构投资者的投资非常有限，并且呈逐年下降趋势："汇丰 2026"从 40% 降到 0.4%，"大成 2020"从 5% 降到 0.9%，既说明机构投资者的长期基金规模十分有限，也说明他们掌握资产配置权利的意愿更为明显。由于生命周期基金市场受挫，从 2012 年开始，"养老主题"的公募基金应运而生，目前大约有 17 只，总规模不到 230 亿元，其市场认可度和市场规模要明显好于生命周期基金，但很显然，这类公募基金的赎回的特征与生命周期基金没有任何关系，也没有完全服务于养老的需求和目标。养老主题基金的崛起，一方面意味着生命周期基金在国内市场处于沉寂期，另一方面也显示出短期投资行为与习惯是根深蒂固的。据调查，个人投资者持有单只基金平均 5 年以上者仅占 17%，3～5 年者占 16%，而 1～3 年者占 23%，1 年以下者竟高达 44%。

养老资产的储备和长期基金的投资亟须税收杠杆的调节、政策支持和立法先行，比如建立资本利得税。同时，在第二支柱企业年金里亟须有限放开个人选择权，尽快建立第三支柱个人养老保险制度，以促进生命周期基金的成长与壮大，减少个人投资决策的失误带来养老资产的损失。

（四）完善 EET 型税优政策是扩大参与率的首要任务

2004 年企业年金建立以来，只有雇主缴费享有税前列支的待遇，雇员的税收政策始终没有出台，执行的是"部分 EET"税优模式。2013 年颁布的《关于企业年金、职业年金个人所得税有关问题的通知》（简称 103 号文），对年金缴费、收益、领取三个阶段如何征税做了规定，对雇员缴费赋予了 4% 的延迟缴纳优惠政策，正式建立了符合国际惯例的“完全 EET”模式。

但是，经过三年多的实践，据人社部的数据，2013～2015 年，企业年金基金规模分别为 6 035 亿元、7 689 亿元、9 526 亿元，整体规模增长并不明显；建立年金的企业数量分别为 66 120 个、73 261 个、75 454 个，增长率分别为 20.80%、10.80%、2.99%，呈明显下降趋势。企业年金 EET 型税收政策是建立第二支柱的主要税收模式，除经济大环境等外部条件发生变化的因素以外，103 号文遗留的诸多问题在相当程度上制约了年金参与率的扩大。

1. 2013 年底前历史缴费已完税的认定问题。在 103 号文出台前，企业年金的个税根据国税函［2009］694 号文要求，需要合并工资计税后再缴纳至年金账户，但 103 号文之前的历史缴费是否都按照国税函［2009］694 号文要求进行了扣除，如何认定此前已进行完税处理可在待遇支付时予以税前扣除，就成为一个具体问题。目前税务部门难以配合企业向企业年金管理机构出具证明材料，大多数管理机构只能采用由企业出函的方式明确历史缴费已完税，对相应缴费进行完税登记，对于完税的具体缴费区间还存在是按实际缴费时间为时点还是按应计提缴费区间为时点的争议。

2. 缴费时可税前扣除个人缴费额度的确认问题。103 号文规定，4% 标准内的部分暂从个人当期的应纳税所得额中扣除；工资计税基数为本人上一年度月平均工资；月平均工资超过职工工作地所在设区城市上一年度职工月平均工资 300% 以上的部分不计入个人缴费工资计税基数。在目前实际操作中，各地对该规定理解不尽相同，执行标准不完全统一。有的按照个人缴费税优总额上限为社会职工平均工资的三倍 ×4% 为固定额度封顶，个人缴费部分按照年金方案规则测算出金额超出上限则以上限为准，未超出上限则以年金方案测算结果为准；有的在测算缴费时即先对缴费基数进行封顶，再根据年金方案设定的规则测算缴费，如年金方案规定个人缴费比例为 2%，则个人缴费基数超出社会职工平均工资的三倍的测算为社会职工平均工资的三倍 ×2%。

3. 个人缴费超出税优比例并已完税部分在领取时重复计税问题。103

号文明确个人缴费税优比例为4%，目前部分年金计划缴费比例按《企业年金试行办法》（人社部第20号令）规定为8%，对超出4%的部分在缴费时需要缴纳个人所得税。根据103号文的规定，待遇支付时可税前扣除的部分为新政实施之前的已纳税缴费部分，即在2014年之后即使个人缴费超出税优部分已经缴纳了个人所得税，在领取阶段这部分资金仍然无法税前扣除，这就造成了重复计税。为避免出现企业年金缴费重复计税，目前很多企业将缴费比例降到4%以内，这显然不利于年金的壮大与发展。

4. 领取时可抵扣的已完税部分计算规则理解问题。这是103号文发布以来最有争议的内容，即对新政实施前加入年金计划、新政实施后进行待遇支付的情况如何计算待遇支付的税前扣除。这个规定对于分期领取和非分期领取有两种不同的计税办法，对于分期领取是按照已纳税的缴费占总缴费的比例进行税前扣除，即已纳税的缴费对应的投资收益部分也是免税的，但是对于非分期领取的情况，可理解为税前扣除的仅为缴费本金，收益部分是需要计税的。各地市、各参加计划企业及各管理机构均对领取时的已完税部分税前扣除规则有不同的理解。

5. 领取时选择购买商业年金保险的计税规则尚未明确的问题。103号文对年金不同领取方式的计税规则做了规定，但是对《企业年金规定》（征求意见稿）和《职业年金基金管理暂行办法》中允许的购买商业年金保险的领取方式并没有明确具体的计税规则，在操作上也就无法支持此类待遇支付类型。

为确保EET模式的准确性、完整性，应尽快制定以下补充政策，使中国特色的EET模式能够再次运转起来：一是应尽快明确退休后领取企业年金时的计税起征点。103号文生效后，大部分参加年金计划的企业和员工普遍认为，在退休后领取企业年金时应按“工资、薪金所得”计税，即扣除个税免征额，但在实际操作中只有很少一部分地区采取免税额制度。为统一企业年金领取的税收规则，应尽快明确计税起征点，这是国际惯例。二是对年金基金投资收益部分是否在领取阶段征税要十分慎重。目前，在整体税收体系中不征收资本利得税的情况下，年金基金增值部分却要征收个人所得税，且具有重复征税之嫌，这显然是有负激励的，不利于扩大年金参与率，应尽快予以调整。三是企业年金转为商业年金产品后应考虑给予一定税优政策。由于商业年金保险年金化具有终身领取的优点，可考虑从税收政策上对商业保险公司给予一定支持，可考虑对于转出时的年金计税视同一定领取月数分摊计税，或在转商业年金保险时不计税，待从保险公司按期领取时计税，由保险公司进行个人所得税的代扣代缴。四是明确存量缴费视同已完税缴费。在分期领取的情况下，计税规则应将新政前的缴费存量视同已纳税缴费。因此，103号文实施之前的历史缴费应视同已纳税处理，若企业历史缴费未完税，应及时与当地税务部门进行补交处理。五是提升年金税收优惠政策的立法层次。长期以来，中国的年金制度及其年金税收相关规范文件立法层次较低，都是以“决定”、“通知”、“试行办法”等政策性文件出现的，我国立法机关对相关税优政策没有明确出台法律文件。相比之下，美国《2006年养老金保护法案》和英国《2008年养老金法案》等均为国家立法，由国家最高领导人签署生效。六是提高税收优惠比例和缴费比例。2015年3月颁布的《机关事业单位职业年金办法》规定，单位缴费比例为8%，个人缴费比例为4%；《企业年金规定（征求意见稿）》规定，企业单位缴费不超过8%，企业和个人缴费合计不超过12%。在这轮改革中，为了保持与职业年金的一致，建议将企业缴费税收优惠比例从5%提高到8%，以充分调动企业和个人参与年金的积极性，推动企业年金的发展。

（五）建立中国版的TEE型“免税账户”是扩大参与率的有效机制

在目前累进制的个人所得税制和EET模式的企业年金税收优惠模式下，假定某人每月工资1万元，每月单位缴费833元，个人缴费400元，按照5%的投资收益率复利计算，积累20多年后，年金账户资产余额就可超过50万元。这50多万元，如果退休时一次性领取，须缴纳个税21.1万元；如果分12个月领取，须缴纳个税11.7万元；如果分120个月领取，须缴纳3.7万元。可见即使退休时个人账户的累积年金余额是20万、30万或40万元，缴纳个税的负担也是很重的（见表1）。

表1　不同账户余额对应不同领取方式缴纳个税数额　（单位：元）

一次性领取	76 495	121 495	166 495	211 495
分摊至12个月领取	37 940	62 940	87 940	116 940
分摊至120个月领取	7 400	17 400	27 400	37 400

资料来源：作者根据个税税率计算。

可见，在实行 EET 模式下，账户持有人在退休后避税的最佳方式是分期领取，且分摊的年限越长，避税效果越好，这在一定程度上抑制了建立企业年金的积极性，尤其是当他对比基本养老保险的 EEE 模式，在此模式下其领取条件是免征个税的，这个反差显然不利于提高职工建立企业年金的积极性。

相反，如果企业年金制度能够提供一个 TEE 的免税账户并允许一次性领取，那么，账户持有人就不用缴纳个税了。尽管在缴费阶段，账户持有人是税后缴费的，但内心的感受是天壤之别。因此，为最大限度地扩大年金参与率，应在“延税账户”的基础上再增设一个“免税账户”。这是扩大第二支柱和第三支柱参与率的途径之一。

加快发展第二支柱、尽快建立第三支柱、增设两个支柱的免税账户，亟须税制改革先行。一是开征资本利得税。如果证券投资的资本利得税缺位，TEE 的免税账户吸引力就荡然无存，第二支柱企业年金和第三支柱个人养老金的 TEE 税优账户就难以发挥作用。二是推进间接税向直接税的转变。中国税制是以间接税为主，个税收入占财政税收的比重很低，这也是企业年金参与率太低的原因之一，纳税人数量很少，税收优惠政策敏感度就不明显。三是分项所得税为主向分项与综合所得税相结合的改革转型要加快，否则，建立 TEE 型免税账户会面临一些不利因素。

四、扩大企业年金参与率的五个辅助措施

（一）第二支柱和第三支柱账户之间建立自由转换机制

大量灵活就业人员在中小微企业就业（雇员）、自主创业（自雇者）与回乡务农（农民）之间不断转换，企业年金的建立与断档必然也会不断重复发生。根据规定，断档期的企业年金处于“保留账户”状态，职工将遭受一定的经济损失（支付账户管理费等），企业年金这时就变成了一个“软肋”。

第三支柱养老保险税优政策即将出台，在其个人账户与企业年金（包括职业年金）个人账户之间应建立一个通道机制，允许账户资产在二者之间相互转移（不到法定退休年龄不得提前提取），从而满足人员流动

的需求。换言之，当中小微企业就业人员离职后，允许将其企业年金资产转入第三支柱个人养老账户，允许按照第三支柱的规则按照有关规定标准“自费”进行个人缴费，允许对其账户资产实施个人投资决策，允许再次进入中小微企业或大型企业、机关事业单位就业后再转换为相应单位的企业年金或职业年金等。企业年金个人账户的性质可随其持有人的身份转变而转变，即当进入中小微企业成为雇员时账户就成为企业年金账户，当回乡务农或自主创业时就可转换成为个人养老保险账户。

在两个支柱的顶层设计中建立自由转换通道机制，既可增强年金制度的吸引力，扩大年金参与率，又可反过来提高城乡居民自主建立第三支柱个人养老保险账户的积极性，使之成为扩大第三支柱参与率的动力机制。否则，第三支柱的参与率将不容乐观。企业年金制度建后已有 12 年的历史，在有雇主配比缴费的激励下参与职工人数尚且如此，若没有单位配比缴费，则第三支柱参与率将更低。因此，第三支柱的顶层设计是关乎其成败的关键，打通两个制度之间的通道十分重要，在某种意义说，在第三支柱建立之初，年金账户是其重要动力之一。

美国第二支柱企业年金和第三支柱 IRA 之间的转移衔接就是一个很好的样板，无论是 EET 还是 TEE 模式的税优模式，转移衔接机制的建立是促进美国养老金制度全球举世无双的重要原因之一，其具体做法和经验值得我们思考与借鉴。

（二）打造中国特色的企业年金 IT 系统平台

建立第二支柱（企业年金和职业年金）与第三支柱个人养老金的自由转换机制，亟须建立一个全国范围的 IT 系统平台予以技术支持，对第二支柱的账管人可以采取租用的办法（少许付费），对第三支柱的城乡居民可以采取免费提供的原则。

建立全国范围的 IT 账户系统平台可有三个办法：一是有关部门（税务部门）立项予以建设，国家予以投入，投资主体与运营主体为半公益性的机构，提供的服务为“半付费”的性质（有偿使用）。二是利用现存的相关资源略加改造，少许投入即可。例如，证券业的登记结算系统和保险业的信息技术管理系统均有现成的平台可资利用，其运营维护的主办机构可维持现状不变，也可将其独立出去转由税务系统负责运维。三是采取政府购买的方式在诸多企业年金账户管理系统中招标，将其设定为法定的IT服务平台，在全国划定2~3个区域实行垄断性服务专区，带有“准竞争性”，账户持有人在他们之间可以自由选择，实行“用脚投票”的方式购买服务。

建立全国范围的企业年金IT系统平台是一项重要的基础性工作，属于一国养老金制度的“社会基础设施”。条件成熟时，可采取“云服务”方式。建立这个“社会基础设施”具有规模经济，从成本角度讲也是划算的。否则，就职业年金来讲，如果各省分别建立自己独立的IT账管系统，那么既增加了财政负担，又增加了各省之间IT系统接口不一致导致的便携性障碍；就企业年金来讲，如果各个受托人（账管人）分头建立IT平台，必将形成碎片式的账户管理状态，难以形成规模经济，接口相互不一致，不利于企业年金计划之间的转移，职工的跨区流动和第二、第三两个支柱账户之间的衔接，持续的运维费用和硬件更新还将形成巨大的制度交易成本，造成重复建设和浪费。因此，在顶层设计时，要将其与第三支柱账户管理系统通盘考虑。

英国2008年改革为中国提供了较好的范例。2007年英国建立的个人账户服务管理局（PADA），2008年更新代之的国家职业储蓄信托（NEST），都是建设“养老金社会基础设施”的长期思维模式指导下的产物，旨在为英国职工建立企业年金提供低成本的账管系统，2009/2010年度该系统支出3 278万英镑，总资产179万英镑。澳大利亚2013年为超级年金设立的基础设施“超级信息流”（Super Stream）也是一个提高年金交易效率、实行缴费电子化、改善数据处理的信息平台。

（三）集合计划中要大力发展“行业年金”和“零售年金”

集合计划是小微企业建立年金制度的一个重要通道。近年来，集合计划的发展进入快车道。2011年发布的《企业年金基金管理办法》和《关于企业年金集合计划试点有关问题的通知》（58号文），正式明确了集合年金计划的法律地位。2013年发布的关于扩大投资范围和企业年金养老金产品的23号文和24号文，又进一步将计划引领到以“前端法人受托”为主和以“后端养老金产品”为辅的新阶段。

然而，集合计划并没有明显提高中小微企业的参与率。据人力资源和社会保障部的数据，截至2016年9月底，集合年金积累基金958亿元，参与企业2.29万家，参与职工284万人，分别仅占全国总量的9.0%、3.0%和12.2%。中小微企业建立集合计划的意愿和趋势不容乐观，原因固然有很多，如企业税费负担沉重，尤其是基本养老保险缴费比例太高，年金税收优惠比例有限，激励不足；工会集体协商力量不强；中小微企业职工流动性较高；雇主和雇员对年金的认知有限，雇员年龄结构相对年轻，更看重当期收入；年金管理机构开发集合年金市场的“投入产出比”过低，大多数机构持观望态度，投入的资源有限等。但是，制度创新还是有很大余地的，在这方面，行业年金和零售年金的集合计划都存在发展不足的问题。

所谓行业年金是指由同一行业（或同一区域）的多个企业雇主共同发起参与的集合计划，仅对特定的一个或多个行业（或区域）开放，既包括大型企业，也包括众多的中小微企业，还可允许外部企业参与。目前，国内集合计划产品超过几十个，但基本属于零售年金的性质，行业年金形式的集合计划还处于空白状态。行业年金和零售年金应齐头并进，不可偏废，这是降低中小微企业年金门槛的重要举措。根据《中国统计年鉴2016》，在“城镇私营企业和个体就业人员”1.90亿人中（不包括农村），批发零售业有8 032万人，建筑业有913万人，住宿和餐饮业有1 409万人，交通运输和仓储与邮政业有432万人。在很多省份，这几个行业的就业规模是比较集中的，例如，批发零售业在广东是1 240万人，江苏是595万人，四川是518万人，浙江是516万人，山东是439万人，湖北是397万人，湖南是364万人，安徽是344万人；建筑业在江苏是171万人，四川是96万人，浙江是70万人，广东是64万人。这些省份发展行业年金是有优势的。

所谓“零售年金”是指由法人受托机构发行的适合自雇型企业和个人加入的标准化集合年金产品，既适合社会大众，也适合中小微企业，通常采用捆绑型一站式购买服务。作为鼓励个体就业人员建立年金的举措，可适当给予税收优惠倾斜。目前全国有个体户5 408万个，个体就业人数1.17亿人。目前个体户这个庞大的就业群体与年金制度完全隔绝，他们应成为扩大参与率的主要目标群体之一。个体就业人数最多的是广东（1 154万人），依次是湖北（960万人），山东（959万人），浙江（724

万人），江苏（698 万人），河北（560 万人），辽宁（546 万人），河南（541 万人），四川（527 万人）。因此，有关专业化机构如养老金管理公司应着重开发零售年金，将这些省份作为其主要的潜在市场。

美欧等发达国家的行业年金和零售年金都十分发达，例如，人们经常听说美国的“×××教师养老基金”就是典型的行业年金，甚至几乎每个州都有一个或若干教师养老基金。

（四）养老金管理公司的监管体系亟待优化

企业年金建立以来，市场角色的“分散化”和受托人“空壳化”问题始终存在。针对市场角色的“分散化”问题，主管部门迅速纵向整合年金资格，最大限度地将 2 个以上的资格叠加绑定授予同一个机构。同时，有关部门积极批准建立养老保险公司，数量很快从 2 家（平安和太平）扩展到 6 家（后来又批准成立了国寿、泰康、长江和安邦）。2015 年 11 月 4 日，第一个养老金专业化管理公司“建信养老金管理有限责任公司”诞生，角色“分散化”的问题得以解决。

但是，受托人“空壳化”的问题依然存在，受托人的轴心地位依然难以确立，受托人大类资产配置的能力也有待提高，市场上亟须一个规范化、专业化、一站式服务的年金引擎，即由养老金管理公司来承担起“撬动”年金市场的重任。一是账管人资格被纵向绑定之后并没有完全解决困境。账管人的资格需要大量前期投入和运维费用，但其回报却远不能予以抵消，在托管人银行那里逐渐成为一个边缘化部门，且承担的责任大，工作繁杂而琐碎。二是年金市场上缺少“撬动”年金市场的旗舰。目前，年金市场上受托人有 10 个，账管人有 17 个，托管人有 10 个，投管人有 21 个，他们中几乎没有一个可以成为发掘行业年金市场的“旗舰”。三是年金市场缺少专业化的受托人，其“空壳化”现象主要表现为无力制订出大类资产的战略配置策略，对作为长线基金的企业年金和职业年金的长期资产配置策略的思考、对不同投资管理人的投资风格的掌握等难有专业性能力和权威性判断，或跟着市场跑，或跟着产品走。

建立养老金管理公司的主要目的之一是为中小微企业提供行业年金和零售年金产品，从而成为扩大年金参与率的发动引擎。但是，一年多的运行实践显示，养老金管理公司的生态环境存在一些亟须解决的体制性障碍，短期内难以担当起撬动行业年金和零售年金的重任。

第一，在监管体系上养老金管理公司应列为一个独立的金融业态。目前金融监管体系对其监管的原则是“谁的孩子谁抱走”。在其初创阶段这是一个过渡性的办法，但长期看，这种“随着股东走”的监管原则将会出现监管套利，即建信养老金管理公司由中国银监会负责监管，如果将来第二个养老金管理公司的大股东是来自保险业，则中国保监会对其负有监管责任。这样下去，养老金管理公司的监管体制将形成碎片化和分散化的态势，甚至有可能出现监管套利。从性质上讲，养老金管理公司的本质是资产管理公司，应属于信托业务，因此，应根据其信托资管公司的性质进行监管。

第二，在数量上，养老金管理公司应形成一定规模。要成为一个独立的金融业态，在市场上就应有一定数量的同业竞争者，这样，在监管上才容易制定统一的监管规则和业务流程规范，避免出现暂时和例外的监管规则。只有市场上存在一定数量的同业竞争者或问题积累到一定程度时，才有条件打破部门行业的本位利益，对所有同类公司实施统一监管。因此，在条件允许的情况下，应建立若干养老金管理公司，对其建立起一套完整和独立的监管体系。

第三，在地位上养老金管理公司应属特许授权的资产管理公司。与养老保险公司和其他资产管理公司不一样，养老金管理公司作为一个新生金融业态，应赋予其特殊地位和特殊功能，应以国务院的名义颁布《养老基金管理公司管理条例》，以行政法规的层级明确其特殊的监管框架，托管、账管和投管等资格以“特许”的形式固定下来。拉丁美洲和中东欧地区的国家取得了一些经验。在中国，养老金管理公司承担着第二支柱“撬动”中小微企业行业年金和零售年金的特殊使命，这既是第二支柱企业年金和职业年金实施赶超战略的需要，也是实现“多层次混合型”社会保障制度的需要，同时还是繁荣资本市场的需要。

（五）企业年金基金投资范围亟须扩大

2011 年人力资源和社会保障部等四部委发布的《企业年金基金管理办法》扩大了投资范围；2013 年人社部联合中国银监会、中国证监会和中国保监会又连续发布了《关于扩大企业年金基金投资范围的通知》和

《关于企业年金养老金产品有关问题的通知》，进一步扩大了企业年金投资范围，允许发行企业年金养老金产品。2011～2013年扩大投资范围改革是自2004年建立企业年金制度以来一次重要变革，成效卓著。但是，总体来看，目前我国企业年金的资产配置和投资范围依然十分狭小。

目前中国的年金基金还处在发展的初期阶段，安全性高的固定收益类资产投资比例较高，但未来随着积累规模变大、资本市场不断完善、专业投资能力不断提升，进一步放开投资范围和比例成为一种必然趋势。扩大年金基金投资范围可提高年金基金的投资回报率，进而提高替代率。这轮年金改革应在2013年的基础上，继续深化投资体制改革，以有效分散投资风险。

第一，进一步扩大企业年金投资品种，鼓励开展长期投资。企业年金基金资金来源稳定，积累规模庞大，投资周期较长，应更多地进入长期投资领域，改变只在二级市场博取收益，实现风险收益的最大化。为此，应进一步扩大企业年金投资品种，全面放开企业年金股权投资和不动产投资，允许企业年金直接投资资产证券化产品，以降低交易成本。

第二，进一步放开企业年金参与金融衍生品交易，形成多元化投资策略。利用股指期货的套期保值和资产配置功能可有效规避股票市场的投资风险。应进一步放开金融衍生品种类，为形成更加多元化的企业年金投资策略（比如保本策略）创造更有利的条件，更好地对冲企业年金投资过程中面临的各类市场风险。

第三，进一步放开企业年金权益投资上限。企业年金权益投资的名义上限为30%，但在实践中还远达不到30%的上限。为了引入生命周期基金和走向境外股票市场投资，应进一步提高权益投资上限，鼓励加大权益资产配置。

第四，进一步转变监管模式，由数量限制规则逐渐向审慎人规则转变。审慎人规则允许投资管理人在坚持投资多样化的前提下实行投资的自由选择，这将有利于发挥投资管理机构的专业能力，培育差异化的竞争格局，有利于通过更加分散化、多元化的资产配置达到最优的风险和收益均衡。同时，应适当放开大类资产的投资比例限制，增加大类资产配置和投资品种选择的灵活性。

第五，进一步扩大企业年金投资区域，适时开展境外投资。在企业年金境外投资的起步阶段，可先行投资港股通，另外也可以通过投资于各类QDII基金和在内地注册的香港基金来实现全球资产的配置，并通过港股通、QDII基金和内地注册的香港基金，以人民币的形式在境内投资境外市场，这在一定程度上可以免除货币频繁转换带来的净值损失，减少汇率风险。

五、基本结论与深层思考

坚持和落实党的十八届三中全会精神，将社会保障体系改革进行下去，这是当前全党全国面临的一项重要任务。全面深化改革、供给侧结构性改革在社会保障体系建设中，无疑表现为扩大企业年金参与率，以确保构建多层次社会保障制度目标的实现。如果第二支柱企业年金参与率不能提高，第一支柱基本养老保险必将承受巨大压力，将不利于降低社会保险费和为企业减负，不利于经济发展，不利于提高老百姓的获得感，因此，扩大企业年金参与率是“十三五”乃至“十四五”期间养老保险改革的首要任务。

扩大企业年金参与率的五个核心措施是一揽子的，它们互为前提，相互制约，环环相扣，难以单兵突破。撬动年金市场的“五个辅助措施”具有内在逻辑联系，虽然可移动先后顺序，但却不可偏废。“五个辅助措施”是“五个核心措施”的改革延伸和充分条件，是确保前者顺利进行的基础。十个措施合在一起形成企业年金的改革链条，相当于这轮企业年金改革的顶层设计。纵观十个措施，他们基本没有超出一般的国际惯例与通行做法，国际化的视野胸怀与中国本土的具体国情应该结合起来，这将对决策者的勇气与担当提出挑战。

企业年金容易被忽视。从字面上看，企业年金是企业的事，与政府和百姓的关系似乎不大，与“五险一金”相比，其分量和地位不可比肩，没有受到应有的高度重视。在一些决策者眼里，企业年金不属政绩范畴，自然受到冷落。企业年金顶层设计缺失，改革发展严重滞后，其主要原因可能主要在此。然而，在很多发达国家，养老金法令与法案的生效不是由总统签署，便是由议会通过，甚至很多养老基金运营机构的CEO都是由总统亲自任命。养老金在发达国家之所以受到重视，是因为养老金制度属于社会基础设施，是一国之重要软实力。对社会基础设施，如同对待市政基础设施，要经常维护，甚至需要保护。于是，“保护养老金”的提法日益流行。2005 年英国成立“养老金保护基金”（PPF）是为了担保养老金而建立的一支基金，针对的是 DB 型计划；2006 年美国通过的《养老金保护法案》（PPA）是为了保护 DC 型计划。从字面上看，包括这两个政府在内的很多政府签署的养老金立法使用的字眼都是“保护”（Protection）。

保护养老金是政府的重要责任之一，只有保住养老金才能保护养老金受益人的合法权益。显然，保卫养老金的目的和手段都是扩大养老金参与率。事实上，陷入危机而导致养老金垮掉的国外案例不在少数，即使在中国，2009 年“老农保”退出历史舞台，其本质就是遇到危机，其结果则是“新农保”诞生。所以，养老金是需要保护的！只有经常保护，它才能常新不老！

几乎每个国家的养老金发展史中都有几个重要立法或重大事件彪炳千秋。例如，美国养老金发展史上有三个里程碑：1935 年的《社会保障法》（SSA）、1974 年的《雇员退休收入保障法案》（ERISA）、2006 年的《养老金保护法案》（PPA）。美国的养老金立法多如牛毛，修订案数不胜数，但是这三部立法拯救了经济危机，奠定了制度框架，促进了养老金发展。当前中国正处于一个历史关头，处于三个支柱养老金顶层设计的关键时刻。如果没有闯关精神，没有担当意识，没有壮志情怀，这个改革窗口将很快关闭，但我们愿意相信，这次改革必将成为企业年金改革史上的一个里程碑。

（本文摘自《中国养老金发展报告（2016）》，经济管理出版社 2016 年版）

应加快发展商业养老保险

郑秉文*

在绝大多数国家，养老保障制度由三个支柱构成：第一支柱为国家举办的基本养老保险制度；第二支柱为企业举办的企业补充养老保险，在中国为企业年金和职业年金；第三支柱为个人购买的商业养老保险。

我国改革开放37年来，多支柱养老保障体系正在形成：第一支柱基本养老保险制度2014年覆盖城镇职工和城乡居民人数为8.42亿人，养老金支出2.33万亿元，累计结存3.56万亿元；第二支柱经过10多年发展，正处于税收政策不断完善和各项制度逐渐发育过程中，覆盖超过2 300万人，积累资产超过8 800亿元；第三支柱商业养老保险在没有税优政策扶持的条件下，剔除相关的养老理财产品之后，其产品规模已积累超过万亿元人民币。显然，我国养老保障体系发展存在严重失衡：第一支柱发展十分迅速，承担了几乎全部养老责任，第二支柱和第三支柱发展严重滞后。

党的十八届三中全会指出："制定实施免税、延期征税等优惠政策，加快发展企业年金、职业年金、商业保险，构建多层次社会保障体系。"国务院发布的《关于加快发展现代保险服务业的若干意见》（国发［2014］29号），不仅提出"适时开展个人税收递延型商业养老保险试点"，还要求"把商业保险建成社会保障体系的重要支柱"。《中共中央关于制定国民经济和社会发展第十三个五年规划的建议》指出，"发展职业年金、企业年金、商业养老保险"。如果说"十一五"和"十二五"是基本养老保险发展的重要历史时期，那么"十三五"和"十四五"必将是第二支柱和第三支柱，尤其是第三支柱发展的重要历史机遇期。

---

* 郑秉文，中国社会科学院世界社会保障研究中心主任、研究员。

一、商业养老保险在养老保障架构中的地位

商业养老保险是指由商业保险机构提供或参与的，以养老风险保障、养老金管理和养老金融服务等为主要内容的产品和服务。本研究报告提出，在“十三五”期间，应该基本建立产品形态丰富、服务领域广泛、专业能力突出、经营诚信规范的现代商业养老保险市场。根据党的十八届三中全会精神和《关于加快发展现代保险服务业的若干意见》的指导思想，本研究提出，在新常态下，到2020年，商业养老保险在现代经济中至少要发挥五个功能，即成为个人和家庭商业养老保障计划的主要承担者、企业发起的养老保障计划的重要提供者、社会养老保障市场化运作的积极参与者、养老服务业健康发展的有力促进者、经济增长和金融协调发展的稳定支持者。

（一）商业养老保险要成为个人和家庭商业养老保障计划的主要承担者

1. “失独”家庭的政策性商业养老保险应逐渐提升保障水平。目前，失独家庭现行的扶助制度存在一些不足，如立法仍处于空白、政策覆盖面过窄和保障水平较低、缺乏制度化的政策安排等。为此，本研究报告提出三个重要建议：一是为失独老人建立以扶助金政策为基础的社会养老救助体系，其目标在于由国家承担起为失独贫困家庭提供基本生活保障的财政责任。由国家承担责任，这是失独家庭养老保障的第一层次。二是为失独家庭参加养老保险制度提供额外的社会养老金补贴，旨在合理扩展失独家庭的养老收入来源，以鼓励个人多缴多得和长缴多得。我国社会养老保险基本实现全覆盖，但失独家庭相对于有子女家庭而言，收入来源不足，保障渠道单一。社会养老金补贴的资金来自国家财政，这是失独家庭养老保障的第二层次。三是通过政策性商业养老保险，为失独家庭提升养老保障水平。一方面要尽快出台税收优惠政策，鼓励失独家庭购买商业养老保险，在个人投保缴费、投资环节给予相应额度的个人所得税免征优惠；另一方面，可以通过财政出资、从社会抚养费中抽取资金等方式，对失独家庭个人购买商业养老保险产品给予保险补贴，补贴额度与个人缴费挂钩，个人缴费越多，缴费补贴越高。商业长期护理保险产品也应优先考虑失独

老人群体，给予他们必要的税收优惠和补贴政策。

2. 住房反向抵押养老保险应发挥政府担保机制来引导市场发展。2013年9月，国务院发布《关于加快发展养老服务业的若干意见》，提出开展老年人住房反向抵押养老保险试点；2014年6月，中国保监会出台《关于开展老年人住房反向抵押养老保险试点的指导意见》，提出开展住房反向抵押养老保险的重要意义、基本原则和管理要求，拟在北京等4个大城市对60岁以上拥有房屋完全独立产权的老年人开展反向抵押房屋用于养老的试点。从长远看，我国“4－2－1”型老年家庭群体庞大，还存在一个失独的老年家庭群体。此外，子女出国留学与境外就业的“空巢”家庭群体也十分庞大，以房养老具有现实可能性和较大的发展潜力。但是，作为一个新生事物，住房反向抵押养老保险必将受到多重因素的制约，尤其受到传统历史文化的束缚，以房养老将在较长时间内处于试点起步阶段。鉴于此，建议借鉴美国住房反向抵押的经验，在加强政府统筹协调，创建政府担保机制，完善法规、强化监管，培育市场体系，鼓励市场参与，针对重点人群设计产品等六个方面创造条件。

3. 建立长期护理保险应充分体现社会保险的支持和商业保险的政策突破。随着家庭结构的小型化、老年人独居比例的上升以及护理费用的上升，中国传统的依靠家庭成员照料的养老模式已经难以为继。调查数据显示，我国80岁以上的老人中需要护理的比例超过30%，90岁以上的高龄老人中每两位老人就有一位生活不能自理。与老年照护需求加速增长极不相称的是，我国长期护理保险市场发展滞后，造成长期照护筹资渠道单一。除少数地区（如青岛市）利用社会医疗保险基金偿付部分护理费用（包括家庭病床、老年医疗护理等）外，全国大多数地区长期照护的社会化筹资仍属空白。国内从事商业护理保险业务的多为专业健康保险公司，无论从产品数目还是业务规模上，都难以满足社会需求。鉴于目前在全国范围内推行强制性的社会护理保险尚不具备条件，本研究报告提出，应发挥国家和市场的双重作用，建立三个机制：一是对低收入和失能老年群体，通过养老院建立长期护理社会救助机制，资金来自财政；二是借鉴青岛等做法，从医保基金或养老基金结余中抽取一定比例建立起长期护理社会保险制度。三是给予一定税收优惠政策，鼓励发展商业长期护理保险。例如：针对个人购买长期护理保险产品和保险公司经营护理保险产品，给予相应的税收优惠；加强长期护理保险产品的开发设计，丰富产品类型和可操作性，可以考虑设计组合型的护理保险产品；在产品运作方式上，实现长期护理保险与服务进社区战略，把保险和服务结合起来；应鼓励商业保险公司参与长期护理社会保险的经办和精算业务，通过参与多层次的长期护理保险业务，促进市场发展。

（二）商业养老保险要成为企业发起的养老保障计划的重要提供者

中国人口年龄结构演变具有以下两个显著特征：一是在人口预期寿命延长和独生子女政策下，中国人口老龄化速度更快；二是中国人口老龄化具有典型未富先老的特征。从经济发展的角度来讲，在进入新常态之后，经济增长开始放缓，财政供给的增长能力将趋于下降，而民生又对财政支出提出了更多的需求，单纯依靠政府养老已经不切实际，养老保障体系的改革和重构已经启动。因此，商业养老保险的地位必须尽快得到加强，而其中一个重要领域就是强化企业在提供养老保障方面的地位和作用。

商业保险机构在企业年金市场的地位十分重要。目前，10 家企业年金基金法人受托机构中，来自保险系统的共 5 家，近 5 年来这 5 家机构受托管理的企业年金资产份额一直维持在全行业的 70% 左右。在 20 家企业年金基金投资管理机构中，有 4 家为专业养老保险公司，近 5 年来这 4 家公司管理的资产基本份额也接近 40%。2015 年开始实施机关事业单位养老保险制度，要求建立职业年金计划，职业年金基金的不断积累将给商业保险机构带来巨大利好。

企业年金计划待遇年金化发放是大势所趋，需要进一步推动该项工作得到落实。客观上讲，保险机构在企业年金计划待遇年金化产品的设计和供给上具有绝对优势。一般来说，企业年金的年金化发放，需要参保人退休时取出企业年金个人账户积累基金后，到商业保险购买年金化的保险产品，而保险机构可以设计出多种个性化的年金产品，满足不同参保人的多样化需求，可以说，保险机构在这项业务上的优势是其他金融机构所不具备的。

（三）商业养老保险要成为社会养老保障市场化运作的积极参与者

1. 参与社会保险经办。我国社会保险参保人数规模庞大，但社会保险经办机构受人员编制和办公经费的限制，扩充速度较慢，经办机构能力的提升速度赶不上服务对象人数增长速度。与国外相比，负荷压力更显突出。例如，我国养老保险经办人均负荷是美国老、遗、残保险制度（OASDI）的2.81倍，其中，最高的重庆市是美国的5.77倍，最低的青海省也比美国多880人。近年来，一些地方经办机构开始尝试将部分养老保险业务交给市场机构运作，常用的方式是合同外包，涌现出了一些成功案例，如新农保业务经办的德阳模式，说明商业保险参与社会养老保险经办服务既是必要的，也是可行的。具体来看，社会养老保险经办业务流程包括参保、退出、资金与信息等四个环节，商业保险机构均可有不同程度参与，包括有限接入养老保险关系转移接续、参与社会养老保险精算管理和待遇核算、承接社会保险费的代收代管业务、参与社会保险基金受托管理和投资管理、协助社会养老保险信息化和系统化建设等。

2. 参与社会养老保障基金投资运营。我国的社会养老保险有大量基金结余，到2014年底城镇职工基本养老保险基金和城乡居民基本养老保险基金累计结余合计已达到3.6万亿元。养老保险基金积累规模越大，保值增值问题越尖锐。

2015年8月颁布的《基本养老保险基金投资管理办法》，确定由省级政府作为委托人，全国社保基金理事会作为受托机构，全权负责养老保险基金的投资管理。与十几年来选择外部投资管理人一样，这个投资体制运转起来之后，也必将采取“直投+委托”的模式，必将再次选任评审一批新的投资管理人加入到养老保险基金的投资运营当中。目前，全国社保基金理事会选取的外部投资管理人共计18家，其中16家为基金管理公司，2家为券商。

在基本养老保险基金投资运营之后，外部投资管理人的选取范围应该扩展到保险公司。在过去10年里，保险业的资产管理公司在投资方面积累了经验，做出了贡献。例如，2015年度，在20家企业年金基金投资管理机构中，有保险公司7家、基金公司11家、券商1家、投资银行1家。数据显示，保险系资产管理公司业绩不俗。

3. 商业保险机构参与社会养老保障专业化服务。保险行业具有丰富的人寿精算经验和能力，社会养老保险至今没有对社会发布精算报告。人力资源和社会保障部门的精算队伍规模远不如保险行业雄厚，但对精算工作却有很大的潜在需求。保险业应发挥专业特长，积极为基本养老保险及其行政主管部门和经办机构提供相应的专业化服务，这是 PPP 的重要体现，也是公共采购的重要体现。

（四）商业养老保险要成为养老服务业健康发展的有力促进者

《国务院关于加快发展现代保险服务业的若干意见》提出，要创新养老保险产品服务，支持符合条件的保险机构投资养老服务产业，促进保险服务业与养老服务业融合发展。

商业养老保险在促进养老服务业发展上具有独特优势，可以从两个渠道促进养老服务业的发展：一是产品开发，即开发养老金管理与养老服务对接的保险产品（即养老服务保险产品）；二是资本运作，即投资养老服务机构或养老社区（即保险养老机构/社区）的建设和运营。

2013 年下半年开始，支持社会资本进入养老服务业的政策密集出台，保险服务业迎来与养老服务业全面融合发展的历史机遇，但是政策可操作性还需加强，支持手段还应明确，保险机构在产品创新和金融创新方面的动力还应提高。

1. 商业养老保险促进养老服务业健康发展面临的困难。一是老龄化对养老服务形成的巨大刚需与市场向高端集中形成的小众供给之间存在矛盾，商业养老保险还未能促进养老服务业走向大众化；二是保险系的养老社区存在“重资产、轻服务”的现象；三是政策性养老用地虽然降低了养老地产开发成本，但客户高端化的倾向将使政府逐渐收紧支持政策，保险机构在进入养老服务业时必须关注这个问题；四是保险养老社区的投资仍面临一些不确定性。

2. 商业养老保险促进养老服务业健康发展的路径。一方面，在政策上要加大对养老服务保险产品的支持力度，鼓励养老保险服务市场专业化分工，由保险机构一元自营改为各类机构参与的多元运营，政策支持要由注重所有者属性改为注重公益性程度；另一方面，在自身发展上要继续提升保险服务业素质，保险机构应重新定位，回归金融机构本质，充当养老服务业的重要投资者和金融产品提供者的角色，并且对养老社区投资回报的长期性和稳定性要有充分认识和思想准备，同时还应用好用足政策，拓宽服务领域。

（五）商业养老保险要成为经济增长和金融协调发展的稳定支持者

大力发展商业养老保险，将有益于促进经济增长和金融协调发展，有利于实现消费和投资的平衡增长，有利于优化金融市场结构，与经济和金融的发展正相关。

1. 商业养老保险稳定支持经济增长和金融协调发展的创新性制度设计。一是从综合化走向专业化，应鼓励设立更多专业性的特色养老保险公司，为社会提供差异化养老产品和服务。专业性是养老保险公司未来发展的核心竞争力。二是从资本到人才，养老保险机构要把人才战略作为经营战略的核心，加强专业人才队伍建设，建立与行业发展相匹配，甚至是超前的、创新的、更灵活的人才激励体制机制。三是从产品到产业，应鼓励养老保险资金支持养老产业发展，通过布局养老型地产、投资医疗机构等多种模式进入健康养老产业链，打造从养老保险产品到养老投资产业的大养老体系。四是从境内到境外，应鼓励养老保险资金全球化配置，挖掘投资机会。从国际保险资产管理行业来看，在成熟市场中，保险资金运用是多层次、多维度的，资金配置是国际化的。国内的养老保险资金也应该“走出去”，培养在全球市场为投资者进行资产配置的能力。

2. 商业养老保险支持经济增长和金融协调发展的政策建议。一是建议养老保险资金加大向养老产业的倾斜力度，实现保险产业与养老产业的更好融合。“产品链”和“产业链”是未来养老保险产业发展的趋势，应鼓励保险机构以产品化为手段打造养老保险资金与养老产业的更好融合。例如，在产品开发上，打造与保险产品挂钩的养老社区。二是建议养老保险资金扩大另类投资比例，以多种投资方式支持经济增长与民生保障。近年来，另类投资占保险资金投资比例逐年提升。截至2015年9月末，保险资金另类投资占比约为27.49%，同比增长31.8%。对保险机构发展而言，另类投资收益比较稳定，通常高于固定收益产品，但波动性小于权益类产品，应通过诸如债权投资计划、股权投资计划、资产支持计划等另类投资为经济发展提供长期稳定的资金保障。三是建议打造保险系的养老金管理公司，促进大资管时代金融协调发展。2015年11月20日，首个银行系的养老金管理公司“建信养老金管理公司”正式挂牌开业。毫无疑问，在“十三五”期间，保险系养老金管理公司也将大有作为。可以预见，养老金管理产业将是未来大资管时代的重要竞争领域。

二、商业养老保险发展严重滞后

总的来看，我国第三支柱商业养老保险的规模还很小，在三支柱框架中相差悬殊，我国养老保险三支柱框架还难以成立。

（一）商业养老保险资产占 GDP 比重非常小，仅为 2.6%，而美国则高达 42.5%

根据中国保监会发布的《2014 年保险统计数据报告》，2014 年全国保险业总资产为 101 591.47 亿元，其中，产险公司总资产 14 061.48 亿元，寿险公司总资产 82 487.20 亿元，再保险公司总资产 3 513.56 亿元，资产管理公司总资产 240.64 亿元，他们各占总资产的 13.8%、81.2%、3.5%、0.3%。从财产险和寿险资产占总资产的比例来看，前者直线下降，后者骤然上升。2012 年财产险占比高达 30%，到 2014 年下降到 13.8%，而寿险从 2012 年的 70%（5.2 万亿元）上升到 2014 年的 81.2%。由此看到，财产险与寿险的此消彼长十分明显，其中，寿险增速令人惊讶。但是，多年来的比例规律显示，在寿险资产中，80% 属于理财产品，大多为分红型养老保险，而只有 20% 属于传统的养老保险，如年金保险和生存保险等产品，这些产品是真正的养老保险资产，换言之，2012 年的养老保险产品仅为 1 万亿元左右。按照这个比例来推算，在 2014 年 82 487.20 亿元的寿险资产中，真正的养老保险资产仅为 1.64 万亿元，占当年 GDP（63.65 万亿元）的比重是 2.6%。相比之下，截至 2014 年 12 月，美国第三支柱 IRA 的资产为 7.4 万亿美元，占当年 GDP 的比重是 42.5%。

（二）商业养老保险替代率非常低，仅为 1.1%

根据《2014 年保险统计数据报告》，寿险业务全年给付支出总额为 2 728.43 亿元，如按 20% 来计算，则商业养老保险当年给付支出为 546 亿元，若按 2014 年底城镇职工基本养老保险的养老金领取人 8 593 万人计算，全年城镇老年人的商业养老保险给付支出为 635 元，月均 53 元，而

2014 年底城镇企业人员月均养老金为 2 061 元，两个支柱的待遇合计为 2 114 元。根据统计，2013 年城镇单位就业人员平均工资是 51 483 元，如按过去 5 年 11% 的增长率来推算，2014 年城镇单位就业人员平均工资应该是 57 146 元。于是我们可得出，2014 年两个支柱待遇合计的替代率是 44.4%（2 114/4 762），其中，第三支柱的商业养老保险仅为 1.1%（53/4 762）。

（三）商业养老保险密度非常小，仅为 185.56 元/人，而美国则高达 1 258.7 美元/人

保险密度是指一国总人口计算的当年人均保费收入。2014 年全国保费收入为 20 234.81 亿元，保险密度为 1 479.04 元/人。其中，寿险公司原保险保费收入为 12 690.28 亿元，即人寿保险密度为 927.77 元/人。若按养老保险占寿险 20% 的比例来推算收入结构的话，2014 年养老保险收入应为2 538.06 亿元，养老保险密度应为 185.56 元/人。相比之下，美国养老保险密度高达 1 258.7 美元/人。

（四）商业养老保险深度非常低，仅为 0.4%，而美国是 2.3%

保险深度是指当年保费收入占 GDP 比重，由此算出 2014 年的保险深度为 3.2%，人寿保险深度为 2.0%。如果剔除 80% 的理财产品，按 20% 的收入结构来推算养老保险的收入，那么 2014 年养老保险深度仅为 0.4%。相比之下，美国养老保险（仅将 IRA 计算在内，不算其他养老保险市场产品）深度为 2.3%。

上述四个方面的数据显示，中国商业养老保险的规模非常小，除保险文化等很多其他原因之外，商业养老保险的税优政策始终没有落地是重要原因之一。相比之下，包括美国在内的几乎所有发达国家的商业养老保险均享有一定的税收优惠政策。

三、商业养老保险的紧要性：国际比较

（一）第三支柱商业养老保险是国民福祉的社会基础设施

在发达国家，多层次养老金制度早已被视为社会基础设施的组成部

分，与市政基础设施具有同等重要地位，尤其是第二支柱和第三支柱养老金制度，其明晰的个人产权和量化的账户资产等特征使之在家庭财富中独立出来成为一个重要成分。这里以英国和美国为例，来分析家庭财富中个人养老金的地位。

在英国，家庭财富由不动产、实物财产、金融资产、个人养老金（不包括公共养老金，即现收现付的基本养老保险）等四个成分构成。截至 2012 年底，全英家庭财富净值（财富总资产减去家庭债务，如购房按揭和教育贷款等，下同）是 9.5 万亿英镑。其中，不动产 3.5 万亿英镑，实物财产 1.1 万亿英镑，金融资产 1.3 万亿英镑，个人养老金 3.6 万亿英镑（含第二支柱）。英国家庭财富净值构成说明养老金地位十分重要，规模非常可观，几乎是金融资产的 3 倍，是金融资产和实物财产合计的 1.5 倍。如果剔除养老金，全英家庭财富净值仅为 5.9 万亿英镑，或者说，英国家庭财富净值里有 1/3 是养老金。从养老金分布来看，76% 的家庭拥有个人养老金，其中，私人部门 40% 的雇员拥有个人养老金，人均市值中位数为 2.4 万英镑；公共部门雇员拥有个人养老金的比例高达 85%，人均中位数高达 4.3 万英镑。

美国联邦储备银行发布的最新数据显示，截至 2015 年 6 月底，美国家庭财富毛值为 99.99 亿美元，减去家庭负债 14.28 万亿美元（其中，住房按揭 9.4 万亿美元，教育贷款 3.4 万亿美元，其他 1.5 万亿美元），美国家庭财富净值（含非营利组织的财富）为 85.71 万亿美元。在 85.71 万亿美元净值里，不动产为 24.6 万亿美元，物质财富为 5.6 万亿美元（主要是耐用消费品和设备等），金融资产为 34.4 万亿美元（主要是存款、股票、共同和寿险等），养老金资产为 21.1 万亿美元。在 21.1 万亿美元养老金资产里，第二支柱企业年金（例如，典型的 401k）资产为 17.2 万亿美元，57% 的家庭拥有企业年金，每个家庭 22 万美元；第三支柱“个人退休账户”（IRA）7.4 万亿美元，34% 的家庭建立个人退休账户，每户平均为 18 万美元。

英美两国案例显示，美国家庭财富的构成中，金融资产比重大大高于英国，是英国的三倍多，而养老金、不动产和实物财产等三部分的占比都比英国略低一些，或者说，美国的养老金财富大致占其家庭财富净值的 1/4 左右，英国占 1/3 强。

中国家庭财富的数据在国内没有看到官方统计，瑞士信贷发布的《全球财富报告 2015》较为权威。该报告认为，中国家庭财富总值为 22.81 万亿美元，位居世界第二，仅次于美国；日本排名第三为 19.84 万亿美元，英国排名第四为 15.6 万亿美元，法国和德国分别为第五和第六，家庭财富总值分别为 12.7 万亿美元和 11.9 万亿美元。在中国家庭财富总值 22.81 万亿美元中，剔除债务 7.9%，家庭财富净值为 21.0 万亿美元，其中金融资产占 52.1%，非金融财富占 47.9%。金融资产是减去个人养老金之后得出的；不动产是从非金融财富中占 69.2% 的比例推算出来的。

与英美相比，中国家庭财富净值的特点是：存款占比太高，定期和活期存款合计占金融资产的 70.7%；不动产占比太高，财富流动性不好；个人养老金规模小，几乎可以忽略不计。全力以赴推动第三支柱建设是社会基础设施的重要一环，是打造软实力的重要表现，在新常态下对拉动经济可持续增长具有重要作用。

（二）第三支柱商业养老保险是资本市场的压舱石

多层次养老金体系和第二支柱、第三支柱养老金的建立与完善，不仅是国民福祉的社会基础设施，也是资本市场的压舱石。

中国股市建立 25 年来，始终处于与经济高速成长脱节的“两张皮”状态，即长期低迷，熊多牛少，十分不稳定，这在全世界也是罕见的。毫无疑问，中国股市最深层次缺陷之一在于投资者结构失衡，即长期资金的机构投资者太少，90% 为“大妈”群体散户投资者，具有鲜明的投机性。中国不成熟的股市缺乏压舱石，这个压舱石就是长期基金及其机构投资者。

美国股市市值 24 万亿美元，而第二支柱、第三支柱养老基金合计为 24.6 万亿美元，与股市市值几乎相等。推算起来，美国股市里有一半以上为养老基金，且主要由机构投资者持有，机构投资者占股市投资者的 90%。作为股市的压舱石，机构投资者追求的是长期持有和价值投资，理性投资占绝对统治地位，对“刚性兑付”具有相当的抑制、缓解作用，短期的异常波动难以导致投资者“集体跳水”，这就是“成熟股市”与“大妈股市”的本质区别。

由此看来，在成熟的股市里，养老基金既是股市的主要投资者，也是股市的受益者，还是股市的支撑者，几十年无须兑付的养老金离不开高风险、高收益的股市，股市也离不开养老基金为其坐镇压仓，养老基金与股市互为所需，相得益彰。

发达国家股市较为成熟，除其他原因以外，机构投资者发展迅速是重要原因之一。例如，1981 年 OECD 的机构投资者规模仅为 3.2 万亿美元，占当年 GDP 的 38%，到 1995 年就达 24.3 万亿美元，首次超出 GDP 的规模，是当年 GDP 的 106%，大大超过当年 OECD 的全部股票市值（14 万亿美元）。2012 年骤升至 83.2 万亿美元，是 GDP 的 180%，其中，共同基金 30 万亿美元，保险公司 24.5 万亿美元，养老基金 21.8 万亿美元，社会保险基金和主权养老金等合计 6.9 万亿美元。

机构投资者由共同基金、保险公司和养老基金三驾马车组成。在中国，共同基金和保险虽然分别只有 7 万亿元和 10 万亿元，但毕竟初具规模，只有养老基金“瘸腿”，第二、第三两个支柱合计仅有 1.8 万亿元。重要的是，“机构投资者”与“长期投资”往往不是一回事，例如，中国的基金公司已经超过百家，但基金公司受托管理的基金则主要是短期的，散户投资者可以随时赎回。

近年来，机构投资者和长期投资的重要性越发显现。2012 年 2 月，OECD 专门设立了“机构投资者与长期投资”工作小组，定期出版研究报告，并联合 APEC 和 G20 采取共同行动，以期协调对基础设施的绿色投资，实现“绿色增长”，促进“大型机构投资者”的发展。OECD 认为，大型机构投资者可以提供稳定的长期投资资本。目前，OECD 已有 86 个大型机构投资者，管理资产超过 10 万亿美元。

运用税收杠杆建立和推动第三支柱，还可调整金融结构，建立完善的 EET 和 TEE 型个人账户，可以引导将银行存款通过“搬家”到资本市场，将银行存款“置换”为资本市场的长期投资资金，其意义重大。

股市既可成为加速打造中产阶层的利器，也可成为吞噬中产阶层财富的恶魔；既可成为社会福利的源泉，也可成为社会分化的加速器；既可成为社会稳定的加油站，也可成为社会分裂的导火索。打造第三支柱体系，本来的目的是为了提高居民退休收入水平，促进其多样性，但同时也成为改造股市的重要契机；反过来，成熟的股市也是构建长期国民福祉的“社会基础设施”。

四、商业养老保险的核心设计

（一）建立个人商业养老保险账户平台，通过个人账户进行交易

从法理上讲，对免纳、减征或延迟缴纳的个人所得税项目均应由“个人所得税法”做出规定，即使几十年后领取养老金时缴纳个人所得税，其纳税主体依然是“个人”，而不是“产品”。因此，“延税”意味着建立一个“跨期”的养老纳税体系，这个体系的载体便是个人账户系统，由此建立起一个社会诚信体系。从终生记录的角度看，在缴费者长达几十年的连续供款过程中，建立个人账户作为终生交易记录和纳税跟踪载体将更稳定、更方便。因此，建立“个人商业养老保险账户”（以下简称“个人账户”）系统应成为社会诚信系统的一个标志；从便携性上讲，如果把个人终生交易记录绑定在产品上或机构上，就不利于缴款人在劳动力市场自由流动，在频繁变换职业或岗位时将会受到限制，缴费人也不利于在不同机构和不同产品之间进行转换，“用脚投票”的市场原则就会受到束缚，将不利于建立竞争规范的保险市场制度；从产品范围上讲，缴费人可以根据个人的风险偏好，通过账户购买任何保险产品而不受限制。例如，从传统险、分红险，到万能险、投连险，均在“保险产品超市”中进行选购，并且可以转换产品、转换公司，也可同时购买若干产品进行组合。从上述四个角度看，所谓“延税型养老保险产品”，实则为延税型个人商业养老保险账户，只有通过个人账户才能进行契约型交易活动，只有在退休后才予以课税。试点期间，可以设计示范性税延商业养老保险产品，包括固定收益型和浮动收益型，满足不同年龄段、不同风险偏好人群的需要。

从国外经验看，个人账户兼具契约型与信托型两种功能特征，既可作为购买保单的交易型账户，又可转为投资的资本化账户，适用于不同层次的社会需求和不同群体的风险偏好，同时又可充分调动资本市场各个金融主体的主动性和积极性，为个人养老账户系统提供多样性和差异性的投资品。

（二）第三支柱“双向税优”并举的税收政策

建议实行“双向税优”政策，即在实行“延税型”EET 账户（退休领取时纳税）的同时，设立“免税型”的 TEE 账户（对账户实行税后缴费，但在退休领取时实行全免的政策，对投资收益和缴费均免征个税）。

国外的经验显示，有两个原因将促使选择 TEE 的人数比例越来越大：一是 TEE 账户合理规避了资本利得税，成为中产阶层的一个重要选择。当然，这就需要对个人所得税实行一揽子设计，在实行 TEE 账户的同时，对股票交易和购买基金产品课征资本利得税，旨在诱导其在个人账户里进行投资。二是 TEE 账户使用起来更加方便，领取养老金时免征个税，更符合中国敬老爱幼的历史文化传统。由于 TEE 型账户具有良好的便携性、可及性与透明性，其个人账户投资额度应高一些，这样，供人们自愿选择的空间更大一些，从而实现多赢。只要制度设计科学合理，第三支柱的覆盖面应该可以达到第一支柱的水平。美国就是一个案例。

（本文摘自《中国养老金发展报告（2015）》，经济管理出版社 2015 年版）

农村养老的困境与对策

赵强社[*]

改革开放30多年来，农业的经营方式从单一经营向多种经营转变，农民身份从单一生产者身份为主向生产者、经营者、投资者等多元化身份转变，家庭结构从传统的大家庭向小型化结构转变，加之城乡二元分割体制的深刻影响，“未富先老”、“未备先老”的社会现实使农村养老宜选择多元化方式。

一、农村养老模式

（一）农村家庭养老

1. 农村家庭养老的内涵。家庭养老是主要的养老方式，也是最基本、最重要的养老制度之一。对家庭养老的界定主要有三个层次：家庭养老是建立在血缘关系基础上的亲情养老；家庭养老是解决养老问题的具体方式；家庭养老是家庭或家庭成员支持的养老。家庭养老作为中国社会的一种优良传统，是以家庭为核心，以子女为载体，以老年人年老体弱、失去劳动能力而坐享天伦之乐为目标的一种养老模式，内容包括经济供养、生活照料、精神慰藉等三方面。对不同时期、不同老年群体、不同赡养群体来说，家庭养老的侧重点不同。传统的家庭养老作为一种维系社会稳定和代际情感交流的纽带，与西方的“接力”循环模式不同，是一种“反哺”循环方式，即父母抚养子女、子女成人后赡养父母。

---

* 赵强社，中国小康建设研究会城乡发展一体化工作委员会主任。

家庭养老的现实必要性：一是家庭养老是现阶段农村生产力发展水平的必然要求。我国目前仍处于社会主义初级阶段，经济文化尚不发达，在工业化完成前基本没有社会保障积累，人们在来不及反应的情况下“跃”进老龄化社会，众多的农村老龄化人口对养老的巨大需求与政府和社会对农村养老资源供给有限的矛盾将长期存在。因此，在社会保障替代水平极低的情况下，家庭养老仍然是农村人口最主要的老年生活保障方式。二是敬老文化使我国家庭养老既注重物质赡养又注重精神慰藉。敬老文化将崇老观念和价值观赋予家庭养老，因而使家庭养老的家庭行为转变为社会行为、短期行为转变为世代相继的行为、随意性行为转变为规范性行为。养老不再是人们的一种重负，而是一种社会美德。美国老龄研究所所长曾说：“西方的经验是家庭结构一旦被破坏了，要想再恢复那几乎是不可能”，“如果你们对老人的社会保障和服务机构没有发展起来，可又把传统家庭结构破坏了，那么必将发生一场悲剧。”

一般把家庭养老叫作居家养老，但二者内涵又有不同。家庭养老有两个阶段，一个是传统家庭养老，一个是现代居家养老。现代居家养老是传统家庭养老的高级阶段。传统家庭养老具有农业社会特点，其支持系统靠血缘关系，责任主体为家庭或宗亲。从传统家庭养老服务走向现代居家养老服务，既是工业化与城镇化发展的结果，也是应对人口老龄化和家庭核心化的必然要求。现代居家养老源于工业化，其支持系统为社会关系，责任主体包括家庭和社会与政府。

2. 农村家庭养老的困境。农村家庭养老面临着“两个枷锁”、“两个不足”。人口老龄化和家庭小型化是加重家庭养老负担的“两个枷锁”，农村人口老龄化、高龄化，家庭结构小型化出现了人口的赡养与抚养结构呈现“倒三角”的“四二一”家庭结构，使得农村家庭养老不堪重负。社会养老、土地养老作为农村养老保障的两个外辅支持不足。在“未富先老”、“未备先老”的情况下迎来了人口老龄化，以家庭养老为主要模式的养老制度正面临深刻的资源危机。随着农村社会结构和文化的变迁，家庭养老制度面临着传统的支持性资源逐步萎缩、流失，新的替代性资源又未能有效形成的困境，主要表现在家庭养老的制度基础（父辈对财产等资源的控制地位是其赖以获得被认为是交换子孙赡养的主要制度基础）已经改变、家庭养老的支持性文化（孝道观念）正在衰落、人口流动背景下的老人照料资源短缺和血缘关系弱化（农民工“市民化”、“公民化”）、养老行为的规范资源（最主要有法律、社区行政组织、宗族制度和公共舆论）消失或功能减弱、新的制度资源开始进入但是远远不足。

3. 农村家庭养老的对策建议。

（1）以“孝道”文化为魂。大力提倡社会主义孝道文化是转型期社会的客观需要，其不单单要解决个别家庭问题，而是要解决带有普遍性的社会问题，既有现实意义又有长远意义。对于家庭来说，代际之间的互帮互助有利于建立良好、和谐的家庭关系。家庭关系是社会关系的细胞，良好的家庭关系有利于社会和谐。

（2）以法律法规为绳。《中华人民共和国老年人权益保障法》明确规定，“老年人养老以居家为基础，家庭成员应当尊重、关心和照料老年人”，“赡养人是指老年人的子女以及其他依法负有赡养义务的人”。这些规定表明，家庭养老是国家政策和法律规定的法定义务，公民必须无条件履行。加强养老立法，建立和完善老年法规体系，维护老年人合法权益，是保障农民家庭养老的最为有效的措施。要尽快制定全国性的保护老年人合法权益的法规及实施细则，对一些不愿意赡养、虐待老人及有赡养争议的家庭要签订赡养协议书，实施《赡养协议公证细则》。可以仿效新加坡在1994年推出的《赡养父母法》，对违法的家庭和个人给予相应的处罚。

（3）以创新方式为本。新型家庭养老面临着农民生产生活方式的重大变革，因此，家庭养老也要适应这一变革，要创新家庭的概念，扩大家庭的内涵。中共中央办公厅、国务院办公厅《深化农村改革综合性实施方案（2015）》提出，加快培育家庭农场、专业大户、农民合作社、农业产业化龙头企业等新型农业经营主体，解决谁种地的问题。农业经营主体从农民家庭向家庭农场、专业大户、农民合作社、农业产业化龙头企业转变是发展现代农业的本质要求。家庭养老要顺应这一变化，探索养老主体从家庭向家庭农场等新型经营主体转变的新模式。

（二）农村社区养老

1. 农村社区养老的内涵。农村社区养老是指以村委会或社区居民委员会为组织依托，以村落、村庄或新型农村社区为载体，充分利用政府、社区、家庭、个人等各方资源，为农村老年人提供衣食住行上的方便以及生活照料、医疗护理、心理保健、文化教育、体育娱乐、法律咨询等养老服务，使他们在熟悉的环境中得到帮助和照顾。它是对传统家庭养老的一种传承与改进，有利于农村老年人的自养和互助，还可以弥补传统家庭养老、机构养老的不足，使老年人体会到村集体或社区组织的关怀和精神满足感，使其能够安享晚年。

社区养老不是机构养老。2013年6月28日民政部令第48号《养老机构设立许可办法》第三十条规定“城乡社区日间照料和互助型养老场所等不适用本办法”。社区养老固然需要社区养老设施，但这些设施与机构养老不同，因为它是公共服务设施，是不具有法人资格的养老机构。社区养老是为居家养老提供必要的依托和辅助，是为了更好地实现居家养老的效果，而机构养老则是在居家养老和社区养老无效时不得已而选择的养老方式。居家养老与社区养老构成包括能够自理和部分失能的绝大部分老年人群的养老服务方式。机构养老对象目前主要为完全失能或者年迈的孤寡等少部分老年群体。

农村社区养老模式的特点：一是人性化。受传统伦理观念影响，农村老年人更愿意在自己熟悉的环境中养老，而社区养老是家庭养老的延伸，它没有改变老年人的生活环境和人文背景，老年人既能充分享受社区提供的服务，又不脱离温馨的家庭环境和熟悉的社区环境，既能享受与家人在一起的天伦之乐，又能享受与邻居在一起的邻里之情。另外，随着年龄的增长，老年人适应社会、进行正常生活的能力逐渐降低，相比而言，在自己熟悉的社区环境中养老更易让老年人接受。二是地域化。地域的特殊性决定了各地区养老需求的不同，农村社区能够深入了解当地老年人的需求，按需灵活化养老。同时，农村社区内的成员之间都是相互了解的，因此对困境中的老人的保障和救助也更直接和快捷。三是互助化。在我国传统观念中存在着“出入相友，守望相助、疾病相扶”的互助风气。在熟人社区中，社区文化及集体意识和集体良心为农村社区养老服务提供了道德支持，一些自发互助互帮活动得以体现。

2. 农村社区养老的困境。

（1）政府主导作用及财政投入不足。社区养老属于公共服务，是公益事业、民心工程，政府应发挥主导作用：一方面体现在政府为支持农村社区养老服务的发展出台一系列社会福利法规政策，同时引导非营利机构并组织志愿者开展社区养老工作；另一方面表现为政府应持续加大对农村社区养老的财政投入，为农村社区养老发展提供资金支持。然而，目前来看这两方面都不够。财政资金的缺乏导致农村社区设施更新及维护受到影响，养老服务供给不足，老年人无法得到更好的养老保障。

（2）农村社区养老相关法律制度不完善。关于农村社区养老，我国到目前还没有一部专门的法律法规。相关法律制度的缺失使得农村社区养老缺乏规范，无章可循、无法可依，使农民对社区养老缺乏信任。

（3）农村社区养老缺乏良好的管理监督机制。各地区都在摸索，大多由于管理不善，达不到预期效果。同时，由于缺乏相应的奖惩机制，使农村社区养老处于一种得之我幸、失之我命的状态。

3. 农村社区养老的对策建议。

（1）做到“两个加大”，即加大财政资金投入与社区养老设施建设力度。要切实落实中央关于实现城乡基本公共服务均等化的要求，各级政府应有计划地推进农村社区养老服务事业，加大政策投入和资金投入，借鉴城市社区养老服务的经验、做法，支持和推动农村社区养老扶助计划，建立符合农村社区特殊性要求的老年服务中心，建立集休闲娱乐与生活照料于一体的老年之家。大力推动专业化的服务项目的开展，构建农村社区养老服务网络，为老年人提供就近就便的多种服务。2013 年国务院《关于加快发展养老服务业的若干意见》提出，“凡新建城区和新建居住（小）区，要按照人均用地不少于 0.1 平方米的标准配套建设养老服务设施，与住宅同步规划、建设、验收和交付使用；老城区和已建成的居住（小）区，要限期通过购置、置换、租赁等方式开辟养老服务设施。”农村社区应该比照执行。

（2）发挥“三个主体”作用，即政府的主导作用、村委会或社区居委会的组织作用、非营利组织的参与作用。政府是农村社区养老的主导者，要为农村社区养老提供法规和政策支持，作为农村基层工作的重要内容，把社区养老纳入农村社会事业发展规划中同时应制定相关配套政策，解决社区养老与农村合作医疗制度衔接、鼓励社会力量投资农村养老事业等方面的问题。村委会或农村社区居委会是农村社区养老的具体组织者。村委会主要职责之一就是办理本村的公共事务和公益事业，村委会的工作人员大都为本村村民，与村民相知相熟，因此只有村委会才能担负起社区养老的管理重任，动员社区内外各种资源为老人提供养老服务。非营利组织是农村社区养老的直接参与者，政府应当积极培育农村非营利组织，建立非营利机构农村养老服务的准入制度，充分发挥其在经营社区养老院、开展慈善公益活动和志愿者活动等方面的积极作用，为农村社区提供多元化的养老服务，满足农村社区老人多样化需求。

(3) 突出“两个重点”，即形式上突出新型农村社区养老试点和内容上突出社区老年健康文化活动的重点。建设新型农村社区是顺应现代化发展、实现农民就地城镇化的必然要求。四川、山东、陕西等地进行了大胆试点，陕西省咸阳市更是把在新型农村社区建设社区养老机构与建设幼儿园、图书室、活动室、卫生所等一并列入社区建设要求监督考核。2015年5月31日，中共中央办公厅、国务院办公厅《关于深入推进农村社区建设试点工作的指导意见》提出健全农村“三留守”人员关爱服务体系，重点发展学前教育和养老服务，建立农村社区“三留守”人员动态信息库，扩大呼叫终端、远程监控等信息技术应用；推进农村社区养老、助残服务，组织引导农村居民积极参加城乡居民养老保险。可见加快农村社区养老试点，中央有要求、农民有需求。另外，农村社区养老要突出社区老年健康文化活动这个重点。随着年龄的增长，老年人对精神层面的需求更加强烈，为老年人开展精神文化活动，有利于老年人的身心健康和农村发展。农村社区养老应根据不同年龄段老人的特点提供多种形式的文体休闲活动，社区可以成立老年歌唱团、书法班、棋牌社等，使老年人的精神生活丰富多彩。

（三）农村制度养老

1. 农村社会养老保障制度的内涵。农村社会养老保障制度是为保障民生并促进社会进步，由国家和社会以立法为依据出面举办，由政府机关和社会团体组织实施，对农村老年人群提供的福利性物质援助和专业服务的制度和事业的总称。农村社会养老保障制度包括农村社会养老保险制度、社会福利养老制度、商业化养老保险制度三部分，其中以农村社会养老保险制度为主。所以，本文只着重探讨农村社会养老保险制度。

农村社会养老保险是指通过个人、集体、政府多方筹资，将符合条件的农村居民纳入参保范围，达到规定年龄时领取养老保障待遇，以保障农村居民年老时基本生活为目的，带有社会福利性质的一种社会保障制度。农村养老保险制度先后经历了初步探索与试点推广（1982～1994年）、逐步发展（1994～1997年）、衰退停滞（1998～2008年）、崭新发展（2008～2014年）以及城乡统筹（2014年至今）五个阶段。2008年10月，党的十七届三中全会提出要建立新型农村社会养老保险制度；2009年9月，国务院发布《关于开展新型农村社会养老保险试点的指导意见》，规定2020年基本建立覆盖城乡居民社会保障体系的目标。新型农村社会养老保险制度是在总结完善我国20世纪90年代开展的农村社会养老保险（简称老农保）制度的基础上建立起来的一项崭新制度。新农保制度的创新主要体现在：一是实行基础养老金和个人账户养老金相结合的养老待遇计发办法，国家财政全额支付最低标准基础养老金；二是实行个人缴费、集体补助、政府补贴相结合的筹资办法，地方财政对农民缴费实行补贴。新农保制度强调了国家对农民老有所养承担的责任，明确了政府资金投入的原则，这是与老农保制度仅依靠农民自我储蓄积累的最大区别。新型农村社会养老保险制度的基本原则为“保基本、广覆盖、有弹性、可持续”。新型农村社会养老保险制度的建立，对确保农村居民基本生活、实现农民基本权利、推动农村减贫和逐步缩小城乡差距、维护农村社会稳定具有重要意义。

2014年2月，国务院出台了《关于建立统一的城乡居民基本养老保险制度的意见》（国发［2014］8号），在总结新型农村社会养老保险和城镇居民社会养老保险试点经验的基础上，决定将新农保和城居保两项制度合并实施，在全国范围内建立统一的城乡居民基本养老保险制度，从2014年7月1日起施行。

2. 农村社会养老保障制度的困境。

（1）低水平问题。社会化水平低，目标人群的覆盖面窄；保障水平低，不能完全起到社会保障的作用；管理水平低，农村养老保险缺乏健全的、法制化的管理和规范；认识水平低，农民思想观念不适应。根据中国人民大学老年学研究所发布的《中国老年社会追踪调查（CLASS）》报告公布的数据推算，城市机关事业单位离退休老人的养老金是农村社会养老保险的50倍。城市中71.93%的老年人最主要的生活来源是养老金，而农村仅有17.22%的老年人能够依靠养老金生活。

（2）制度不适应问题。一个地区的经济发展水平通过影响地方财政、农民收入等方式影响农村社会养老保险制度的建设、改革和发展。但目前，农村养老保险制度未根据农村地区的经济发展水平的不同而实施相应的养老保险制度，未能根据农村不同群体而建立不同形式的、针对性较强的农村养老保险模式，如对农村留守务农人员、进城务工经商人员、在农村企业工作的职工等实施一个养老保险模式。

（3）不公平问题。城乡二元户籍制度导致了养老保险在城乡之间建立起点的不公平、养老资源分配的不公平、享受待遇的不公平。城市居民养老保险大部分由国家和社会承担，但是在农村，国家只拨付极其有限的资金，大部分靠农民个人承担，极大地影响了农民的参保积极性。

3. 农村社会养老保障制度的对策。

（1）明确一个目标，即逐步建立城乡养老一体化制度。首先，我国农村养老保障制度建设要以城乡一体化为最高顶层设计。《中华人民共和国社会保险法》规定，要做好城镇职工基本养老保险与新型农村社会养老保险制度、城镇居民社会养老保险制度的衔接，2020 年前全面建成公平、统一、规范的城乡居民养老保险制度，与社会救助、社会福利等其他社会保障政策相配套，充分发挥家庭养老等传统保障方式的积极作用，更好地保障参保城乡居民的老年基本生活（国发［2014］8 号）。其次，我国农村养老保障制度建设要特别注意适应农村人口老龄化快速发展的趋势，适应农村劳动力向城市转移的要求，适应农村养老的地区差异，适应现代农业发展特别是新型农业经营主体成长，要能弥补传统家庭养老模式遭遇的新挑战。

（2）新农保是农村养老保障制度的基石，要不断完善保费分摊机制，提升农民对新农保的满意度。要适度提高农村养老保障水平，随着经济社会发展，特别是农村人口供养水平的提升，适度提高农民养老金领取水平，切实发挥养老保障金对农民基本生活的保障作用。要不断完善缴费机制，在坚持国家、地方政府、农民个人缴费三方统筹的基础上，将农民个人统筹改为家庭统筹，从而提高家庭的地位和作用。

（3）建立多元化农村养老保障制度。新农保制度在长时期内会出现多种制度并存的局面，但是应尽可能地覆盖所有农业人口，与农民工养老保障制度、失地农民养老保障制度以及城镇养老保障制度一并构成一个初级社会公平的养老保障体系。农村社会养老保险应该形成传统家庭养老保险、基本社会养老保险、商业保险和个人账户储蓄型养老保险相结合的多渠道、多层次社会养老保险体系，从根本上提高农民的养老能力。从农村老年人面临的贫困、疾病、失能“三大风险”出发，建立养老保险、医疗保险、护理保险三大制度。

（4）加大宣传，提高农民参与意识。新型农村养老保险制度的建立意味着广大农民必须冲破传统思想、文化及价值取向的阻滞，实现从传统的家庭养老向现代社会养老的根本转变。因此，要在全国普遍推行新农保制度，就需要加大新农保政策的宣传，使广大农民意识到参与收益，并且强调农村养老保险工作有国家法律、法规的约束，不会损害参与者的利益。通过激发参保积极性，使更多的适龄农民主动参保，为推进农村社会养老保险工作奠定良好的思想基础。

（四）农村机构养老

1. 农村机构养老的内涵。机构养老，是指以养老机构为主导，为老年人提供解决日常生活困难的社会化养老服务模式。机构养老的载体是敬老院、老年公寓、托老所、老年护理院等，这些养老机构具有专业化、社会化、市场化的特征，其职能是提供专业化的老年人生活照顾服务，其服务对象主要是半自理和完全不能自理的老人，也包括完全能够自理的老人。机构养老可分为三类：自理型养老机构、助养型养老机构、养护型养老机构。财政部、国家税务总局《关于老年服务机构有关税收政策问题的通知》（财税［2000］97 号）指出，“本通知所称老年服务机构，是指专门为老年人提供生活照料、文化、护理、健身等多方面服务的福利性、非营利性的机构，主要包括老年社会福利院、敬老院（养老院）、老年服务中心、老年公寓（含老年护理院、康复中心、托老所）等。”中华人民共和国民政部令第 49 号《养老机构管理办法》（2013 年 7 月 1 日起施行）第二条指出，“本办法所称养老机构是指依照《养老机构设立许可办法》设立并依法办理登记的为老年人提供集中居住和照料服务的机构。”可以看出，机构养老有两个特点：一是福利性、非营利性；二是应当取得许可并依法登记。农村养老机构是指为农村老年人提供集中居住、生活照料、康复护理、精神慰藉、文化娱乐等服务的老年人服务组织，其主要服务对象是农村失能、半失能老年人。

机构养老不等同于市场化养老。虽然机构养老在社会养老服务体系中具有支撑作用，养老服务机构在建设和运行中也具有一定的市场化性质，且市场化在一定程度上可以满足部分老年人的较高水平养老需求，但养老机构的首要和核心属性是公益性，市场化属性是其部分的和次要的属性。市场化是为了整合社会养老服务资源而采取的手段，提供质量优良、价格适度的养老服务才是机构养老服务的根本目标。

2. 农村机构养老的作用和特点。一是社会化养老服务的重要载体。机构养老代表着社会化养老服务的水平，随着我国市场经济体制的不断完善，机构养老服务开始向产业化方向发展。二是专业化养老服务的重要平台。机构养老有严格的准入门槛、有专业化的设施设备、有规范的服务流程和监管、有具备丰富经验的专业人才。这是社会发展和老年人需求层次不断提高对机构养老提出的必然要求。三是扩大消费和促进就业的重要手段。随着经济社会快速发展，未来老年人群对机构养老的需求会不断增长，这将有利于刺激内需、拉动消费、创造大量的就业机会。

3. 农村机构养老的困境。

（1）发展面临“两大怪象”。一方面，农村高龄人口急剧增加，养老床位缺口巨大。据民政部新闻发言人 2015 年 4 月表示，全国登记在册的养老服务机构约 3.7 万个，机构、社区等养老床位约 584 万张，平均 1 000 名老人仅拥有 27.5 张床位，而在西方发达国家拥有的床位数为 50~70 张。另一方面，在农村现有养老床位严重不足的背景下，空置率却居高不下。《中国养老机构发展研究报告》指出，“十二五”时期全国 584 万张养老床位空置率达 48%。我国养老机构的床位空置现象主要出现在农村而不是城市。究其原因，首先是服务品质较低。其次是老年人对于传统的家庭养老观念根深蒂固，难以适应机构养老模式。调查发现，80%的老年人更倾向于和家人住在一起，而且自评健康和养老满意度要远高于机构养老模式。老年人对于家有极强的留恋感，加上养老机构对于老年人的心理需要关注不足和帮助有限，而且在养老机构里生活会让老年人觉得缺少必要的亲情。最后，由于养老机构处于亏本边缘，其住院收费较高，迫使有意愿入住养老机构的老年人选择其他养老方式。

（2）农村养老机构的“哑铃形”供给。市场上处于两端的高端养老机构和设施简陋的低端养老机构较多，需求量最大的中档养老机构所占份额较低，呈现两头大、中间小的“哑铃形”，大量中等收入老年人的机构养老服务需求得不到满足。低端的养老机构设施简陋、空间狭小、居住拥挤、服务内容单一，护理人员为当地妇女，普遍缺乏护理技能。高端养老机构则专门服务经济状况好的老年群体，装饰豪华高档、硬件设施完备、服务内容丰富，但收费昂贵。老年人面临的问题是：前一类养老机构不愿去，后一类养老机构住不起。

（3）养老机构双轨运行现象。首先，公办养老机构一方面享受了政府各种福利和优惠，另一方面却同民办养老机构竞争。这种双轨运行的方式影响了公平市场的形成，挤占了民办养老机构的发展空间。其次，部分非营利性养老机构在享受政府优惠和补贴的同时从事营利性经营活动，从而对营利性养老机构形成不公平竞争。

（4）农村养老机构自身基础设施配备不足、专业人才不足。部分民办养老机构设施简陋、配置不足，存在很大的消防与安全隐患，且重管理轻服务，养老机构宾馆化、医院化现象突出。同时，专业人才匮乏，特别是医疗、护理、心理、营养、社会工作等方面的专业人才严重不足。

4. 农村机构养老的对策。

（1）坚持一个原则，即政府引导，市场驱动，政策扶持。一要制定机构养老发展规划。根据老年人的机构养老服务需求，发挥政府在制定规划、出台政策、引导投入、规范市场、营造环境等方面的引导作用，统筹各方资源，推动形成互利共赢的发展格局，同时推动农村敬老院向农村养老护理服务中心转型。二要积极整合社会资源共建养老机构。鼓励社会资本投资参与机构养老，放宽准入门槛。加快对养老、医疗、教育、残疾人服务等公共服务资源的整合，将已有的公共服务资源融入养老机构。强化养老护理人才队伍建设，促进养老服务的专业化和规范化。充分发挥市场在资源配置中的决定性作用，营造平等参与、公平竞争的市场环境，充分调动社会力量的积极性和创造性。三要鼓励老人参与机构养老。对有机构养老服务需求的老年人，可以考虑根据各地财力状况、物价指数、人均收入水平等情况，适当给予一定补助，为老年人选择机构养老模式提供必要的经济支持和物质基础。四要建立健全养老机构分类管理制度。《中华人民共和国老年人权益保障法》明确要求“建立健全养老机构分类管理制度”，但截至目前这一制度依然缺失。要尽快明确公办养老机构定位与服务对象标准，从健康状况、经济状况两方面界定政府购买服务的对象以及公办养老机构和民办养老机构的不同功能定位和服务对象；尽快建立健全养老机构分类标准和第三方评估机制，根据自理型、助养型、养护型三类不同养老机构的服务范围确定不同的监管标准。

（2）突出一个重点，即养医结合。养医结合是指将老年人健康医疗服务放在更加重要的位置，将护老中心和老年医院相结合，将生活照料和康复关怀相结合的新型养老机构服务模式。首先要明确养医结合不是医养结合，机构养老第一功能是“养”，“医”只是其中的一项重要配套服务。同时，不能简单地把“养医结合”理解为“养老院 + 医院”。国务院办公厅《关于推进医疗卫生与养老服务相结合的指导意见》（2015 年）提出，到 2020 年，符合国情的医养结合体制机制和政策法规体系基本建立，医疗卫生和养老服务资源实现有序共享，覆盖城乡、规模适宜、功能合理、综合连续的医养结合服务网络基本形成。在制定医疗卫生和养老相关规划时，要给社会力量举办医养结合机构留出空间，按照“非禁即入”原则，不得以任何理由加以限制。

（3）盘活一个资源，即房产养老。首先，盘活农村饱和房地产，由卖房产转为开展养老服务。国家统计局数据显示，2015 年 10 月末，我国商品房待售面积已增至 6.86 亿平方米；2015 年底，全国物业管理企业容量将达到 171 000 家。房地产饱和与养老机构缺乏并存。特别是三线城市、县城和乡镇房地产市场更加疲软。聂梅生在《房地产发展模式转变的途径》一文中提出，与房地产直接相关的服务业有两项：一是社区服务与社区养老，由传统的物业管理延伸到社区服务，进而进入社区养老；二是养老产业，由开发商为主体的养老地产延伸到以服务业为主体的养老产业，进入机构养老。当前，农村社区相当大的一部分开发商具有自己的物业管理公司，小区会所及其配套建筑并没有充分发挥作用，形成沉淀性的睡眠资产，故应当将这些资产用新思维盘活，急社会之所急，利用优惠政策积极开展机构养老，当然也可以将新建社区直接改造成养老机构。其次，改革农村宅基地产权制度，实施以房养老。我国长期实行“一户一宅”的农村宅基地制度。年满 18 岁的年轻人可以单独立户划拨宅基地，所以农村老人都有自己的单独住宅。另外，随着农民工大量外出打工，农村的空宅基、空心户大量存在，形成新的土地资源的浪费。因此，可以在北京、上海、广州、武汉试点实施老年人住房反向抵押养老保险的做法，依据农民拥有的宅基地资源，通过一定的金融或非金融机制的融会以提前变现，实现价值上的流动，为农村老年人在其余存生命期间建立起一笔长期、持续、稳定乃至延续终生的现金流入。同时，也可以利用农村闲置空宅基、闲置房屋开办村级养老机构。当然，这一切的前提是农村宅基地、住房能够流转上市交易。

二、策略构建

（一）因素分析：主客并举

1. 经济因素是影响养老模式选择的基础。我国农村老龄化发展具有特殊性，即“未富先老”。西方一些国家在进入老龄化阶段时已具备了承担养老重任的经济能力，但我国的老龄化进程却与经济发展水平不一致。按国际惯例，衡量老年人数量与经济发展水平是否相适应，一般用老年人口经济密度即老年人口数量与人均国民收入之比来表示，比值越小，表明经济发展水平越高，人们则更易选择社会化养老模式；比值越大，表明经济发展水平越低，人们只能选择传统的家庭养老模式。地方政府对居家养老、社区养老和机构养老的分工可能存在误区。无论是在西方国家还是在东亚地区，老年服务分工的依据不是需要，而是收入和支付能力。这就是说，不论是否真正需要，收入高、支付能力强的老人接受机构服务，次之则接受社区服务，再次之就只能居家养老了。

2. 执政理念是影响养老模式选择的根本。促使农村养老事业发展的最重要的执政理念包括科学发展观、和谐社会理念和权利公平、机会公平、规则公平的社会保障制度理念，以及“创新、协调、绿色、开放、共享”的发展理念。养老服务是政府提供的基本公共服务，养老事业是公益性事业，其发展理念管全局、管根本、管方向、管长远。我国政府科学把握人口老龄化发展趋势，以科学的发展理念做先导，对养老事业做出适度超前的法律和政策规定，从 1996 年《中华人民共和国老年人权益保障法》颁布以来，我国共出台关于养老事业发展的法律法规、政策规定达30多项，对我国农村养老的多元化发展、多样化选择具有指导性、强制性、针对性和操作性。

3. 老人自身因素是影响养老模式选择的关键。随着我国社会经济的发展，要以年龄、身体状况、教育程度、参与社会发展的意向和能力等为分类标准，将农村老人分为强、次强、弱、病残四个层次。“强”层次的老年人，身体健康，科学文化素质较高，不需要他人太多照料，对于他们，现阶段就是完善农村养老保险制度，给予其充分的养老保障即可。“次强”者，身体状况不适宜继续工作和劳动，在制度养老保障基础上可以试行互助养老模式，即以社会化养老模式为主、社区互助养老模式为补充的方式。“弱”者，身体状况差，自身的收入相对减少或没有收入，对于这部分老人，不得不考虑是否有人照料的问题，居家养老能够满足这一要求，所以宜采用以社会化养老模式为主、居家养老模式为补充的方式对其进行照护。老年残疾者主要是指卧床病人和肢体残疾的老人，不得不需要生活照料和精神慰藉，其中还有不少老人需要专业护理，对这部分老人的照护宜采用以机构养老为主、社会化养老为补充的方式。

（二）模式选择：多元并存

农村养老模式宜多元并存，即选择以家庭养老为基础、社区养老为依托、制度养老为支撑、机构养老为补充的多元化养老模式。其中，只要家庭结构存在，无论是传统社会还是现代社会，家庭养老都是最基础的养老模式。多种养老模式呈现互相补充、互相促进、多元并存的局面。对于每一个老人，养老不只靠一个模式，而是多种模式的叠加，一元为主、多元并存。

（三）策略选择：短、中、长期三步走

从权宜性、过渡性与长久性的目标考虑，宜分别采取短、中、长期三步走的发展策略。

1. 短期（当前）策略。新型农村社会养老保险处于“扩面整固”阶段，保障标准低、保障功能弱，属于农村养老保障体制缺失型。农村养老还是主要以家庭养老方式作为依托，这种养老方式能够缓解并不富裕的当今农村所需要承担养老的社会压力，稳定农村社会秩序，有利于尊老爱幼

传统的继承和弘扬，尤其是经济不发达地区、老少边穷地区，这些地区农村养老仍需靠家庭成员来维持。

2. 中期策略。随着城镇化发展的加快、农业现代化水平的提高，新型农村社区建设加快推进，农村基础设施建设加强，农民生活方式发生显著变化。传统的家庭养老的内涵发生变化，居家养老方式形成。社区养老服务以乡镇敬老院为基础，发展日间照料和短期托养的养老床位，逐步向区域性养老服务中心转变。由于国家财政投入有限，社会资本进入养老机构建设，机构养老将成为有益补充。

3. 长期策略。当经济发展达到一定水平，农村“三集中”（农民向社区集中、土地向规模集中、产业向园区集中）步伐加快，城乡二元体制消除，城乡居民收入水平相当，城乡发展一体化的体制机制全面建立，农民享有公平的国民待遇，城乡统一的社会养老保障制度建立，国家制度养老得以真正实施。

（本文原载于《农业经济问题》，2016 年第 10 期）

老年服务的现状、问题和发展前景

唐　钧*

中共十八大报告明确提出要积极应对人口老龄化，大力发展老龄服务事业和产业。据国家统计局提供的数据：2014 年，中国 60 岁及以上的老年人已经增加到 2.12 亿人，占总人口的 15.5%；65 岁及以上的老年人也已达到 1.38 亿人，占总人口的 10.1%。上述数据说明“十二五”以来，中国人口老龄化的进程正在加速并走向峰值。因此，作为有针对性的应对策略之一，老年服务体系建设的重要性和紧迫性也就不言而喻了。

2015 年，是“十二五”的最后一年，这也意味着我们即将进入迎接 2020 年全面小康到来的“十三五”时期。在这承上启下的一年中，我们首先要做的事情就是总结经验，反省不足，厘清思路，走向理性，争取在即将来临的“十三五”期间，使中国的老年服务事业更上一层楼。

一、“十二五”期间老年服务发展的成就

毫无疑问，“十二五”期间的老年服务已经有了长足进步。总结一下，有四点成就非常突出：

（一）国家政策支持力度空前

“十二五”以来，国务院及所属各职能部门一共出台了 26 项与老年服务相关的政策法规。这些政策法规表现出三个特点：一是发布频度密集。上述 26 项政策法规中，2015 年 1～4 月有 4 项，2003 年和 2004 年各

* 唐钧，中国社会科学院社会政策研究中心秘书长、研究员。

有10项，在近两年多时间里，接近平均每月1项。二是涉及范围广泛。发布政策法规的国家机关，除了国务院和主管部门民政部以及全国老龄办，还涉及国家发改委、财政部、人社部、国家卫计委、教育部、工信部、国土资源部、住建部、商务部、税务总局、体育总局、中国人民银行、中国银监会、中国保监会，国家标准委、国家质监总局、国家开发银行等，涉及面非常广泛。三是部门密切合作。上述26项政策法规中，有15项是两个及以上的国务院职能部门联合发布的，最多的涉及10个部门。

（二）国家、社会投资规模可观

在资金投入方面，2012年，民政部官员表示整个“十二五”期间要投入2 500亿元以上的资金。以此计算，平均每年的投入达500亿元。从2011年以来的实际情况看，上述2 500亿元中不仅有各级政府的财政投入，还包括各种社会资金。关于政府投入，仅在2014年，财政部门和民政部门利用财政资金和彩票公益金加大投入，共有约250亿元用于养老服务设施建设。关于社会资金，投资的主力是房企和险企：截至2014年年中，各家险企计划投资养老地产的金额已超过2 000亿元；截至2014年年末，全国已有超过80家房企进入养老地产领域，投资总额超过800亿元。然而，有媒体评论，实际投入可能会少于计划额度。

另外，民政部在2011年就提出要把福彩公益金的50%用于养老服务。最近，国家发改委、民政部和国家老龄委又发文强调要确保将政府用于社会福利事业的彩票公益金的50%以上用于养老服务业。根据最近发表的《中国福利彩票公益金使用情况报告》提供的数据：福利彩票公益金支持老年福利类项目的资金金额，2011年是8.58亿元，2012年是11.03亿元，2013年是12.79亿元。

（三）服务机构、床位快速增长

“十二五”期间，养老服务的机构数和床位数有了明显的增长。根据民政部发布的《社会服务发展统计报告》披露的数字：规划期前的2010年，全国各类老年福利机构为39 904个，共有养老服务床位314.9万张，年末入住的老年人为242.6万人；2013年，全国各类养老服务机构增长到42 475 个，共有养老服务床位 493.7 万张，年末入住的老年人为 307.4 万人（见表 1）。两相比较，机构数增长了 6.4%，床位数增长了 56.8%，入住老年人增长了 26.7%。根据国家统计局发布的《国民经济和社会发展统计公报》提供的数字，2014 年，养老服务机构中的床位增加到 551.4 万张，与民政部提供的 2010 年的数字相比增长了 75.1%。

（四）养老服务体系达成共识

在价值理念层面上，政府、企业、社会组织和学界乃至全社会已经就“居家为基础、社区为依托、机构为支撑”的老年服务的体系框架和结构层次达成共识并深入人心。这个共识既与国际经验相接轨，又与中国国情相适应，其中所表达的理性和远见，其影响是深远的，可列为“十二五”期间养老服务领域取得的最大成就。

二、“十二五”期间老年服务业发展的不足

在肯定成绩的同时，也不可否认，“十二五”期间，在老年服务领域还存在诸多显而易见的缺憾。譬如房企、险企积极的资金投入，主要把功课做到了“养老地产”上。在一些媒体的合谋下，2013 年被奉为“养老地产元年”，2014 年更被热炒成“养老地产沸腾年”。这一轮炒作，无论对政府还是对市场，都造成了极大的认识误区。概括起来，这些误区主要表现在两个方面：一是政策出台很多，却没有明确的目标和方向，更没找到解决老龄问题的突破口。二是资金投入不少，但只见枝叶疯长，既不开花更谈不上结果。究其缘由，大致有三：

（一）重视增加床位但忽视使用效率

“十二五”期间，老年服务机构床位数的增长成为政府的一个重要考核指标。规划中的指标是每千人 30 张床位，加总起来应该是 636 万张床位，按前文国家统计局提供的数字计算，截至 2014 年，已经完成 86.7%。但是，随着床位数的不断增加，床位利用率却在不断下降。如前所述，2010 年，314.9 万张床位入住 242.6 万老年人，床位利用率为 77.04%，空床率为 22.96%；2013 年，493.7 万张床位入住 307.4 万老年

人，床位利用率下降到62.26%，空床率为37.74%。如果按国家统计局提供的2014年的数据计算，551.4万张床位入住288.7万老年人，床位利用率为52.36%，而空床率上升为47.64%，差不多接近五五开了。这说明，光重视增加老年服务床位的工作思路是有问题的，其结果就是进入床位数和空床率同时快速增加的怪圈。

（二）空讲潜在需求而不看有效需求

“十二五”期间的老年服务业之所以热得烫手，是因为很多投资者都看到了正在日益加速的人口老龄化进程带来的“商机”。于是，便有“专家”就此炒作起来：美国怎样，欧洲怎样，日本怎样，不一而足。但是，一个最基本的社会事实却被忽略了，如今正在或者即将进入老年阶段的这一代人，正是第二次世界大战以后成长起来的那一代人。在发达国家，这是经历了资本主义黄金时期的一代人，所以他们大多属于富裕阶层，而在中国却是从计划经济走过来的一代人，他们大多属于中低收入阶层。

我们必须正视这样的国情：中国8 000万的企业退休人员，他们的养老金经过“十一连涨”，到2015年平均每人每月2 200多元。且不说每月服务费在万元以上还要交百万元押金的“高大上”养老地产、养老社区，即使是收费在3 000～5 000元的中档水平的老年服务机构，若光凭养老金收入，我国绝大多数老年人也消费不起。

用经济学的语言来表述，消费者有购买欲望也有支付能力的需求才是有效需求，而消费者虽有购买欲望但没有支付能力的需求只是潜在需求。我们不反对学习发达国家的先进经验，问题在于学什么，怎么学。我们也不抵制“高大上”，但那纯粹是市场的事，应该按市场规律去发展，政府反倒不必过多操心。

（三）政策面面俱到但缺乏重点突破

如前所述，“十二五”期间出台了很多养老服务政策，看似面面俱到，却没有找到真正解决问题的突破口。在中国2亿老年人中，最为困难的群体是失能老人，而其中又以完全失能老人为甚。政府正式公布的数字是：我国60岁及以上的老人已经超过2亿人，其中失能老人数达到3 700多万人。此前，中国老龄科学研究中心2010年的调查数据更为具体翔实：

中国失能老人有4 031万人，其中完全失能老人1 213万人，部分失能老人2 818万人。当老人的日常生活不能自理时，其处境的窘困和无奈是难以言表的。尤其是完全不能自理的老人，不但自己痛苦不堪，还要拖累家人。从这个意义上说，解决失能老人，特别是完全失能老人的问题意义重大，应该是发展老年服务的突破口。

从数量上看，2亿老人中有1 000万完全失能老人，占比为5%；3 000万部分失能老人，占比为15%；还有1.6亿健康或轻微失能老人，占比为80%。由此看来，现在所说的“90—7—3”或“90—6—4”，即老人居家养老的占90%，社区养老的占7%或6%，机构养老的占3%或4%，可能有其疏漏之处。如果纯粹从需要出发，应该是“80—15—5”，即老人居家养老的占80%，社区养老的占15%，机构养老的占5%。同时，就“居家为基础，社区为依托，机构为支撑”的老年服务的体系框架和结构层次而言，应该是居家养老主要针对健康或轻微失能老人（完整的表达应该是社会服务和社区服务支持下的居家服务）；社区养老主要针对部分失能老人，重点放在老年人日间照料中心；机构养老主要针对完全失能老人，对他们提供“全天候、全方位”的专业性长期照护服务。然而，在实际工作中，对养老服务的层次结构的理解也许有误区，似乎被误解乃至曲解为富裕的老年人可以追求“高大上”的机构养老，而中低收入的老年人就只能将就着宅在家中度过晚年。

综上所述，如果我们不走出这些老年服务的误区，就有可能陷入一个恶性循环，即有长期照护需要的老人因没有支付能力便不能接受机构服务，老年服务机构空床率高，经营亏损难以为继，机构发展不能持续拉社会福利事业的后腿，社会福利事业发展迟缓造成更多的社会问题。

三、老年服务的有效需求和良性循环

看到了老年服务发展的不足，就要想方设法打破上述恶性循环，从将潜在需求变成有效需求入手，引导老年服务走向良性循环。要想达到上述目标，首先应该考虑将老年服务发展的突破口锁定在生活更为困难的失能老人身上。

中国社科院社会政策研究中心题为《失能老人护理补贴制度研究》

的研究报告对失能老人给出了一个定义：60 岁及以上，用本土化的“日常生活行动能力量表”进行评估后认定的部分或完全丧失日常生活自理能力的老人，而且他们的失能状况将会持续较长时间（譬如 3 个月或半年以上），因而需要长期照护。这个报告还对“长期照护制度”做出了界定：长期照护制度是指对完全失能或部分失能的老人实施的，目标是尽可能地保持老人的生活质量和独立、自主、参与、个人充实和人类尊严的，在政府的资金投入和政策支持下，由机构、社区和家庭等多元化服务主体运作的社会服务制度。

2014 年，国务院颁布了两个文件，将现代保险服务业与老年服务保障联系到一起。在国务院《关于加快发展现代保险服务业的若干意见》中指出：要让现代保险服务业真正成为中国社会应对社会经济风险的有效保障机制。在国务院《关于加快发展养老服务业的若干意见》中更是直接提出：“鼓励老年人投保……长期护理保险……鼓励和引导商业保险公司开展相关业务”。

为解决失能老人长期照护的资金问题，可以考虑通过长期积累的保险手段来筹集资金，最终将潜在的失能老人的长期照护需求转变为有保险给付支持的有效需求。因为我们缺乏经验，保险项目的客户可以首选更加容易做出评估和判断的“完全失能老人”。根据国际经验，完全失能老人的生活需求是有限的，也是相对稳定的，同时老人完全失能发生的时间以及发生后的生存期也是有规律可寻的。上述客观规律构成了可以采用保险手段的前提条件。

中国社科院社会政策研究中心就上述理论假设做了实证研究，在北京、上海、杭州、武汉、长沙、哈尔滨等 6 个城市所做的问卷调查表明：老人从生活完全不能自理到去世的平均时间是 44 个月，出现完全不能自理状况的平均年龄为 79 岁。在完全失能老人中，有 25.9% 在 6 个月内去世，57.2% 在 12 个月内去世，77.0% 在 24 个月内去世。以上述调查数据为基础再进一步计算，如果每月支付 4 000 元，44 个月就需要 17.6 万元。如果按复利 5% 计算，40 岁一次性趸交 3 万元，50 岁交 5 万元，60 岁交 8 万元，70 岁交 13 万元，到 79 岁时可积累到 20 万元左右。如果按复利 4% 计算，40 岁一次性趸交 4.5 万元，50 岁交 6.5 万元，60 岁交 9.5 万元，70 岁交 14.5 万元，到 79 岁时也可以积累到 20 万元左右。按以上标准交费，连本带息就可以满足每月支付4 000元的需要。当然，以上计算也没有考虑物价上涨的因素，没有考虑保险的经营成本。若要付诸实施，还需要做更为专业的保险精算。

在调查中，问到被调查者购买保险的意愿，在40～59岁的中年群体中，有49.72%回答“会买”。在60岁及以上的老年群体中，有31.53%回答“会买”。从经济收入看，月收入3 001～20 000元的，回答“会买”的占46.67%，月收入在3 000元以下和20 000元以上的就很少作肯定答复了。从消费支出看，月支出3 000～10 000元的，回答“会买”的占41.17%，月支出在3 000元以下和1万元及以上的也很少选此选项。调查结论是：就家庭经济条件的影响而言，基本上是两头小，中间大。

按以上调查数据粗略计算，市场化的完全失能老人长期照护保险还是可以尝试的，当然，希望政府能够对购买保险者给予一定的税收优惠。同时，还需说明，以上的调查数据对做社会保险的方案设计也同样有意义。

从保险受益人的利益出发，完全失能老人长期照护保险还可以考虑附加一些优惠：一是可以考虑为保险受益人提供健康管理服务。譬如定期检查身体，提供健康咨询。在长时间的投保过程中，健康管理可以维系保险公司和客户之间的联络，而客户保持良好的健康状况可以使其完全失能的时间后移，从而为保险基金的增值赢得更多时间，最终的结果是双赢。二是按国际惯例，长期照护是指接受照护服务持续两个月以上。如果完全失能老人在很短时间内就去世，可以考虑部分甚至完全退回本金，也可以考虑让其亲属继承相关的保险权益。

然而，应该指出，单纯用保险手段，社会受益面仍然是有限的。根据中国社科院社会政策研究中心的推算，完全失能老人长期照护保险受益人群的上限是4 500万人。因此，要完全解决长期失能老人的问题，还需要政府和社会提供救助和补贴。

如果以上保险方案得以实施，运行一段时间比较成熟后，可以向两个方向扩展：一是从有购买能力的群体向没有购买能力或没有完全购买能力的群体扩展，没有购买能力的可由政府买单，没有完全购买能力的可以考虑在购买时政府给予适当补贴和税收优惠；二是从完全失能向部分失能扩展，逐步放宽“失能”界定的外延，逐渐将部分失能老人包括进来。

如果用保险加补贴的手段解决了资金问题，就从源头上切断了前述的恶性循环。有长期照护需求的老人有了支付能力可以入住老年服务机构，老年服务机构的床位客满经营获利有了可持续的后劲，机构的发达兴旺推动社会福利事业的发展，社会福利事业的发展妥善解决更多的社会问题等，可谓满盘皆活。

四、实现资金和服务的无缝对接

一般来说，保险产品的承诺是现金给付，如果在此基础上将资金筹集与老年服务对接，也就是说，保险项目如能得到能够提供优质长期照护的服务机构的支持，这样的保险产品应该对客户更具吸引力和竞争力。

国内经验表明，一个有50张床位的老年服务机构，如果经营得当，就能够做到自负盈亏。如果老年服务机构有200～400张床位，经营得当，则能有5%～8%的利润；经营良好的，利润率能到12%。要强调的是，老年服务机构一经走上正轨，就能够在较长的一段时间中稳定地获得可观的利润，这在经济新常态的背景下，应该是可以接受的。但是，目前有相当一部分老年服务机构，尤其是民营老年服务机构，因为过多的床位空置使其不能充分发挥应有的效能，经营亏损反倒成为当前的业内常态，最终陷入前文所述的恶性循环。如果保险公司主动与老年服务机构合作，实现资金与服务的无缝链接，即购买保险的老人一旦完全失能，即可送到具备一定资质的老年服务机构接受长期照料服务，这样的保险产品一定会大受欢迎。同时，老年服务机构只要能够按照规定的资质标准提供服务，就不再会有床位空置导致经营亏损之虞。

因此，有眼光的保险公司不妨投资支持一个老年服务机构联盟，以完成在保险受益人完全失能时直接接受长期照护服务的目标。从调查数据看，完全失能老人的护理费用为2 800～3 500元，北京、上海等大城市可能会更高一些。前文中计算的给付金额是每月4 000元，留有一定的余地。可以考虑从中抽出部分资金设立一个基金，用于帮助加盟的养老机构进行硬件改造和人员培训，以达到规定的资质标准。这样做不但解决了完全失能老人的长期照护问题，而且还解决了老年服务机构的入住率和服务质量提升等问题。符合标准的老年服务机构的满负荷运转带来的效率提升，会提高行业的工资水平，解决服务人员素质低、流动大的问题，还会带来大量的就业机会。

建议在保险公司的支持下，组织国内具有先进理念并且已做出一定成就的机构联合起来成立若干老年服务机构联盟。这个想法已经得到国内很多老年服务机构的响应。老年服务机构专设若干专家组，对长期照护服务的相关问题进行持续的、具有可行性和可操作性的研究。目前需要解决的问题包括确定老年服务机构入盟的资质条件、确定遴选标准与入盟的行政程序、研究制定“完全失能”的评估鉴定标准等。此外，还要成立若干专业化的第三方机构，接受老年服务机构联盟的专业服务外包。这些机构可以是市场的，也可以是非营利的。第三方专业机构的任务包括：一是根据既定的标准和程序负责对申请入住机构的老人进行身心状况的检查和鉴别，提出评估意见和建议。二是根据既定的标准和程序，负责对要求入盟的机构进行调查和评估，确定其有无资格入门，并就机构的软硬件条件提出进一步改善的意见和建议。三是根据既定的标准和程序，在服务过程中对入盟机构进行定期或不定期的评估和监督。

为了推进老年服务的发展，专业人才的培养也应立即摆上老年服务机构联盟的议事日程。在个人生活不能自理，日常生活方方面面都需要别人帮助时，吃饭、穿衣、洗漱、洗澡这些再普通不过的日常行为都成了技术和技巧了，因此服务人员一定要经过专门的培训。养老服务业还需要各种专门人才，譬如机构管理者、医生、护士、营养师、康复师、社会工作师、心理咨询师、厨师等。从目前养老机构服务人员的现实状况看，35岁及以上的农村女性最为合适，可以采取半工半读的方式，对她们进行6～12个月的专业培训，考试合格者凭证上岗。养老机构的管理人员和专业技术人员，可以以社会工作专业硕士教育为基础，但强调由大学和老年服务机构联盟联办。

老年服务机构联盟可能还要担负一个历史重任，就是要在中国形成老年服务运营的专业管理集团。如今已经现实存在的养老地产，因为大多是在房地产思维下打造的，其最大的缺陷就是忽视服务。房地产思维的出发点和归宿，就是要把房子卖掉，一旦业主入住，服务即告结束。但是，老年服务机构恰恰相反，老人入住，服务才刚刚开始。因此，以房地产思维来做老年服务，其效果可想而知。

养老地产的前景可以有两个选择：一是投资经营者彻底抛弃房地产思

维，将心思完全转移到服务上。在现实当中，成功地实现华丽转身的投资经营者有，但不多见。二是投资经营者投资建设养老地产并持有物业的所有权，但服务经营外包给专业的服务运营商。这样的专业分工对社会、对养老服务而言，可能是更好的选择。按这样的设想，养老服务机构联盟未来的发展方向就应该是“轻资产”的老年服务管理集团。

五、建立老年服务的“护联网”

当代中国已经进入了“互联网+”时代，以保险资金与机构服务的无缝对接为基础，再加上利用互联网可以作出“大数据”的信息服务，如果在中国构建一个类似“阿里巴巴”的老年服务“护联网”，应该具备较好的发展前景。但是，老年服务的“护联网”与“阿里巴巴”的网购还是有所区别。“阿里巴巴”有网店扮演供货者的角色，有支付宝扮演信用支付的角色，但销售链的末端则是快递员。当快递员敲开门将包裹递到购买者手上，服务即结束。然而，“护联网”不同，服务机构的服务人员敲开门，被老人迎进屋里，这通常意味着服务的开始。就此而言，“护联网”目前还仅仅是一个概念，一个设想。我们现在要做的事情，是要为“护联网”的发展打下扎实的基础。这个基础的核心议题是服务，是人对人的贴心服务。

具体而言，“十二五”期间达成的“居家为基础、社区为依托、机构为支撑”的社会共识，现在要落到实处。首先要解决的问题是谁来提供服务，习惯的思维是政府和社区（街道、居委会）。但是，这样的思维模式恰恰可能是这个社会共识难以落地的障碍。政府有政府的工作方式和套路，在行政体系中下级主要对上级负责，其工作的着眼点也是要让上级满意。因此，各级地方政府和基层社区往往把工作重点放在树立典型上，通常的说法就是“上面来检查要有东西可看”，但这种工作思路的成果，可能就是一个仅供观赏的“盆景”。回顾一下20世纪80年代以来社区服务的发展历程，就可以明白这一点。

当年社区服务追求的目标，有一部分叫作便民利民服务，这个目标现在在“阿里巴巴”的帮助下实现了，而且超过了政府和社会的预期。这说明，应该由市场做的，政府最好不要凭借行政权力自己去强做。虽然政府现在开始热衷于购买服务，但是本应市场化的服务，如果只是一味地跟着政府的指挥棒转，就会不自觉地陷入对政府习惯的路径依赖，发展前景堪忧。

实际上，“十二五”期间，在“养老地产”之外，更有一群踏踏实实的中青年投资管理者在做真正意义上的老年服务。在北京、上海、重庆、长沙，甚至在一些中等城市，都已经自发地涌现出一批老年服务机构。应该说，他们是中国市场化运作的老年服务市场的中坚力量。政府要做的，无非是用规划、指导、评估、监督等方式，去帮助他们成长并走向成熟。现在一提到老年服务，想到的就是跟政府要资金、要土地，这是一个误区。政府的政策和资金千万不要偏好于买地置业，着力点应该在帮助有需要但没有能力获得服务的老人获得合理的服务，其他的事情交给市场化的老年服务机构去做。

老年服务机构联盟要做的事情不光是机构养老，还要让加盟的服务机构向社区延伸，用连锁的方式到基层去承办社区老年服务中心。这个由机构以延伸服务的方式来做居家养老和社区养老的思路，主要着眼于专业性。中心的主要任务是提供日间照料即子女白天把生活不能完全自理的老人送到中心，由中心向老人提供生活照料、护理康复和文化娱乐等，晚上子女则把老人接回家中享受天伦之乐。有条件的中心还可以为社区居民提供“喘息式”的老人短期照护服务。场地较为宽敞的中心可以同时为社区中健康和轻微失能的老人提供娱乐、健身和康复服务等。同时，老年服务机构应该以社区老年服务中心为据点，再次向居民家庭延伸，提供老人所需的上门服务。

如果机构养老、社区养老和居家养老由老年服务机构联盟统一规划和实施，在提供服务的过程中，一个有关老年服务的“大数据”的信息网络就逐渐形成了。

关于养老，现在有很多新的理念，譬如健康管理、智慧养老、远程医疗、机能康复、养生食疗，不一而足。但是，这些先进理念现在大多落不了地，因为老年服务归根结底是人对人的服务，设备再先进，最终还是需要人来提供服务。譬如针对阿尔茨海默氏症患者，现在有了用 GPS 或“北斗”来定位的佩戴式电子设备，其精确度可定位到方圆 10 米。但是，发现了走失的老人，在亲属没有赶到之前，老人的安全还是没有保障。如果有了“护联网”，就可以通过网络就近找到一个老年服务机构或社区中心，委托他们接上老人，并给予临时照护，以待亲人的到达。总而言之，“互联网+”时代的“护联网”是可以解决老龄化社会很多难题的一项基本建设，值得我们去思考、去尝试。

此外，还有一个严峻的问题需要讨论，就是中国农村老人的长期照护问题如何解决。当前，农村的年轻人奔向城市，而老年人则滞留下来，当老人自理能力差了甚至完全丧失自理能力了，可以尝试让农村的中年人或年轻老人照顾自家的老年人，政府给予适当的经济补贴。首先倡导自家人照顾自家的老人，然后再向外扩张去照顾别人家里的老人。对于政府而言，这恐怕是一个花钱最少、最经济实惠的服务方案。其实，这在当今世界上，也算是个国际潮流。要倡导专业老年服务机构，将其专业服务向农村的基层社区延伸，主要向承担服务照料责任的家庭成员传授老年服务的技术和技巧，以及对服务者进行考核评估。当然，一旦老人完全失能，还是接受机构服务为好，所需的资金也要靠政府补贴才行。

（本文原载于《国家行政学院学报》，2015年第3期）

中国长期基本照护保险制度框架设计

钟仁耀　宋雪程*

2015年，全国1%人口抽样调查主要数据公报显示，60岁及以上人口为22 182万人，占我国人口比重的16.15%，其中65岁及以上人口为14 374万人，占我国人口比重的10.47%。同2010年第六次全国人口普查相比，五年间60岁及以上人口比重上升2.89个百分点，65岁及以上人口比重上升1.60个百分点，显示出我国的人口老龄化进入加速阶段。与老龄化相伴的是少子化问题，根据2015年全国1%人口抽样调查主要数据公报显示，我国0～14岁人口为22 696万人，占我国人口比重的16.52%。我国0～14岁人口占总人口比例从1982年的33.6%下降到2015年的16.52%，一路呈下降趋势，已经步入“严重少子化”社会。随着老龄化与少子化的日益加剧，我国的家庭形态也发生了重大变化，家庭规模日趋小型化，家庭结构又日益核心化。随着人口迁移尤其年轻劳动力流动越来越频繁，以及住房条件的日益改善，老年人家庭日趋空巢化和独居化。目前中国城乡空巢家庭超过50%，部分大中城市达到70%，其中农村留守老年人口约4 000万人，占农村老年人口的37%。这些客观因素导致传统的家庭照护保障功能日益弱化，当前家庭已经难以承担起照护老年人的责任与能力。另外，人口老龄化加剧，也意味着老年抚养比继续上升，中国的老年抚养比已经从2010年的8∶1下降为2015年的6.8∶1，加之年轻人抚养父母的意识又日趋淡薄，这个主观因素进一步加剧了传统家庭照护保障模式功能的下降。

与此同时，随着医疗条件的日益完善和生活水平的提高，老年人的平

* 钟仁耀，华东师范大学公共管理学院院长、教授；宋雪程，华东师范大学公共管理学院。

均寿命在不断增长，处于老年生命阶段的时期日趋延长，2015 年我国人口人均预期寿命已经达到76. 34 岁。同时，空气、水、食品卫生的不断恶化，导致各种慢性病、常见病呈现井喷势头，这些因素加剧了失智失能老年人数快速增长。2015 年，我国失智失能老年人数超过4 000 万人，预计21 世纪中叶将增长至1 亿人。生活照料和医疗护理问题不仅表现在人数的增长上，还体现在照护时间的不断延长上，因此我国亟须建立长期基本照护保险制度。

一、制度模式的比较及其选择

虽然我国对长期基本照护保障制度已经明确要实行社会保险方式，但仍然有必要探讨各种照护保障模式的优劣，从而明确我国实施长期照护保险制度的必要性和可行性。

首先，许多国家都在实施长期基本照护保障制度，大致可将其分为四种模式。第一种是津贴模式，代表国家有英国、瑞典、瑞士、澳大利亚、奥地利、比利时、加拿大等20 多个国家，其特点是资金来源于国家的一般税收，实行普惠型。第二种是社会保险模式，代表国家有荷兰、以色列、德国、卢森堡、日本以及韩国，其特点是现收现付制，实行缴费方式与财政补贴相结合的方式，同时待遇水平与其缴费水平适度挂钩。第三种是商业保险模式，代表国家有美国，其特点是个人自愿、合同约束、市场运作、政府监管等。第四种是津贴与社会保险相混合的模式，代表国家有法国，其特点是日常生活照料实行津贴模式，医疗护理康复采用社会保险方式。

其次，无论是在理论上还是在实践中，上述四种模式各有利弊，很难判定哪一种照护保障模式是最优制度模式。津贴模式的优点主要体现在两个方面：一是实施范围的全民性。由于对参加制度没有特定的限制条件，原则上居民只要符合制度规定的享受照护服务的基本条件即可享受各种待遇。二是享受待遇的优厚性。因为它的资金来源主要是财政税收，依靠强大的财政实力，保证制度资金来源的充足性。津贴模式的弊端在于容易造成财政负担过重，所以实行这种模式的一个前提条件是该国的财政实力雄厚。社会保险模式的优点在于与商业保险模式相比，实施范围比较广泛以及待遇水平相对较高；其劣势是与津贴模式相比，实施范围比较有限、待遇水平相对较低。商业保险模式的优点主要体现在没有财政负担，但实施范围比较有限，往往只有高收入水平的人群参加。混合模式中，生活照料方面具有津贴模式的优点和缺点，在医疗护理康复方面具有社会保险模式的优缺点，换句话说，既有津贴模式与社会保险模式两者的优点，同时又具有两者的缺点。从实施范围来看，津贴模式最为广泛，其次是混合模式，接着是社会保险模式，最窄的是商业保险模式；从待遇水平高低来看，最高的是津贴模式，其次是混合模式，接着是社会保险模式，最低的是商业保险模式；从财政负担水平来看，最重的是津贴模式，其次是混合模式，接着是社会保险模式，最轻的是商业保险模式。所以，从实施范围的广泛性、待遇水平、财政负担上看，都存在着正相关的关系，四种模式的排序完全一致。如果再考察个人负担水平，从制度的直接负担来看，最重的是商业保险模式，其次是社会保险模式，接着是混合模式，津贴模式最轻；如果从整个制度资金来源来看，最重的是津贴模式，因为财政收入也是来自于每个人的缴税，其次是混合模式，接着是社会保险模式，个人负担最轻的是商业保险模式，这是因为个人负担水平直接与待遇水平相关，这种情况下个人待遇水平与个人负担水平表现为直接的正相关。

最后，一个国家究竟采用哪一种模式，主要取决于三个因素，即国家财政实力、民众文化价值观念和原有社会保障制度。许多西方国家尤其是欧洲国家经济发达、财政实力较强，有经济条件实行津贴模式或者混合模式，同时其他社会保障制度如养老金、医疗保障等都实行税收模式，整个社会保障制度在很大程度上支持了长期照护保障模式，而整个社会保障制度不仅取决于经济发展程度，还受整个社会文化价值观念所左右，这些国家的民众普遍认为国家有责任承担起长期照护保障的责任，互助共济的观念强烈。美国虽然经济非常发达、财政实力雄厚，但在美国社会中非常强调个人的努力与个人责任，国家的责任在于守住保障的底线，这种文化价值观念影响着美国整个社会保障制度的构建，同样也左右了长期照护保障制度究竟采用何种模式。德国、日本、韩国等国家受中庸思想的影响较大，在构建社会保障制度时，既强调个人的责任又重视国家的责任，而社会保险模式又最能体现这种精神。

民众的文化价值观念具体表现在各国不同的社会保障思想上。采用津贴模式的思想基础主要是在发达国家中盛行的福利国家思想。福利国家思想以消除贫困与失业、消灭疾病为政策目标，以使全体国民都能过上体面而有尊严的生活。在社会正义与人道主义的原则下，享受社会福利是每个公民的基本权利而不是某种施舍与恩赐。美国商业保险模式的思想基础主要是新自由主义思想，它崇尚个人奋斗的文化传统，崇尚自由放任主义和社会达尔文主义，它对国家参与社会保障持强烈的否定态度，主张用选择性的社会保障替代普惠性的社会保障模式，突出市场和单位福利的作用，强调社会保障的产业化、社会保险的商业化和社会服务的社会化，它确信市场是解决一切问题的最佳手段。社会保险模式的思想基础主要是在德国产生的社会市场经济思想，在国家责任与个人责任上，它是介于福利国家思想与新自由主义思想之间的一种折中思想，它强调在国家有限干预下发挥自由竞争的作用，从而来实现整个社会的繁荣，同时实现社会公平，但它所认为的社会公平并不是福利国家思想所追求的公平分配，而是更加强调权利与义务的对等。采用混合模式的法国既受到许多欧洲国家尤其是北欧福利国家思想的影响，又吸收了德国社会市场经济思想，既想利用福利国家的一些长处，又想通过社会市场经济思想来规避福利国家的一些短处。

综上所述，国家财政实力、民众文化价值观念和原有社会保障模式这三个要素决定了国家将采用何种长期照护保障模式。在养老、医疗等方面我国采用了社会保险方式，社会保险模式不仅在运作管理上有经验，而且深入民心，所以我国的长期照护保障制度采用社会保险模式容易被广大民众所接受。同时，我国的整个社会经济还不发达，国家财政实力有限，这种经济状况不允许我国采用津贴模式或者混合模式。更为重要的是，儒家的中庸思想深深地扎根在普通民众的心中，这种思想为我国采用社会保险模式提供了较为扎实的理论基础。从这些角度来说，我国当前长期照护保障模式采用社会保险方式是一个不二之选。

二、准确定位制度的基本属性

在各种社会保险制度建设与基本属性定位中，我国对不同的制度确定了不同的基本属性。对城镇职工社会保险实行了强制性，但对城乡居民基本养老保险、基本医疗保险制度则采取了任意性或自愿性；对企业年金实行的是自愿性或任意性，但对机关事业单位的职业年金则确定为强制性。制度的强制性能够保证实施范围的广泛性，而自愿性或任意性又必然会把一部分应该参保的人员排除在外，其广泛性较差。同时，对所有社会保险制度采取了属地管理方式，在属地管理方式下，地方政府在制定具体政策和基金管理上具有较大的自主权，这不仅会造成各地政策上的差异，而且基金在地区之间不能相互调剂。因此，制度的基本属性决定了制度的基本框架，这也在很大程度上确定了制度实施的保障效果。

根据国内外社会保障制度建设的经验教训，我国的长期基本照护保险制度至少应具备以下三个基本属性。这些基本属性决定了该制度的基本框架如何构建，同时为该制度的未来发展指明了方向。

（一）强制性

强制性主要体现为参保上的强制，做到应保尽保，从而增强制度的互助共济功能，同时规避城乡居民基本养老保险和基本医疗保险的自愿性所带来的许多人不参保、无法享受应有待遇的弊端。实施强制性会遇到一些难题，主要难题之一是如何解决贫困人员的缴费问题，因为贫困人员在客观上缺乏缴费的经济能力。根据国外的经验以及公共财政的福利性和公益性的基本属性，对于缴费困难家庭实行减免，由财政支出代替他们的缴费。城乡居民社会保险采用自愿性或任意性参保，主要是为了规避困难家庭没有经济能力的缴费问题，但长期基本照护保险制度在构建制度时必须正视并较好地解决这个问题。

（二）福利性

根据社会保险的基本原则，享受的待遇水平与缴费水平直接挂钩，但考虑到相当一部分参保人员的缴费经济能力有限，他们的缴费水平不可能设计得很高。另一方面，随着长期照护成本的提高和需要照护者人数的增加，运转长期基本照护保险制度的资金巨大，仅仅依靠参保人员的缴费金额远远不够，需要中央财政与地方财政实行大量的转移支付。所以，构建该制度时必须把福利性作为基本属性之一，保证需要照护者享受到较高的服务质量，同时促进制度的可持续发展。福利性不仅表现为对全体参保人员的财政转移性支付，还应体现在对贫困家庭的缴费及享受服务个人负担上的减免，即把社会救助功能嵌入到长期基本照护保险制度之中。

（三）统一性

必须构建全国统一的长期基本照护保险制度，从而规避城乡之间、地区之间、不同人群之间参加制度上的不同。首先，实行缴费水平上的全国统一，主要指确定全国统一的缴费比率，但实际上由于各地之间、城乡之间、不同人群之间收入水平上的差异，导致他们缴费基数的不同，从而造成实际缴费金额的差异。其次，实行待遇水平上的全国统一，主要是指待遇标准上的一致性，包括失智失能等级上的统一以及相同等级的照护时间上的统一，但事实上同一等级所需要的资金存在着差异，这是因为地区之间、城乡之间劳动力成本上的不同所导致的。由于劳动力的成本与收入在地区之间、城乡之间呈现出一致性，实际缴费金额低的地区或者农村，在相同等级中事实上所需要的费用也低，从这个意义上来说，这种制度设计不仅切实可行，而且也不存在不公平的问题。最后，实行制度管理上的全国统一，具体制度、政策的制定权限应该在中央政府。虽然该制度也实行属地化管理，但地方政府仅仅是执行、落实中央政府的具体政策，包括收费、支付、等级评定等，换句话说，中央政府拥有全面的决策权，而地方政府只有执行、落实的责任与义务。同时，基金管理也实行全国统一管理，保证该基金的全国统筹，在全国范围内具有互助共济的功能。

也许有人会怀疑我国对长期基本照护保险实行全国统一的可行性，他们怀疑的主要理由是我国国土辽阔、人口众多，地区之间、城乡之间社会经济发展水平差异巨大。这确实是该制度构建时需要克服的一大难题，主要表现为收入水平和生活水平上的较大差异，从而导致缴费水平和待遇水平的不同，但该问题是可以解决的。这里设计的缴费水平和待遇水平的统一，主要是指缴费标准和待遇标准上的全国统一，通过缴费基数与当地收入水平挂钩、待遇水平又与当地劳动力成本挂钩这种机制的设计来解决该问题。实行全国统一后，在其他社会保障制度中存在的许多问题就迎刃而解，如地区之间、城乡之间、人群之间的不公平问题能够及时得到解决，在这个制度中不存在流动人口的参保、享受待遇上的困难和复杂等一系列问题。

三、设定合理的制度实施范围

建立长期基本照护保险制度的目的主要是应对人们的失智失能风险，这是该制度与其他社会保障制度在应对社会风险上的不同。由于世界各国与地区的长期基本照护保险制度的目标指向不同，因而实施范围也有很大差异。中国台湾地区、荷兰、卢森堡的实施对象为全体居民，德国参保对象为18岁及以上人群，日本为40岁及以上人群，韩国为65岁及以上人群和65岁及以下衰弱者，以色列参保对象为女性60岁及以上、男性65岁及以上人群。

我国设定制度的实施范围时，应该从三个维度来考虑。

第一，制度的互助共济功能维度。如果从这个角度来设定，实施范围越广泛，其制度的互助共济功能就越强，那么实施范围设定为全体社会成员便为最佳选择。

第二，需要照护对象维度。从理论上来说，无论是老年人、成年人还是未成年人，人人都可能面临失智失能的风险，其制度实施范围应该是全体社会成员，但从实际情况来看，发生失智失能风险的人群主要是老年人，当然还有一部分残疾的成年人和未成年人。第二次世界大战后，世界各国与地区纷纷建立该制度的主要目的是为了应对人口老龄化，其制度的基本目标指向是保障失智失能的老年人。虽然成年和未成年的残疾人事实上也需要照护，但残疾人的照护问题由来已久，往往通过其他方式给予解决，这也是有些国家设定该制度的实施范围仅局限于老年人的主要原因。

第三，资金来源维度。从各国与地区实行长期基本照护保险制度来看，都采用该制度的单独缴费方式，即为该制度设定了缴费比率和缴费基数，但事实上除了这种方式之外，笔者认为可以从其他社会保险基金如基本养老保险基金、基本医疗保险基金划拨，因为生活照料和医疗护理与这两个社会保险制度密切相关。如果实行这种资金来源方式，就必须考虑其他社会保险制度的实施范围，我国城乡居民基本养老保险制度的实施范围为16岁及以上，城镇职工基本养老保险制度的参保对象是单位职工，长期基本照护保险制度在实施范围上应该与基本养老保险制度保持一致，所以设定16岁及以上比较合理。如果仅仅考虑与基本医疗保险制度挂钩，那么长期基本照护保险制度的实施范围应该设定为全体社会成员，应与基本医疗保险制度的实施范围保持一致。

通过以上分析，如果根据大数法则和照护者的需求，我国应该建立全民的长期基本照护保险制度，但如果考虑从基本养老保险基金划拨资金，就不能考虑将其实施范围设定为全体社会成员，而应设定为16岁及以上的居民，且从该制度的主要目标指向为老年人来考虑，这种设定有其合理性。

四、保障资金来源的充足性

凡实行社会保险方式的国家和地区，均采用缴费方式。关于缴费比率，各国和我国台湾地区基本上都采用单位和个人共同缴费，但差异较大。德国为1.95%，其中单位和职工个人各负担一半，但均设上下限；荷兰为12.5%，只有单位负担；卢森堡为1.4%，仅个人负担；日本没有设定全国统一的费率，按照市、町、村分为不同等级，负担不同的费率；韩国为6.55%，其中单位和职工个人各负担一半；以色列单位负担0.09%、个人负担0.14%；法国单位负担12.8%、个人负担6.8%；我国台湾地区则规定有用人单位的，用人单位承担参保费用的4/7，雇员承担参保费用的3/7。

我国是否实行该制度的单位和个人缴费值得探讨，概括起来有三种基本思路。第一，应采用单独的缴费方式，总费率设定为2%左右，其中单位为1%、职工个人为1%。如果是没有工作单位的一般城乡居民，则全部由个人缴纳。同时，对缴费困难的家庭引入减免机制，对家庭人均收入低于贫困线或者低保线的则实行免缴：对于超过贫困线或低保线但低于贫困线或低保线50%的家庭，减免25%的缴费，超过50%但低于100%的家庭，减免50%的缴费；对于是否减免，则于每年年初进行评估后决定。对于缴费比率，实施后每3年或5年根据实际情况再做出是否调整的决定。第二，实行基金划拨，由于长期基本照护保险制度的保障内容主要包括生活照料和医疗护理，其资金来源可以从基本养老保险基金和基本医疗保险基金中各划拨一半，这里包括城镇职工的基本养老保险、基本医疗保险，以及城乡居民的基本养老保险、基本医疗保险。第三，费率划拨。为了发展经济和减轻单位负担，各地纷纷下调现有社会保险费率和国家住房公积金的缴费水平。如果从现有单位的养老保险费率和医疗保险费率中各划拨1%来解决长期基本照护保险的资金来源，既没有增加单位的社会保险费负担，又解决了长期基本照护保险制度的资金来源问题，应该是较好的选择。

这三种思路各有利弊。第一种思路的弊端是容易增加单位和个人的缴费负担，不仅不符合当前中央减轻社会保障负担的基本精神，而且容易招来单位和居民个人的反对，实施的阻力会很大。同时，由于当前单位和个人的社会保障负担已经很重，再增加一个险种的缴费，客观上已经没有空间。这种思路的优点是容易保证资金来源。第二种思路的弊端是会增加基本养老保险基金和基本医疗保险基金的支付压力，容易导致收支不平衡，但其优点在于简单、操作方便，因为作为一项公共政策，制度设计越简单，越容易被社会所接受，阻力越小，管理成本也低。第三种思路的弊端是将会带来基本养老保险基金和基本医疗保险基金的收支不平衡，而且政策设计比较复杂，如城乡居民的基本养老保险和基本医疗保险实行的是定额缴费，如何从其缴费中划拨是一个难题。这种思路的优点是不增加单位和个人的缴费负担，有利于单位的发展，也容易被社会所接受。综上所述，笔者建议采用第二种思路，同时制度实施范围设定为基本养老保险制度的实施对象。

除了单位和个人的资金来源以外，还有一个重要资金来源是财政转移支付。由于长期基本照护保险制度需要大量的资金，仅仅依靠单位和个人的资金来源是远远不够的，必须实行财政转移支付。根据国外经验并结合我国实际，国家财政转移支付占整个长期基本照护保险基金的30%左右比较合理，缴费或基金划拨则占70%。其中：中央财政与地方财政原则上各占转移支付的一半；对贫困地区全部由中央财政承担，对较贫困地区中央财政则承担75%，地方财政负担25%。同时，应在中央、各地建立长期基本照护保险的调剂基金，占整个照护保险基金收入的5%左右，用于弥补各地长期基本照护保险基金的短缺。

五、建立适度的待遇水平

我国长期基本照护保险制度的保障水平应坚持的基本原则是保基本、低起步。这个基本原则具体表现在评估等级、支付项目、基金支付标准、支付时间以及支付价格等方面。

第一，评估等级的设定。评估等级如何设定直接涉及照护需求能否得到满足。从理论上来说，评估等级越细化，设定越科学，但从实践层面来说，评估等级越细化，往往越难操作，这是因为容易造成各个等级之间难以严格区分。当前，各国设定的评估等级在数量上存在着较大差异：以色列、德国和韩国均设定为3个等级；德国即将从现在的3个等级增加到5个等级；法国设定为6个等级；日本分为需要支援2级、需要护理5级，共7个等级；荷兰设定为8个评估等级。我国的山东青岛、江苏南通在长期照护保障制度中把能够享受照护服务等级都限定于重度失能1个等级；上海则在长期照护保障制度中设定为6个评估等级。基于既要科学又要容易操作的基本原则，笔者认为我国应采用3个等级或者5个等级比较合理与科学。

第二，支付项目的设定。制度的支付项目如何设定直接会影响到其保障水平，世界各国在长期照护保障制度中设定的支付项目一般既包括生活照顾又包括医疗护理。我国未来的长期基本照护保险制度中也理应包括上述两个方面，但笔者认为在未来较长时期里应该以医疗护理为主。考虑到我国该制度建立初期，可能无法保证资金的充足性，在支付项目上应当注意轻重缓急，与生活照顾相比，医疗护理对照护需求者来说显得更加迫切和需要。同时，保障比较充分的医疗护理，可以适当减少基本医疗保障费用。

第三，支付方式的设定。从世界各国的实施情况来看，支付方式上存在着较大的差异，有的国家实行实物支付或者以实物支付为主，也有些国家主要以现金支付为主。我国应采用实物支付和现金支付相混合的模式，但应以实物支付为主。具体来说，社会各类组织提供的服务应采用实物支付方式，家属提供的服务则应采用现金支付方式。这样设定的优点在于能够保障社会组织提供照护服务的精准性，同时鼓励享受服务者的家属承担一定的社会责任，实现社会与家庭之间的合理分工。这样设定的理由是家属提供的照护服务，一方面虽说是自己应尽的责任，但另一方面他们确实付出了照护方面的劳动，分担了一部分社会责任，应该给予适当的津贴，同时也可以减轻家庭的经济压力，因为有些家庭成员为了照护年迈的父母不得不辞去工作，从而失去了原来的经济报酬。现金支付标准应设定为低于实物支付标准，这是因为给予家属的是适当的津贴，而非劳动报酬，而社会组织提供的照护服务价格则根据按劳分配来实现。

第四，基金支付标准的设定。世界各国设定的基金支付标准差异较大，发达国家的基金支付标准往往较高，如日本为90%。考虑到经济发展水平以及基金的承受能力，我国的长期基本照护保险基金支付标准原则上应体现保基本，所以应该设定为70%左右，享受服务的个人负担30%。为了鼓励社区居家社会养老服务，享受居家照护服务的，基金应支付75%；在机构照护的，基金应支付70%。同时，引进个人负担的减免机制，家庭人均收入水平处于贫困线或者低保线以下的贫困家庭无个人负担，全部由基金支付；超过但低于贫困线或者低保线50%的，个人负担10%，超过贫困线或者低保线50%但低于100%的，个人负担20%，减免部分全部由基金支付。

第五，支付时间的设定。支付时间设定的长短也直接影响到其制度的保障水平。世界各国和地区在支付时间上差异也较大，如“严重失能”等级照护服务时间，德国为每月150小时，我国台湾的“中方案”为每月120小时，上海为50小时加护理服务5小时。笔者认为，德国的标准过高，我国的基金无法承受，上海的标准过低，无法保障需求者的基本需要，而我国台湾地区的标准比较适中，相对适合大陆地区。所以，我国的照护等级应设定为重度每月120小时，中度每月60小时，轻度每月30小时。

第六，服务价格的设定。服务价格的设定不仅会直接影响到基金的支付压力，还会直接影响到服务质量。从我国各地的长期照护保障制度的实施情况来看，由于设定的服务价格过低，一般远低于当地的市场价，导致了优质的照护人员不愿意为该制度的享受者提供服务，而更乐意到市场上去寻找服务机会，结果为该制度享受者提供服务的都是一些市场中竞争力较差、服务技能低、服务经验缺乏的照护人员，一般情况下他们只能提供一些低质的服务，无法满足享受者的基本需求。所以，服务价格设定基本上应遵循市场化原则，根据各地的工资收入水平和实际生活成本在各地之间实行差异化服务价格，但制定服务价格的标准应该全国统一。

（本文原载于《新疆师范大学学报》（哲学社会科学版）第38卷第1期，2017年1月）

建设更加公平、可持续的医疗保障制度

何文炯*

疾病风险是每一个人所面临的基本风险，因此，医疗保障是最重要的社会保障项目。经过长期的努力，尤其是进入21世纪以来，我国已经逐步建立起覆盖全民的基本医疗保障体系。然而，现行医疗保障制度仍不尽人意，尤其是公平性不足，大部分社会成员的医疗保障水平较低；从制度本身的技术考量看，制度的可持续性令人担忧，运行效率不高。因此，要根据中共十八届三中全会“建立更加公平可持续的社会保障制度”的精神，进一步完善医疗保障制度。

一、我国医疗保障制度演进

医疗保障是为解决社会成员医疗费用问题的一种保障制度。从世界各国的情况看，有的国家采用救助模式，有的国家采用公共福利模式，有的采用保险模式，也有的国家则是前三种或前两种模式的组合。目前多数国家采用医疗保险为主体的医疗保障模式。在这些国家中，其医疗保险有的以政府办的社会医疗保险为主，有的则以民间举办的商业医疗保险和互助合作型医疗保险为主。我国于20世纪50年代初建立劳保医疗制度和公费医疗制度，20世纪60年代末实施农村合作医疗制度。从技术原理看，这三项制度基本上没有采用保险方式。20世纪90年代中期开始的改革探索，明显转向以保险方式为主体的医疗保障模式。

1998年底，国家进行社会医疗保障制度改革，建立职工基本医疗保

---

* 何文炯，中国社会保障学会副会长、浙江大学公共管理学院教授。

险制度（简称“职工医保”）。职工医保的保障对象是以国家机关和企事业单位为主体的城镇就业部门及其职工，主要解决参保职工“大病”（住院和规定病种）的医疗费用问题，具体待遇由医保目录、定点医药机构和报销规则等因素确定。进入21世纪后，部分地区陆续建立门诊统筹，将门诊费用部分纳入职工医保范畴。该项制度按照行政区划实行地区统筹（一般为市、县），其资金主要来源于用人单位和参保职工个人的缴费。

2002年，国家做出关于建立农村合作医疗制度（简称“新农合”）的决定，从名称上看，这是延续了1960年推广实施的农村合作医疗制度，但从技术原理看，这与当年的农村合作医疗制度有很大不同，其本质是一项基本医疗保险制度，即以保险方式筹集医疗保障基金，农民自愿缴费参加，政府组织实施并给予较多的财政补贴（在多数地区，政府的财政补助占新农合总筹资的2/3以上）。与职工医保类似，新农合以“保大病”为主，但受筹资水平之限，其保障待遇较低。后来，随着筹资的增加，保障水平有所提高，部分地区还将门诊费用也纳入新农合。新农合由卫生行政部门组织实施，2003年开始试点，2004年以后逐步扩展，目前各地已经普遍实施这一制度，惠及96%以上的农民。

2007年，国家决定建立城镇居民基本医疗保险制度（简称“城居医保”）。这一制度的保障对象是职工医保和新农合参保对象之外的社会群体，其主体是具有城镇户籍的非就业人员，包括老年人、儿童和学生，即“一老一少”。这项制度的技术原理、保障责任、筹资机制和实施方式与新农合基本一致，但由社会保险行政部门组织实施。

2012年，国家六部委决定推行城乡居民大病保险政策（简称“大病保险”），对新农合和城居医保参保对象中大病患者的高额医疗费用给予进一步保障，以缓解其家庭因“灾难性支出”导致的经济困难。大病保险的资金来源于新农合和城居医保基金结余，但具体由当地商业保险机构经办。

在运用保险方式的同时，救助方式也得到运用。2002年，国家决定建立农村医疗救助制度，政府通过民政部门由财政对农村贫困家庭提供部分医疗费用。2005年，将这项制度扩展到城市。2009年，将这项制度与农村医疗救助制度合并成为城乡医疗救助制度，并将覆盖对象由城乡低保家庭和五保供养对象扩展到其他经济困难家庭。此外，从20世纪80年代开始，民间举办、社会成员自愿选择参加的商业医疗保险和互助合作型医疗保险均有所发展。

综上所述，我国已经初步建立起覆盖全民的基本医疗保险体系和医疗救助体系，并通过民间力量，运用市场机制，形成了若干补充性的医疗保障项目。

二、现行医疗保障制度存在的主要问题

最近10年，我国医疗保障有很大的发展，但是与老百姓的医疗保障需求相比，与国家的发展目标相比，还有不小的差距。从公平性、可持续性和制度运行效率三个角度来审视，我们可以发现其中的问题。

（一）群体间待遇差距过大

根据疾病谱分析和医疗费用损失分布研究结果，多数疾病的一般性治疗费用在区域之间、城乡之间、人群之间差异并不大。因此，世界上大多数国家在医疗保障制度设计时十分重视制度的公平性，或者采用全民一致（或基本一致）的社会医疗保险制度（如英国、德国、澳大利亚等），或者把穷人作为基本医疗保障的重点（如美国等）。

然而，我国目前基本医疗保险三个制度的保障待遇差距很大，这从其筹资水平就可以看出。这些年来，这三项制度的筹资水平之比大体上是农民:城镇居民:职工 =1:2:8。如果考虑机关事业单位职工所享有的公务员医疗补助，则各群体的基本医疗保险筹资额之比大约为农民:城镇居民:企业职工:公务员 =1:2:8:12。当然，在新农合与城居医保合并的地区，农民与城镇居民的保障待遇相同，筹资额也相同。此外，部分领导干部享受基本免费的干部保健制度，还有中央国家机关和部分省市国家机关公职人员，以及部分事业单位职工，至今一直采用公费医疗制度，未曾纳入职工医保范畴，尽管国务院于1998年底就提出了改革的具体方案。

众所周知，城乡居民的基本生活成本确有一定差距，但到医院看病时城乡居民所付医药费是一样的。由此可见，虽然同样有政府提供的基本医疗保险，但实际待遇差距却是很大的。这种明显的不公平状况，虽然有其历史的原因，但如果长期得不到解决，将成为社会矛盾和危机的重要

隐患。

尤其需要指出的是，部分特殊困难人群保障不到位。根据现行制度设计，基本医疗保险各项目均通过一定的规则确定参保者享受的保障待遇，包括病种目录、诊疗目录、药品目录、辅料目录、服务设施设备标准、定点医院、定点药店、报销起付线、封顶线和报销比率等。然而，部分特殊群体，例如罕见病患者，其医药费用往往很难在医疗保险基金中报销。他们所需服用的药物往往不是常见药，而是“孤儿药”，一般不在这些目录之中。许多检查费用属于门诊范围，也很难通过基本医疗保险解决。尽管这些年基本医疗保险待遇有不少提高，但主要体现于报销比率的提高，因而罕见病患者这样的特殊群体实际获益不多。更令人困惑的是，现行医疗救助制度和国家发改委等六部委推行的大病保险均强调以基本医疗保险为基础，只对目录范围内自负的那部分医药费用提供资助，这又使得罕见病患者等特殊群体被拒社会救助和大病保险之门外。因此，现行制度还不能从根本上满足社会成员医疗费用保障需求，尤其是无法解决罹患重特大疾病的患者及其家庭因“灾难性支出”导致的经济困难，老百姓因病致贫、因病返贫的风险仍然不小。

（二）基本医疗保险基金潜伏危机

尽管目前基本医疗保险三项基金状况良好，特别是职工医保基金还有不少结余，但从长远看，这些基金都存在潜在的支付危机，这主要是由于制度设计的缺陷和人口老龄化等因素所导致的。如果对这些因素不加重视，不采取有效措施，基本医疗保险制度就难以持续健康运行，参保者的医疗费用将得不到应有的保障。

1. 基本医疗保险“系统老龄化”。这是指在基本医疗保险制度覆盖范围内的参保人群中，实际缴费人数相对减少、享受人数相对扩大的趋势。老年人群的医疗消费支出相对较高，这个人群对医疗保险基金的人均消耗量较大，尤其是现行制度规定“退休人员不缴费”，职工医保的“系统老龄化”问题更值得高度重视。目前我国已经进入人口老龄化、高龄化的快速发展期，这种趋势对于基本医疗保险各险种的影响都将显现出来。

2. 疾病谱变化与医疗技术进步。随着年龄结构变化，生活方式、生活环境变化和医疗卫生事业的发展，我国的疾病谱正在发生变化，过去一般以急性传染病为主，但这些年来，心脑血管疾病、恶性肿瘤、糖尿病等慢性疾病迅速增加。这些疾病患者的增多，使基本医疗保险基金的支付压力加大。与此同时，医药技术进步，高精尖诊疗设备、新药品和新技术的推广应用，也使得医疗服务费用增加。

3. 筹资机制缺陷。基本医疗保险三个项目中，消耗资金量最大的职工医保，其筹资主要依靠用人单位和参保者个人缴费，财政和其他渠道筹资较少，从而造成用人单位缴费的费率偏高，也在一定程度上影响参保率。同时，缴费基数不实也影响着基金稳定收入。据有关部门提供的信息和笔者的调查，近几年，用人单位瞒报缴费基数的现象普遍存在，有的甚至瞒报 30% ~40% 。此外，社会医疗保障制度改革过程中，筹资模式改变所引起的历史债务问题并没有得到妥善处理，不仅使得代际负担不均，而且影响着基金的平衡。

4. 制度运行环境不佳。任何制度的持续健康运行，都需要有适宜的环境。就医疗保障制度而言，与医药机构、医务人员和参保病人的行为密切相关，但由于医疗卫生体制改革和药品流通体制改革不到位，医疗费用持续上涨，导致基本医疗保险基金支出增长速度居高不下。公立医院改革滞后和医疗市场竞争不充分、卫生区域规划不到位、CT 和核磁共振等大型诊治仪器的过度配置、药品和医用材料流通无序等因素的综合作用，导致医疗保险制度改革的效果大打折扣，群众对“看病贵、看病难”问题反响依然强烈。与此同时，社会诚信体系不健全，医患保三方博弈均衡机制尚未形成。

（三）制度“碎片化”运行绩效不高

人群分等、制度分设，待遇悬殊，这不仅是医疗保障制度不公平的重要表现，也是社会资源浪费、制度运行效率不高的重要因素。例如，新农合与城居医保分别由卫生部门和社会保险部门管理经办，同一地区的两个制度，虽然覆盖人群特征接近、技术原理和制度框架一致，但两套制度并行存在，各搞一套系统。定点医疗机构、定点药店等与之分别配套，结算制度、技术标准和网络服务系统都是如此，造成重复建设和社会资源的浪费。此外，随着城市化进程和人口流动加快，城乡家庭成员的医疗保障身份趋于复杂化。医疗保障各项制度的基础信息难以把握，基本医疗保险三项制度的实际覆盖率难以准确计算，在一定程度上影响着医疗保障管理服务的效率。

三、完善医疗保障制度的政策建议

经历了近10年的快速发展之后，我国医疗保障制度建设进入了一个新的阶段。在这一阶段，我们即将完成从“制度全覆盖”走向“人员全覆盖”，并将重点转到从“人人享有”走向“人人公平享有”、“人人永久享有”。医疗保障要加强，但更要改善。这就要求进一步深化改革，优化资源配置，完善制度设计，规范管理服务，改善运行环境，建设更加公平可持续的医疗保障制度。

（一）加强制度整合衔接协调

现行医疗保障制度“碎片化”既不公平，也损害效率。长此以往，必然引起群体矛盾，诱发投机行为和道德风险，并造成资源浪费。因此，要通过对制度的整合，逐步建立起统一的全民医疗保险制度。我国现行医疗保障体系由职工医保、新农合、城居医保和医疗救助组成，简称“3＋1”模式。未来的趋势是从“3＋1”模式发展成为“2＋1”模式（“2＋1”是指职工医保＋居民医保＋医疗救助；居民医保是指将新农合与城居医保整合之后的城乡居民基本医疗保险制度模式），再发展到“1＋1”模式（“1＋1”是指全民医疗保险＋医疗救助）。

据此，现阶段首先需要整合的是新农合与城居医保制度。这两个制度性质相同，覆盖人群特征相近，筹资模式和制度框架一致，将其整合起来，既有利于降低运行成本，又有利于改善管理服务，还能够促进社会公平，并加快实现医疗保障政策目标。最近几年，部分地区已经成功实现整合，其他地区需要根据本地实际尽快确定新农合与城居医保制度整合的路径和实施方案。在有条件的地方建议一步到位，即制度、管理与经办服务同步到位；条件暂时不满足的地方应该积极创造条件，先将经办服务合起来，再逐步合并管理部门，最后实现制度一体化。

与此同时，要尽快设计医疗保障各制度之间的衔接与协调机制。一是职工医保、新农合和城居医保之间的衔接，以适应劳动力流动和人口迁移所引起的基本医疗保险关系转移接续的需要，其关键是要保障参保者的医疗保障权益、各类参保者之间的公平合理负担和地区间的利益均衡。二是建立各项目间保障待遇调整的协调机制。要朝着基本医疗保障服务均等化的目标，持续稳步地提高新农合和城居医保的保障待遇水平及其筹资水平，稳定职工医保待遇水平，尽快彻底废止公费医疗制度，将中央国家机关公职人员尽快纳入职工医保，严格控制领导干部医疗费用。三是医疗救助与基本医疗保险三个险种的衔接，使医疗救助与基本医疗保险形成互补关系。要从减轻老百姓实际负担、缓解其压力这一根本目标出发设计医疗救助待遇政策，重点解决基本医疗保险所不能解决的问题，尽快改变医疗救助仅承担基本医疗保险目录范围内费用的规则。四是大病保险与基本医疗保险和医疗救助制度的衔接。如前所述，大病保险应当定位于解决基本医疗保险所不保的那部分医药费用问题，类似于医疗救助，尽快改变简单对应基本医疗保险目录的做法。

（二）优化制度设计

现行基本医疗保险制度潜在严重的支付危机，必须着眼于基金长期平衡，完善制度，增强科学性。

1. 适时适度提高法定退休年龄。根据职工医保制度设计原理，提高退休年龄，可以降低职工医保的“系统老龄化”程度，进而改善基金状况。客观地说，现行法定退休年龄偏低，因为现行规则下，参保人对基金的贡献与其所享受待遇之间总体上看并不匹配，这必然导致基金亏空和参保人之间的不公平，而且从人力资源充分利用的角度看，过早退休是一种浪费。因此，需要通过提高退休年龄，改善参保人群结构，降低系统老龄化程度。然而，提高法定退休年龄是一件很复杂的事情，需要在妥善处理好各种利益关系后，选择适当时机逐步推进。当前比较现实的做法是鼓励各地探索试行弹性退休制，让部分低龄老年人继续参与力所能及的社会劳动。

2. 制定基本医疗保险最低缴费年限政策。无论是基于改善参保人群结构，还是基于参保人之间公平合理，都必须设置医疗保险最低缴费年限，即凡在退休后能够享受医疗保险待遇者，其累计缴费必须达到一定的年限。对此，《社会保险法》已有原则规定，但目前尚无全国统一的细则，建议有关部门尽快制定出具体可操作的办法。对于参保人员未达到最低缴费年限的情况，需要分析其原因，根据情况落实责任主体，因而建立缴费年限不足者的医疗保险成本分担机制是必要的。

3. 建立基本医疗保险基金储备。一般认为，基本医疗保险是一种短期保险项目，适用非寿险精算理论和技术，其基金只求当期（一般为一年）平衡，即根据本期待遇支付的需要确定费率，据以收取保险费，建立医疗保险基金。然而，在人口老龄化、高龄化背景下，这样的制度设计必然导致费率持续升高，但事实上费率存在上限，否则用人单位无法承受。因此，不能简单地把基本医疗保险看成一般的短期保险制度。所以，需要多管齐下，综合治理，既要改进医疗保险制度，又要适时调整退休政策，还要把寿险精算与非寿险精算的方法结合起来，建立适度的医疗保险基金储备，并制定基金投资的相关政策。当然，也许有人会认为这项储备属于中国社会保障基金理事会的职责（该理事会所管理的中国社会保障基金实际上是社会保障领域的一项战略储备金），但需要注意的是，该基金目前对基本医疗保险基金责任没有明确的指向。

（三）改进运行机制

在加快制度整合衔接协调、优化制度设计的同时，要开源节流，在筹资和费用控制两个方面加以改进。

筹资方面，虽然近几年我国基本医疗保险基金状况良好，尤其是职工医保基金出现一定结余，但新农合和城居医保基金支付压力很大，尤其是城居医保在许多地区基金已经入不敷出。因此，需要进一步完善筹资机制，确保基金有持续稳定的收入来源。对于新农合和城居医保，需要稳步提高筹资水平。要适度提高参保者个人的缴费水平，同时要进一步增加政府的财政投入。尽管近几年财政对新农合和城居医保投入明显增多，但还需要加大力度。对于职工医保，一要做实缴费基数，规范缴费行为，增加基金收入；二要实行终身缴费制，与新农合和城居医保一样，既有利于群体间公平，又有利于改善基金状况；三要在科学界定、合理估算的基础上，尽快落实历史债务处理计划，通过财政或国有资产进行转移。

费用控制方面，要提高基金风险意识，加强支付管理，切实摒弃对基本医疗保险基金盲目乐观的情绪。一是积极创造条件，尽快实现基本医疗保险三个项目业务的统一经办，以降低成本。二是建立三项制度业务统一的费用支付机制，即在医疗费用支付流程、支付规范以及药品报销目录等方面实行统一机制。三是建立普通门诊首诊制和双向转诊制度，逐步建立健全医疗保险“守门人”制度，并优化医疗服务资源配置。四是改进结算方式，引导医疗卫生机构和医务人员的行为，以减少浪费。五是加强公共卫生服务和健康教育，提高健康水平，降低医疗费用，包括疾病预防控制、改善环境卫生、食品卫生和劳动卫生等。六是积极推动医疗卫生体制改革和药品流通体制改革，降低全社会医药服务总成本。

（本文原载于《中国行政管理》，2014 年第 7 期）

如何完善我国的大病保险制度

杨燕绥*

回顾我国大病保险制度的由来，可以发现其源自医疗保障“木桶”上有一块“短板”。正确的做法是应当修复“短板”后将其嵌入“木桶”，而不是在“木桶”旁边再造一个“木碗”。这种价值取向有利于完善我国医疗保障体系。

我国医疗保障包括基本医疗保险和社会医疗救助，广义还包括商业健康保险和社会捐助。基本医疗保险实行目录制，社会医疗救助实行补助制，分别由人社部门和民政部门管理。按照制度设计的初衷，在基本医疗保险目录之外发生的医疗费用，对于贫困家庭再给予医疗救助，有条件的企业和职工应当购买商业健康保险。应当说，这个制度安排是合理且没有缝隙的。我国在推出职工基本医疗保险的初期，建立社会统筹基金的目的就是保大病，即报销住院费用。

何为大病呢？在发达国家和商业健康保险范畴，根据疾病治疗的疑难程度和费用多少两个维度来确定大病，如癌症、脑卒中、心肌梗塞、肾衰竭等。在我国，大病目前仅指高额医疗费用的疾病，以个人年度累计负担的合规医疗费用超过当地统计部门公布的上一年度城镇居民年人均可支配收入、农村居民年人均纯收入为判定标准，具体金额由地方政府确定。

一、大病保险由何而来

第一，基本医疗保险的挤出效应。医疗保险只能以收定支，无论社会

* 杨燕绥，清华大学就业与社会保障研究中心主任、教授。

医疗保险、商业健康保险，还是英国的国民免费医疗，都有预算约束和收入约束，这是因为每个患者可能消费的医疗成本是不确定和不统一的，只能根据经济发展水平和医疗保险基金收入确定年度支付总额和增长率，再分解到每个病种及每个患者身上。因此，任何医疗保险均会设立支付目录、支付比例和支付封顶线，意在将钱用在最需要的地方。在有限的资金池里，若放入很多大病种，医疗保险基金支出便即呈现出立体型特征，少数人使用了大家的互济基金，常见病、多发病和慢性病的报销力度减弱；一旦将大病种排除在目录之外，医疗保险基金支出便呈现扁平特征，受益人数和程度均增加。何去何从，这是一个带有伦理特征的公共选择问题，通常需要找到一个均衡点。

超过均衡点的疑难重症和高额费用的病种被挤出，挤出的程度在不同地区因经济水平、综合治理能力和代际赡养能力的不同而存在差异。目前，我国医疗保险因实行地市统筹，有些地市基本医疗保险统筹基金只报销住院费用，挤出一切门诊费用；有些地市将癌症晚期治疗和靶向用药纳入目录，甚至将艾滋病纳入目录。北京市设立了职工大额医疗互助基金，企业缴费率为工资总额的1%、个人缴费3元，基本解决了职工的大额医疗费用问题。

第二，城乡居民基本医疗保险筹资不足。目前，城乡居民基本医疗保险筹资仍然以政府补贴为主（2017年每人每年为450元），个人缴费的资金占比较低（2017年广州市为182元、江苏省和北京市为180元、长沙市为150元）。国务院要求各地增加个人缴费比例，但地方政府缺乏缴费基数核定和居民缴费能力评估的控制能力，近期很难实现这个目标。因出资能力有限，各地医保统筹基金支出压力越来越大，挤出大病的情况则越来越普遍。

第三，社会医疗救助能力有限。我国社会医疗救助资金以中央财政预算转移支付为主（2016年为160亿元），以地方财政预算为辅，主要针对低保家庭，对定点医院的住院费用实行限额补贴，且要在治疗之后支付。笔者在调研中发现，有的病案中注明“患者要求出院”，未治愈的患者在两周之内再次住院，似乎有分解住院以套取医保基金的嫌疑，其实患者是为了领取医疗救助资金才出院的。事实上，低收入流动人口、门诊特病、不熟悉政策的人群几乎无法得到救助。

第四，商业健康保险缺位。我国实行全民覆盖的、大目录的、大比例分担的基本医疗保险，单位缴费率为工资总额的6%，职工个人缴费率为2%。一方面，商业健康保险面对被挤出的挑战，至今我国商业健康保险仍然处于发展初期，2016年我国商业健康保险深度为0.54%、密度为292.3元/人，同期经合组织国家商业健康保险的平均深度为9%、密度大于1 000美元/人。我国商业健康保险支付占卫生总费用的比例不足2%，城乡居民的覆盖范围还有下降的情况发生。另一方面，商业健康保险在重特大疾病保险产品开发、健康管理计划开发、服务信息化、监督智能化和控费能力等方面，均显出动力不足的状况。

第五，慈善捐助缺乏信用机制。慈善捐助需要信息对称才能实现捐助者的价值取向。因此，每一个资助计划均应当公布诊治情况、基本医疗保险支付情况、超支部分的个人支付能力，以及商业健康保险的支付情况。基于互联网的发展，大额医疗的慈善捐助在中国快速发展，信息披露逐渐规范，解决了部分困难家庭的需要。从长期发展的角度来看，需要通过立法支持信用机制建设，才能设立更多的医疗救助慈善基金，鼓励更多的人参与捐助。

综上所述，医疗保障“木桶”上的“短板”，即指几种制度安排和执行均有缺陷，且呈现碎片化发展，加之严重的医疗体制缺陷，与大医院、大处方同时并存的大额医疗导致的因病贫困在中国频发。国家卫计委颁布的2013年的数据显示，因病致贫家庭占贫困户的比例为42.2%。经过2014～2015年的扶贫工程，这个数据未降反升至44.1%。

二、大病保险的价值取向

我国在2000年以后，一方面，基本医疗保险覆盖范围不断扩大且待遇不断提高；另一方面，因病致贫家庭占贫困家庭总数的比重不断上升，亟待找到修复“木桶短板”的路径，解决因病致贫问题。我国在改革医疗体制、抑制大处方和过度医疗、增加财政补贴的同时，2012年8月24日，国家发改委、卫生部、财政部、人社部、民政部、保监会六部门联合发布《关于开展城乡居民大病保险工作的指导意见》，首次提出大病保险商保承办及保本微利、资金从基本医疗保险基金累积结余或当年收入中划拨、政策亏损分摊等一系列政策，其目的是在基本医疗保障基础上，进一步分担大病患者的高额费用，解决群众反映强烈的“因病致贫、因病返贫”问题。2015 年 8 月 2 日，国务院办公厅又发布了《关于全面实施城乡居民大病保险的意见》。2015 年年底，城乡居民大病保险的覆盖人群、筹集资金、支付范围、报销水平和参与公司均得到快速发展。这一方面提高了医疗保障的力度，减少了部分困难家庭的大额医疗支出，另一方面也打开了社保商保合作的先河。

中国人寿年报信息显示，2013 年其大病保险业务收入为 25.14 亿元，提取保险合同准备金共计 14.79 亿元，利润总额为 -2.47 亿元，其中 2013 年上半年开展大病保险业务的利润总额为 -0.75 亿元，2014 年上半年的利润总额为 500 万元。尽管多数经办大病保险的保险公司仍处于亏损状态，但他们还是有积极性进入这一领域的，因为这样可以从政府得到优惠、获得有社会责任的美名、降低其他业务的展业成本、顺便打开获取相关信息的闸门等，实现公司利益与准公共利益的互换，找到曲线盈利模式。经过 3 年多试点运行，中国保监会研究制定了 5 项监管制度，包括《保险公司城乡居民大病保险投标管理暂行办法》《保险公司城乡居民大病保险业务服务基本规范（试行）》《保险公司城乡居民大病保险财务管理暂行办法》《保险公司城乡居民大病保险风险调节管理暂行办法》《保险公司城乡居民大病保险市场退出管理暂行办法》等。

综上所述，大病保险的价值取向遇到如下不可回避的问题：

第一，如何为大病定义。一味迁就费用和忽略病种难度是否会助长大处方和过度医疗；对大额费用缺乏灾难性支出的界定，一概而论实施商保再支付，是否会导致具有支付能力的人搭乘便车。

第二，如何为大病保险定性。它属于公共产品（医疗救助）、准公共产品（基本医疗保险），还是私人产品（商业健康保险）；是政府责任，还是市场机制（商保责任）；混淆政府和市场二者界限能否建立责任机制和利益共赢机制；厘定保费、界定政策性亏损和亏损分摊的原则与依据是什么；是否会出现无原则性谈判、推诿和妥协，导致政府责任和公司利润两败俱伤，最终劳民伤财和损害参保人员利益。

第三，商保公司的优势。商保公司必须实现盈利和分红，运营成本大大高于社保机构，监督权力和手段却弱于社保机构，精算在医疗保险中的作用十分有限，委托其弥补基本医疗保障的“木桶短板”是否可行；商保经办的主要作用是二次报销，这是否为建立大病保险的目标。

第四，商保公司经办大病保险的盈利模式。在没有利润的情况下，商保公司的驱动力是什么；公司利益和准公共利益可否以这种方式互换，从而实现商保公司的曲线盈利模式，互换的利和弊应当如何预测。

三、大额医疗保障的国际经验

在国际上，解决大额医疗风险的主要措施如下：一是科学界定大病，包括疾病诊治难度和大额费用两个维度；二是避免大处方式大额医疗现象，严格监控和评审大额费用的医疗行为的合理性，管理者对免费医疗、社会医疗保险和商业健康保险倍加关注，首先将其列入智能审核与按疾病分组（DRGs）等支付方式改革范围；三是保基本，基本医疗保障计划分担75%以上的费用；四是强补充，激励和约束有条件的家庭购买商业健康保险，与政府签约的合格计划下的商保公司享有减免税待遇；五是保底线，针对灾难性支出（世界卫生组织标准为超过家庭年收入的40%），为低收入人群建立社会医疗救助基金，防止因灾难性医疗支出导致贫困；六是建双防系统，既要防止公共服务漏洞，确保低收入人群得到救助，也要防止有支付能力的人搭乘公共便车，实行个人支付能力申报与审核，为此建立严格且方便的申请和审查程序，如英国的电话核保和新加坡的就地审核。在新加坡，先由个人申请并证明自己无力支付，再由医疗社工对申请者进行资格审查，最后由在公益医疗集团内设立的医疗救助复审委员会决定是否批准医疗救助。

国外社保商保的合作模式。在美国，老遗残医疗保险（Medicare）和困难人群医疗救助（Medicaid）均由社会企业（含商保公司的协会）经办，其微利主要来自财政购买服务的预算资金。在法国，每次门诊费用为23欧元，社保支付17欧元（75%）、商保支付5欧元、个人支付1欧元，如果个人不购买商业保险则自付6欧元。二者均具有治理特征：一是保护利益相关人，二是建立长期合作的契约机制，三是做出实现共赢的制度安排。

四、大病保险的发展趋势

修复中国医疗保障制度“木桶短板”的主要工作如下：

第一，通过综合治理抑制基本医疗保险的挤出效应。将控制地方医疗费用增长、改革医保支付方式（按疾病分组结合点数法）、引导医疗机构和医疗行为融为一体，建立医保引擎的综合治理机制。在实行病种付费的过程中，先行将大额病种纳入 DRGs 支付改革，合理评估和控制大额医疗费用，通过权益置换弱化个人账户和强化统筹基金，从而减少基本医疗保险的挤出效应，实现从费用扶贫到质量扶贫的战略转移。

第二，提高城乡居民的基本医疗保险缴费能力。在建立居民信息管理制度时，设立个人年收入申报与核实系统，为社保、民政等部门设定密钥管理制度，为制定居民医疗保险缴费基数和费率奠定基础，合理开发居民缴费能力，逐步提高居民缴费占比，从而提高城乡居民医疗保险基金的支付能力，减少基本医疗保险对大额医疗的挤出效应。

第三，加强社会医疗救助的能力建设。针对发生灾难性支出的家庭，完善医疗救助制度，在适度增加财政医疗救助预算的同时，完善相关法律法规、税收政策和激励机制，鼓励社会组织、社会企业和商业企业参与医疗救助，以 PPP 模式（即政府和社会资本合作）建立地方医疗救助基金。可借鉴苏州市的经验，将医疗救助基金与基本医疗保险基金合并经办、紧密对接，提高医疗救助的力度。

第四，依法明确商业健康保险的补充定位，建立产权清晰和责任明确的社保商保合作机制，确保双方利益共赢和保护参保人员利益。加大购买商业健康保险的税前列支额度，先行鼓励、后行强制具有支付能力的中高收入人群购买商业保险，由商业保险厘定费率和支付大额医疗费用，逐渐取代目前经办分割的、低费率的大病保险项目。

第五，建立慈善捐助信息披露制度，增加捐助者和受益者的信息，实现社会捐助价值取向。

综上所述，完善大病保险应当兵分三路修复“木桶短板”，走综合治理和精细化管理之路，融入现有医疗保障制度，不应再另立门户、再造

“木碗”。具体而言，一是通过对基本医疗服务和基本医疗保险的综合治理，减少大额医疗；二是通过加大对贫困人群的医疗救助消除因病致贫；三是鼓励和激励中高收入人群购买商业保险，通过加大商保深度、密度解决大额医疗的支付问题，名正言顺地实现医患保共赢。

（本文原载于《中国劳动保障报》，2017年6月3日）

构建更加积极的社会救助制度

关信平*

社会救助是整个社会保障制度体系中最为古老的制度。早在几千年前我国就有社会救助制度的前身，即当时的官方向社会中贫困者和其困难家庭提供帮助的制度。我国改革开放以后建立了新型的社会救助制度，经过多年的发展已经初步形成制度体系。国务院2014年2月公布的《社会救助暂行办法》对我国社会救助制度体系做出了法制规范。然而，在新的经济与社会条件下，我国的社会救助制度在建构和发展中还存在许多问题，面临许多挑战。为此，本文从国际经验的分析出发，简要概括我国社会救助目前面临的问题和即将进行的调整，提出并论证构建积极的社会救助制度的要求。

一、社会救助制度的社会功能及其在当代各国遇到的问题

（一）西方社会救助制度的发展及在当代出现的问题

1601年，英国女王伊丽莎白一世颁布了《济贫法》，标志着由国家立法的方式建立了全国性的社会救助制度。19世纪后期，在现代社会保险制度及普惠型的社会政策体系建立起来之前，社会救助制度在各国一直是最重要的，甚至是唯一的官方社会保障制度，它在帮助贫困者摆脱困境，维持基本生存方面发挥了重要的作用。然而，在进入20世纪以后，社会救助制度的功能和地位出现了沉浮摇摆。随着社会保险制度的建立和发

* 关信平，中国社会学会副会长、南开大学社会建设与管理研究院院长、教授。

展，尤其是随着普惠型社会福利体系的建立和发展，社会救助的功能和作用一度被降低。第二次世界大战以后，欧洲国家以《贝弗里奇报告》为蓝图建立战后社会保障体系时，虽然保留了社会救助制度，但却认为这是一个将逐渐消亡的制度。贝弗里奇本人在第二次世界大战后也曾预言社会救助制度将在十年内消亡。然而，六七十年过去了，社会救助制度不仅没有消亡，反而在全世界范围内逐渐发展，尤其是在发达国家中仍然是一个非常重要的社会保障制度。

社会救助制度虽然可以直接帮助最困难的个人和家庭，具有直接的反贫困效果，但在实践中各国的社会救助制度也表现出一些问题。

第一，社会救助的基本目标是帮助穷人，但从古到今各个社会中对穷人的态度都有两重性：一方面，在许多社会中人们都普遍同情穷人，认为社会应该帮助穷人；另一方面，有许多人对穷人持负面的印象，认为贫困是由于懒惰、不节俭等原因导致。在不同的文化下这两种价值倾向对社会救助产生着不同的影响，是导致各国社会救助制度差异的重要因素之一，同时也是导致许多国家在不同时期社会救助政策出现波动的原因之一。

第二，由于上述对待穷人态度的影响，导致社会救助目标的复杂化，而且还导致社会救助手段的复杂化。例如，英国当初的济贫法曾对接受救助的穷人加以严格的管理和强迫劳动；又如美国 1996 年“福利改革”后对穷人申请社会救助给予了严格的控制，规定一个健康的人一生中最多能得到 5 年的救助，每次救助的时间不超过 2 年。由于将对穷人的救助与对穷人的管理和控制结合到了一起而引发了许多价值冲突，这导致英国的《济贫法》后来饱受诟病，美国 1996 年的福利改革也引发许多争议。

第三，当代一些国家的政府建立和发展社会救助制度的目标比较复杂，他们并非仅仅为了帮助穷人，而是同时附带了其他一些“实用主义”的政治目标，以树立政府的价值形象，或为政府或政党拉选票等。目标的扭曲和复杂性往往也会导致社会救助制度的波动。

第四，也是很重要的一点，随着生活水平的提高和贫困形态的改变，当代社会中社会救助的标准和水平很难客观确定。多年来，许多研究者都试图找到一个科学的、客观的方法划分贫困者的标准，但随着贫困问题从过去的绝对贫困提升到相对贫困，很难再找到一个纯客观的贫困标准。贫困标准除了要考虑其科学性之外，更多地还要考虑其合理性，即为社会各个方面所接受。由于贫困“划界”客观标准的弱化，导致其他许多主观因素对社会救助标准的影响较大，其中既有财政和经济方面的因素，也有政治方面的因素。如果救助水平过低达不到救助的效果，而水平过高不仅耗费财政资源较多，还容易引起福利依赖，也会导致新的社会矛盾。由于客观性的弱化、主观性的增强和复杂性的增大，导致许多国家的社会救助标准和水平常常成为各利益群体和各党派相互争论的焦点问题之一，政府的社会救助政策常常会受到来自各个方面的批评，甚至使贫困研究和社会救助制度成为一个“政治火线”。

（二）我国社会救助制度发展现状

在我国，社会救助制度也经历了起伏发展过程。建国初期我国就建立了城市社会救济制度和农村五保户制度，但在计划经济时期我国依托城市企事业单位和农村集体经济组织的保障福利制度体系总体较为健全，因此社会救助制度的作用不大。当时这两种社会救助制度都只是针对“三无人员”，其规模一直不大。社会救助制度真正在我国的大发展是在改革开放以后，尤其是在20世纪90年代的国有企业改革引发了大量的下岗失业和贫困问题，而原来国有企业对职工的福利保护体系再也无法对付这些新的问题，因此迫切要求建立新的社会救助制度。

我国新型社会救助制度从一开始就是针对当时眼前的问题而设计的，旨在帮助当时因下岗失业而陷入贫困的家庭，当时的主要目标之一是保障当时国有企业改革的顺利进行。最初是建立现金给付的最低社会保障制度，以保证城市贫困者的基本生活，后来逐步发展了医疗救助、教育救助、住房救助、法律援助等，再加上自然灾害救助和流浪乞讨人员救助，并且救助范围从城市逐步扩展到农村，最终形成了目前的社会救助体系。

经过20年的发展，我国的新型社会救助制度已经取得了很大的成就。首先，我国已经基本建成了社会救助的制度体系，社会救助已经成为国家的一项基本的社会保障制度，已经形成了以《社会救助暂行办法》为基本法规，包括各级政府系列制度规范在内的社会救助规范体系，社会救助项目每年的经费也都基本上纳入了中央和地方财政的财政预算。其次，我国基本已形成了以城乡最低生活保障制度为基础，保留医疗救助、教育救助、特困家庭救助、住房救助、法律援助、流浪乞讨人员救助、灾后困难救助，以及各种特殊情况的突发困难的救助在内的社会救助体系，基本上形成了既合理地针对各种困难，也较好地覆盖各类困难人群的体系，其反贫困作用日益突出。最后，我国社会救助制度覆盖面初具规模，政府社会救助支出总体上呈增长态势。此外，我国的社会救助制度在总体上受到了各级政府的重视和民众的支持。

（三）当前我国社会救助制度的主要问题

由于社会救助制度在中国还很年轻，还有一些不完善的地方。

首先，总体上看我国社会救助制度的保障水平仍然偏低。一方面，我国城乡社会低保标准仍处于很低的水平。2013 年城市居民低保平均标准为每人每月 373.3 元，农村平均低保标准为每人每年 2 433 元，分别仅为城市居民人均可支配收入的 16.6% 和农村人均纯收入的 27.3%。从国际比较看，欧洲等发达国家和地区一般按人均收入或收入中位值的 60% 为贫困线。相比之下，我国的低保标准明显偏低。另一方面，从国际比较看，我国政府对社会救助财政投入也偏低。根据对 2011 年社会救助投入的统计数据，将社会救助所有项目加在一起，再加上扶贫开发项目，中央和地方各级政府的投入总量仅为 GDP 的 0.84%。按我国自身的发展看，投入的绝对额是在不断提高之中，但与 GDP 的增长速度相比，社会救助支出的提高幅度仍不够高，从国际比较看也仍属于很低的水平。

我国社会救助水平偏低，过去一直被解释为中国还是一个发展中国家，政府财力有限，因此难以提高救助水平，但这只是问题的一个方面，而且随着我国经济发展水平的提高，财力限制因素的影响正在减弱。另外，一些人也担心出现“福利养懒人”的情况，因此也反对提高社会救助水平。应该看到，“福利养懒人”，或者说“福利依赖”问题曾经是困扰许多国家社会救助制度的问题之一，但导致这一问题的主要因素并不完全在于社会救助水平的高低，而更多地在于社会救助的体制机制建构和管理效能高低。如果体制机制不合理或管理效能不够，低水平的社会救助也可能引发福利依赖问题。因此，我们应该通过更好的社会救助体制机制创新和更好的管理体系去降低福利依赖，而不应该因可能出现福利依赖而反对提高社会救助水平。从另一个角度看，我国社会救助水平偏低的问题与我国政府对社会救助的理念和目标有很大的关系，其中关乎两个重要的价值判断和选择：一是对贫困和贫困者的理解；二是是否愿意让贫困者合理地分享经济与社会发展的成果。在对贫困和贫困者的理解方面，长期以来我国一直是以“绝对标准”去界定城乡贫困，将贫困等同于无法解决温饱问题，而社会救助和其他反贫困行动的目标仅仅是解决温饱问题。显然，这种贫困观是落后于社会发展要求的。在这一贫困观的影响下，低保标准和实际救助水平一直按维持低保对象家庭的最低需要而测定，每年提高救助标准的依据也主要是与物价指数挂钩，因此社会救助只能维持原有的购买能力，而无法实质性地缩小贫困家庭与普通家庭之间的收入和实际生活差距。此外，在贫困者的理解方面，根据国际经验和我国的实践，对其贫困归因的不同会对贫困者产生不同的价值判断，进而影响社会救助和反贫困行动的水平和手段。我国在20世纪80年代开展大规模农村反贫困行动以及在20世纪90年代建立城市社会救助制度时，主要将贫困归因为客观条件（如恶劣的自然条件）和社会因素（企业不景气或国企改革导致的下岗失业等），因此公众普遍支持政府和社会给贫困者提供救助。进入21世纪以后，随着贫困特点的改变，越来越多的人关注贫困者的自身原因，如懒惰、福利依赖和不负责任等不良特性。在这种贫困观的影响下，政府对发展社会救助的积极性将会下降。

其次，我国社会救助的制度建构仍然不够完整。一方面，社会救助制度碎片化特点较为明显，社会救助制度体系中的多个项目分属不同的政府部门管理，在制度设计、发展规划、相关政策的制定和实施，以及基层管理体制等方面的协调性不够高，在制度建构、项目设计和基层实施中既有一定的重复交叉，又存在着一定的漏洞。另一方面，我国社会救助制度与其他社会保障制度之间的协调性也不够。尽管社会救助与社会保险、社会福利、扶贫开发等在制度原理和运行机制上有很大的不同，但各种制度之间仍应该有很好的功能性分工和制度协调，以便使整个社会保障制度体系在总体上发挥更好的作用，产生更好的效能。但是，我国各项公共服务的部门分管制，以及政府部门之间的协调性不够的特点导致社会救助与其他社会保障制度的协调性不够。尽管过去也做过诸如“社会救助与扶贫开发的统筹”之类的努力，但总体上看效果仍不理想。所有这些制度碎片化的问题都需要通过顶层设计、制度整合和增强主管部门间的协调来加以解决。

最后，我国社会救助的基层管理体制不够健全。一是基层管理机构不健全；二是基层管理人员严重不足；三是基层管理人员专业化水平低下。近年来，一些地方爆出基层社会救助管理中的“关系保”、“人情保”等问题，在一定程度上就是长期不重视基层社会救助管理体系建设的后果。根据民政部政研中心2012年对全国10省市社会救助服务人员的调查，基层社会救助管理服务人员普遍年龄偏大，文化程度不高，他们当中只有14.0%的人是专职从事社会救助工作，其他的人都是兼职做社会救助管理，有31.1%的人身兼四职以上。被调查的社会救助管理服务人员中有80.7%的人反映其工作压力偏大。这些调查数据说明目前我国基层社会救助管理服务人员队伍还没有达到专职化，其专业化水平也很低，很难适应社会救助管理和服务的需要。为此，研究者们提出应该加强社会救助专业化建设和引入社会工作机制的建议。

二、积极的社会救助制度的含义、意义及要求

针对社会救助制度存在的上述问题，尤其是社会救助制度在新时期的需求和挑战，我国社会救助制度的发展必须要调整其战略目标，建立和完善更加积极的社会救助制度体系。近年来，一些研究者开始探索更加积极的社会救助制度，提出了“发展型社会救助模式”等概念。本文在此基础上提出构建积极的社会救助制度及相关政策，主要有以下几层含义：一是在政府的社会政策体系建构中应该更加重视社会救助的基础性作用；二是确定更加积极的社会救助制度目标；三是社会救助在制度建构和政策实施中应该更加重视激励机制；四是社会救助应该对提升人力资本和促进经济与社会发展起到积极的推动作用。

（一）社会救助在当代中国民生保障体系中的重要意义

首先，应该更加强调社会救助的人力资本投资的积极意义，推动社会救助的人力资本投资转向。长期以来，社会救助都被看成是主流社会出于人道主义精神而对贫困者的关照，是一种单向的施与行为。在我国，它体现的是社会主义的人道主义，以及党和政府的社会责任，但从更加积极的意义上看，应该更多地看到社会救助人力资本投资的意义。据民政部政研

中心2012年在十省市的调查，尽管城乡困难家庭中因病残而丧失劳动能力者的比例远高于普通人，但在城市困难家庭中仍有60%左右、农村困难家庭中有近40%左右的人具备一定的劳动能力。简单推算，全国城乡低保家庭中应该有3 000多万人具有一定的劳动能力。如果我们通过更加积极的社会救助去帮助他们恢复和提升劳动动机和能力，为他们提供更好的机会，并帮助他们解决各种妨碍就业的困难，那将对我国劳动力的人力资本总量有很大的贡献，由此而带来的长期财富增量完全可能远远超出为他们所投入的社会救助资金。因此，积极的社会救助理念不再仅仅将社会救助看成是一种消费，而更多地将其看成是一种投资；社会救助不仅仅是为了穷人的生存，而且也是为了国家的发展和全社会的公共利益。

一个国家的人力资本投资不仅仅要靠普通的教育培训，而且还应该重点开发包括贫困者在内的一些特殊人群。美国经济学家、人力资本投资理论的创立者舒尔茨认为，解决贫困问题的关键也在于提高对贫困者人力资本的投资，因为旨在提高人口质量的投资能够极大地有助于经济繁荣和增加穷人的福利，并且穷国的人力资本投资应该更多地通过公共投资的方式。同样，在一个国家内部对穷人人力资本的投资也应该更多地通过公共投资的方式，而为贫困者提供更加积极的社会救助则是人力资本公共投资的重要途径。一些国内的研究者也提出，除了要发挥社会救助帮助穷人维持基本生计的功能之外，还要发挥其促进人力资本发展的基本功能。为此，我国积极的社会救助制度应该首先实行人力资本投资转向。

其次，应该进一步强调社会救助制度在我国保障和改善民生行动体系中的重要作用，建构坚实的社会安全网。民生事业的发展首先要有完善的保障体系。从当前的实践看，我国的社会保险、社会福利、教育、卫生事业等方面的社会政策在过去十年中已有较大的发展，但这些方面的社会政策都只能较好地满足普通民众的需要，而难以对贫困和低收入家庭有效地起到保障作用，因此社会救助在保障民生体系中是必不可少的。从未来发展看，至少在近期内我国社会政策的发展不会追求全面普惠型和高福利的制度模式，因此必须要有一套可靠的社会安全网来发挥“民生兜底”的作用，以保障所有人的基本生活，而社会救助正是整个民生保障系统中最后的一道“安全网”上的主体制度。换句话说，在不追求全面普惠性和高福利模式的条件下要保障所有人的基本生活，就必须要构建一套可靠的社会救助制度体系。

（二）应该确定更加积极的社会救助制度目标

建立更加积极的社会救助制度应该提升社会救助制度的目标。过去，我国的社会救助制度只局限于维持贫困者的基本温饱，这一目标太低，既不适合当今中国的国情，也不利于我国未来的发展，因此亟须调整。积极的社会救助制度目标一是要着眼于实现十八届三中全会提出的改善民生的要求，二是要着眼于促进社会公平和调节收入分配的目标。

首先，积极的社会救助要体现改善民生和缓解相对贫困的目标。党的十八届三中全会《决定》提出了“更好保障和改善民生、促进社会公平正义”的要求。其中，改善民生意味着必须要随着经济和社会的发展而不断提高民众在各个方面的生活水平。改善民生不仅仅要改善普通民众的民生状况，更重要的是要改善困难群体的民生状况；不仅仅是要从绝对水平上改善，而且还要从相对水平上改善。在相对层次上改善困难群体的民生状况，仅靠经济发展是不够的。从当代发达国家和发展中国家的反贫困经验看，经济发展对缓解绝对贫困有直接的作用，但对缓解相对贫困的作用很小，因此应该更多地采用社会政策来推动缓解相对贫困，而积极的社会救助政策应该在此方面发挥重要的作用。

其次，积极的社会救助要体现社会公平和有助于调节收入分配。对于是否应该让社会救助制度去推动社会公平和调节收入分配，国外曾经有过激烈的争论。新自由主义的社会福利理论者曾经坚决反对采用包括社会救助在内的社会政策去实现社会公平和推动再分配，而认为社会救助只应该维持给穷人最低水平的救助。但是，从价值立场上看，新自由主义社会福利理论者的这些观点不符合当代普世的社会公平价值，对社会的价值与文化整合不利。从实践上看，如果社会救助不具有社会公平的目标和再分配的功能，那它就只能是长期维持在较低的水平上。因此，面对新的经济与社会发展形势和要求，我国社会救助制度的基本原则不仅是基于对穷人基本人道主义式的同情怜悯，还要体现社会公平；社会救助制度不仅是让贫困家庭保持基本的温饱，还要让贫困家庭也能分享全面建设小康社会的经济社会发展成果，并对缩小收入差距做出一定的贡献。

（三）积极的社会救助制度应该能够激励贫困者的社会活力

社会救助发展中的一个重要议题是如何破解社会救助水平提高与福利依赖之间的矛盾。过去，左右两派在此问题上都采取了消极的态度：左派一味地强调要提升社会救助水平而不顾福利依赖的后果，而右派则以反对福利依赖为名而坚决主张削减福利，压低社会救助水平。这两方面的观点都是偏颇的，其政策实践也都是没有出路的。积极的社会救助制度要从体制改革和机制创新中去寻找破解传统左右两派冲突的方法，寻求在提升社会救助水平的同时也降低福利依赖的有效方法。

首先，积极的社会救助制度要求更加细致地分析福利依赖产生的机理。我们不应该简单地将穷人等同于懒人，更不应该给提升社会救助水平贴上“福利养懒人”的污名。事实上，在个体层面上导致陷入贫困的原因是多样化的，在实践中应该仔细加以分析。在这里应该引入专业社会工作者的一种基本价值理念，相信所有的人都是有潜能的，一些人之所以看上去是“懒人”，是因为他们的潜能没有被发现和被调动起来，而积极的社会救助行动负有责任去调动其潜能。

其次，积极的社会救助制度要采用更加积极的方法去化解福利依赖。过去我们习惯用一些控制性的措施防止福利依赖，如控制低保标准、采用“应得收入”、加强收入和财产审查等。这些方法在一定时期、一定条件下是有用的，但长期来说仅靠这些控制性的手段是难以达到目标的，而且往往会带来明显的负作用。积极的社会救助应该探寻更加细腻和更加有效的方法。一方面，应该认真分析贫困者中缺乏机会、缺乏动机（“懒人”）和缺乏能力的问题，有针对性地给予帮助。过去的社会救助制度建构和实践运行中一直强调要提高确定救助对象的准确性，而积极的社会救助除了要确定适宜的对象之外，还要确定其致贫原因，以便为每个救助对象提供切合其特点的服务。另一方面，应该在社会救助工作中更加积极地发展服务救助。在提升社会救助总体水平和增大财政投入的基础上，适当降低现金救助的比例，增大服务救助的力度，尤其是应该大力促进社会专业人才介入社会救助工作，为贫困者提供更有针对性的服务，帮助他们增强信心和动机，恢复和提升能力，提供社会支持，克服社会排斥，使他们能获得更多的就业和发展机会。

（四）积极社会救助制度建构的具体目标及相关指标体系

积极的社会救助制度建构的具体目标要体现在制度建构的各个方面，包括项目体系建构、覆盖面和对象选择、救助标准和救助水平，综合性服务提供情况、财政支出水平及投入方式、服务与管理体系的建设及其专业化水平，以及社会救助实际效果等。应该在积极社会救助的总体目标和原则的引导下，确立具体的目标，并通过相关的指标体系对其加以定性和定量的规定。

第一是项目体系建构的目标及指标。社会救助是由多个项目构成的，每个项目针对特定方面的困难，或者针对特定的人群，它们共同构成社会救助体系。积极的社会救助体系建构一是要求项目的完整性，即应该能够覆盖贫困者所面临的主要困难（如基本生活、医疗、住房等），并且能够覆盖所有特殊群体的特殊需要（如儿童、老人、残疾人等）；二是要求项目之间的协调性，即各个项目之间能够相互协调，既不出现较大的重复，也没有较大的遗漏。

第二是合理的社会救助对象确定机制的目标及指标。能够准确地确定救助对象是社会救助项目的基本要求。积极的社会救助制度应该建构更加符合贫困者特点和实际需要的对象确定机制与方法。其中包括社会救助对象确定的标准（包括定量和定性的标准、收入标准、需求标准和其他标准；以及一般标准和特殊困难标准等）、运用各种标准进行测量的方式，以及相关的引导和控制机制等。

第三是服务救助的体制机制建构、水平、方式及效果的目标及指标。近年来越来越多的研究者开始关注服务救助问题，提出在社会救助中应该扩大社会救助服务。服务救助比现金救助和实物救助都更加复杂，因此应该专门研究设计各个方面的服务救助，提出具体的目标，设计具体的指标，重点包括服务救助的体制建构、服务救助的具体内容、服务救助的总体水平、服务救助的运行机制及具体方法，以及服务救助的实际效果等。

第四是社会救助合理水平目标及指标。这是积极的社会救助是否能够发挥作用的重要条件，也是积极社会救助制度建构的具体目标，其中包括科学合理地确定社会救助的标准、目标覆盖面，以及各个项目合理的救助水平（直接现金给付水平、服务提供水平、报销比例等）。

第五是社会救助财政支出水平目标及指标。应该根据我国经济与社会发展水平及各级政府的财力，按照我国全面建成小康社会、保障和改善民生、维护社会公平等方面的战略目标来设计我国社会救助的水平，并在此基础上确定我国社会救助的总体财政投入额度，并确定动态调整的标准及制度化的政府间财政分担规则，纳入国家和地方的规划及各级政府的财政预算。

第六是社会救助的服务和管理体系建构的目标及指标，其中包括服务与管理组织体系的完整性和有效性、硬件设施与人员配备的合理性、服务与管理人员的专业化水平、服务与管理的规则和技术标准建构与实施情况，以及服务与管理体系的经费投入情况等。

第七是社会救助的实际效果目标及指标。社会救助的最终目标是缓解贫困。积极的社会救助制度应该在这方面设定具体的目标和指标，其中包括一定范围和时期内救助的规模（人数或人次）、缓解贫困的幅度（如实际生活提高的幅度、收入差距缩小幅度、具体困难解决的程度等）、社会救助（主要是低保）对象动态变化率（因动机和能力提升而摆脱贫困后离开低保者的比例）等。

（本文原载于《中国行政管理》，2014 年第 7 期）

退休年龄问题的讨论与政策建议

董克用*

我不赞成笼统地提“延迟退休年龄”，我认为在制定相关政策前，应当对退休年龄问题进行更深入的探讨，只有找到问题的根源，才能提出有效的解决措施。

一、退休年龄的影响因素

退休是工业社会的产物，农业社会“养儿防老”，没有退休制度安排。同时，退休是工业社会伴随“雇佣关系”而产生的，劳动者通过在用人单位就业取得工资报酬，到达一定年龄后，劳动能力、体力下降，要退出劳动力队伍，让位给新生劳动力。为了保证劳动者退出劳动力队伍后的收入来源，工业化国家通过法律设立了退休制度。所以说，退休制度也是社会进步的表现，体现了社会对有贡献的老人的关怀，退休也成为老年人的基本权利。

由于退休是工业化雇佣关系的产物，退休年龄往往成为雇主、雇员、政府（社会）三个利益相关方之间的博弈。雇主对专业技术人员，特别是拥有组织所需要的特殊人力资本的雇员，希望他们不要早退休，在组织中工作的时间越长，对组织的贡献越大。雇员在退休金水平有保障的情况下，往往倾向于早些退休，特别是专业技术人员，退休后可能有机会再就业，获取退休金之外的第二份收入。如果退休金水平低，或者制度设计鼓励延迟退休，雇员就会自主选择延迟退休。那些闲暇偏好较高，或者存在

* 董克用，中国人民大学公共管理学院教授。

其他收入来源的雇员，倾向提前退休，反之亦然。政府则需要从宏观上考虑退休年龄问题，除了不允许企业随意解雇老年员工以保障劳动者的就业权益外，在退休年龄上主要考虑两个因素：一是宏观就业状况，二是养老金状况。

先看就业因素。如果劳动力市场需求大于供给，劳动力供不应求，政府会主张延迟退休。这种情况在市场经济条件下很少出现，只可能在某些产业或者职业中临时出现，不需要政府干预。如果劳动力市场供给大于需求，特别是青年人失业率上升，就业压力大，政府可能出台提前退休的政策，如我国 20 世纪在城镇青年就业问题严重时就曾经实行过所谓“子女顶替”的政策，鼓励在职员工提前退休。进一步讲，就业是劳动者的权力，劳动者达到了政府规定的退休年龄，如果有社会需求，仍然可以去就业。许多国家法律规定就业不能有年龄歧视。

再看养老金因素。目前许多国家讨论延迟退休年龄主要是因为养老金问题。虽然从根本上讲，无论采取什么养老金模式，对于一个国家来讲，实质上都是“代际抚养”，即工作的一代生产出产品和劳务，抚养退出劳动力队伍的老人。但是，养老金模式的不同，对退休年龄的重要性不同。目前世界上主要有三种养老金模式：一是完全积累；二是现收现付；三是多支柱，即现收现付与积累的多制度组合。

在完全积累的养老金模式下（例如新加坡），劳动者养老金的多少主要依靠自己缴纳的基金额和投资增值额。政府在确定退休年龄时主要考虑就业因素，即一方面保障就业者的权利，另一方面考虑雇主更新劳动力的要求。

现收现付的养老金模式对退休年龄要求高，因为现收现付在资金上完全是代际转移，工作的一代缴费，收缴的钱支付给退休的一代，这就存在抚养比问题，即几位在职人员供养一位退休人员，抚养比高，基金压力小；抚养比低，基金压力大。3 个人工作，供养 1 个退休者当然比 2 个人工作，供养 1 个退休者要容易些。在就业状况正常、社会保险参保制度正常的情况下，抚养比往往反映的是人口老龄化状况。在老龄化情况下，退休年龄的确定对养老金平衡就有重要影响。

如果是多支柱的养老金模式，则不同支柱对退休年龄的要求可以不同，现收现付支柱的养老金希望延迟退休，而积累支柱的养老金则对退休年龄灵活度要求较高。

二、在我国讨论退休年龄问题的必要性

看看我国的情况。先看就业。我国的人口老龄化正在加速，我国是1999年进入国际标准的老龄化社会，前十年平均每年增加500万老人。进入21世纪后，每年增加1 000万老人。我国目前有老年人口2亿多人，预计到2050年为4亿人。严重的老龄化是我们面临的巨大挑战，特别是我国劳动年龄人口于2012年总量达到最高峰，然后下降。随着劳动年龄人口的下降，新增就业者人数也会下降。当然，我国今天还没有到因为就业人数不足而延迟退休的程度，宏观就业压力仍然相对较大。与此同时，退休后再就业（全时或者非全时）的人数也很多。即使未来就业总人数下降，如果不是因为抚养比和养老金问题，也没有充足理由从宏观就业角度提出延迟退休年龄。

再看养老金。我们之所以讨论延迟退休年龄，主要还是从养老金角度来考虑。我国城镇职工养老金制度从总体上看仍然是现收现付制度。从当期看，城镇职工养老金收支平衡，还有结余，但从发展趋势上看，问题就比较严重了。中国老龄人口占人口的比重在2015年后迅速上升，并在2050年达到与发达国家相同的30%。据测算，基本养老保险缴费人数将在2030年后下降，而退休人员持续增长，如果退休年龄不变，我国将在2050年出现抚养比1:1的情况。

对于现收现付的养老金制度而言，如果想维持原制度不变，应对老龄化有三个手段：一是在职人员多缴纳，提高缴费比例。我国缴费率已经很高了，增加的空间不大。二是降低退休人员的待遇水平。我国退休职工退休金水平本身就不高，降低替代率的空间不大。三是延迟退休。这也是发达国家现收现付养老金制度渡过老龄化难关的通常办法。因此，我们现在需要考虑退休年龄问题。

进一步讲，我国与发达国家在养老金制度设计上最大的不同是，发达国家在一个国家中往往是多支柱模式，既有现收现付的养老金，也有积累式的养老金。他们利用养老金制度设计在民间储备了大量资金财富，如企业年金、职业年金等。而我国没有实现多支柱，目前仍然是现收现付制度一支独大。所以，我国是“未富先老”、“未储已老”。近几年，养老金出

现赤字的省份越来越多，从2011年的14个增加到2015年的22个。

当然，我们需要认识到养老金有缺口是制度设计的问题，原因很复杂，主要是转制成本和隐性债务没有解决好。目前，讨论延迟退休年龄也只是应对养老金缺口的措施之一，解决基金长期缺口需要一整套政策措施。

三、完善退休年龄政策的可选择路径

我国目前规定的退休年龄也并非一刀切。一是男女职工退休年龄不一致，男60岁，女55岁，而期望寿命则是女性高于男性，因此，即使缴费年限相同，领取年限也不同；二是对特殊工种（如重体力劳动者）有提前退休政策安排；三是在退休待遇的领取资格上要求并不高，累积缴费十五年即可获得终生领取养老金的资格。

现有制度存在的问题主要有以下三点：

第一，与发达国家相比，我国的人口期望寿命与发达国家差距不是很大，但是法定退休年龄偏低。这造成现收现付养老金缴费期短，领取期长，基金的压力很大。

第二，按照目前退休金待遇确定方法，法定退休年龄对人力资本投资时间越长的人越不利，或者说统一的退休年龄不利于高人力资本拥有者。高学历者，人力资本投资时间长。如果都是60岁退休，人力资本投资时间越长的人，实际工作年限越短，例如博士研究生，最早28岁才能拿到博士学位，比高中毕业生18岁毕业就参加工作晚了整整10年。

第三，累积缴费十五年就可以有资格领取养老金的政策被误解，造成中断缴费现象不断增加。

因此，应当改变目前按照年龄确定退休时点的政策规定，将退休待遇与缴费年限紧密挂钩，实现一定意义上的多缴多得。同时，通过法律严格征缴养老金，雇员在就业期间不允许停止缴费。

对现收现付的基本养老保险部分，建议政策修改如下：

第一，将养老金分为最低标准养老金（相当于工资政策中的最低工资）、全额养老金（以制度替代率计算的养老金）、优惠养老金（政策鼓励的目标）三类；

第二，以缴纳养老金年限为基准计算养老金待遇。在考虑就业、工资、缴费率、政策预期替代率等参数的基础上，精算确定领取最低标准养老金的累积缴费年限。一般来讲，领取最低标准退休金的累计缴费年限不应低于十五年，领取标准应低于最低工资，并且这一标准只适用于阶段性就业者，或者因各种原因提前退出就业队伍的人。

第三，确定全额领取养老金的资格年限。根据发达国家经验，这一年限最低应确定在累计缴费35年左右，不足35年退休者，按欠缴年数，永久性降低养老金待遇，并且还可以根据人口年龄结构的变化以及养老金基金的状况，依法调整全额领取养老金的缴费年限标准，今后逐步提高到40年。

第四，制定政策，鼓励累计缴费超过35年的雇员得到累进的优惠养老金。同时，为了兼顾劳动力队伍的年龄结构，可以将优惠封顶在缴费45年。

这样，通过制度变革，将何时退休的主动权交给劳动者，政府不再制定法定退休年龄，而是通过待遇机制鼓励雇员延迟退休。

当然，这样的退休年龄政策要与用人制度改革相配套。其中最重要的有三点：

第一，保护企业中的老员工。需要运用法律手段保护缴费接近35年的老员工不被解雇。与此同时，为了保护雇主利益，对超过缴费35年的职工，雇主可以根据需要决定是否继续雇用。

第二，对公共组织中担任领导职务的雇员规定担任领导职务的年龄界限，防止领导层老龄化，在这方面，我国已经有相应的制度，需要完善的是，公共部门中担任领导职务的人在不担任领导职务的情况下如何继续发挥其作用。

第三，对退休再就业者，要综合考虑工资与养老金问题。可以考虑对退休后再就业者，如果其工资收入超过养老金，则部分或者全部停发养老金。这样，一方面保障劳动力市场的合理年龄结构，另一方面也降低了养老基金的负担。

需要再次指出的是，缓解养老金压力不能只靠延迟退休年龄。尽快建设多支柱的养老金体系，尽快实现养老金的保值增值，才是缓解现收现付养老金压力的根本出路。

（本文摘自《中国养老金融发展报告（2016）》，社会科学文献出版社2016年版）

第四篇

社保制度建设的国际实践

吸取发达国家社保制度的成功经验和教训，有利于完善我国的社会保障制度。本篇重点剖析学界争议比较大的瑞典养老保险名义账户制和加拿大1997年养老金改革的利弊得失，供读者参考。

如何认识欧洲社会保障制度的转型

周　弘*

一、欧债危机与欧洲社会保障制度的转型

欧洲是当代社会保障制度的发源地，孕育了以英国、德国、瑞典为典型的主要社会保障制度模式。第二次世界大战后，社会保障制度开始了一个普及和建制的阶段，在工业化的西部欧洲，社会安全网的建立成为"一个时代主题、一派社会理想、一种制度共识"。在凯恩斯主义理论的支持下，各种社会收入转移支付汇聚成为国家制度，这种被称为"欧洲社会模式"的制度模式成为资本主义国家全盛时期的重要标志。

欧洲各国社会保障制度在制度设计方面虽然存在着很大差别，但在设计理念方面却保持着高度的认同，集中反映在欧盟成员国就社会问题达成的各项协议和决议中。从 1957 年的《罗马条约》、1986 年的《单一欧洲法令》、1992 年的《马斯特里赫特条约》、1997 年的《阿姆斯特丹条约》、2000 年的《尼斯条约》，一直到 2007 年签署的《里斯本条约》以及后来的《欧洲 2020 规划》，这些共同文件既展示了欧盟各成员国在社会保障领域里的价值认同和社会分工，也标志着欧洲社会向一体化方向的缓慢发展。作为一个治理共同体，欧盟认同国家力量干预社会的合法性，致力于实现公平和效益的相对平衡。在欧洲共同体成立伊始即制定了保障市场发展的社会政策，同时又将市场繁荣的目标定位在社会发展上。

按照社会保障制度发展的一般规律，随着欧洲共同市场的逐步发展深

---

* 周弘，中国社会科学院学部委员、国际研究学部副主任。

化，能够平衡“市场失灵”的社会保护机制也应当“按照社会政策发展的自身规律”[①] 而得到相应发展。但是，受制于欧盟各成员国不同程度的民族文化认同、不同结构的政治力量和不同水平的劳动力市场，共同市场的发展并没有导致共同社会再分配体制的诞生。欧盟层面上雄心勃勃的社会政策整合计划成就的是一个复杂多元的，以“开放式协调”为代表的社会认同和社会政策协调体制。2000 年《里斯本战略》以后，欧盟委员会获得了在各种“开放式协调机制”中的动议权和指导权。欧委会和专家学者及企业精英共同构成的欧盟社会政策协调机制开始推动欧盟庞大的多国社会保障体制缓慢走向趋同。然而，这个过度倚重专家学者和企业精英的协调机制以高度理性化、精英化和非政治化为特征，提出的改革方案既不需要直接面对公民的基本诉求，也不承受来自各国选民的政治压力，因此也就难以得到贯彻实施。在 2008 年国际金融危机的冲击中，理想主义和理性主义的制度设计并没有起到抵消危机冲击的作用，一些国家的收入差距加大，中等收入居民减少，23% 的居民继续贫困，9% 的就业人口面临贫困风险，10.5% 的失业率，高达 22.7% 的青年失业[②]。复杂多元的欧盟机制没有能力应对社会风险，社会治理权力自然地回归到成员国。

从成员国层面上来看，第二次世界大战以后建立起来的民族国家社会保障制度经历了 30 多年的良性发展之后，在 20 个世纪 70 年代两次石油危机过后出现了逆转。20 世纪 80 年代撒切尔夫人率先在英国开始实行大刀阔斧的社会保障制度改革，而奉行严格劳动法规的德国则因为过高的劳工待遇和日渐降低的市场竞争力而被讥讽为“欧洲病夫”。到了 20 世纪 90 年代，随着社会民主党的执政理论和实践向新自由主义倾斜，德国开始对固化的社会保障制度进行艰难的改革，而以“从摇篮到坟墓”著称的瑞典福利国家也开始对其过于慷慨的社会保障制度实施改革。到了世纪之交，欧洲三大福利国家模式的发祥地都或快或慢、或早或晚开始了削减式的改革。这些改革不仅针对社会保障制度本身，还连带根据生产力和生产方式的改革而重新规范了劳动力市场，如使工薪制度更加灵活，用以提

① Goetschy, Janine, EU Social Policy Content and Governance: A Complex Relationship with EU Economic Integration Over Times in Maria Joao Rodrigues and Eleni Xiarchogiannopoulou (eds), *The Eurozone Crisis and the Transformation of EU Governance: Internal and External Implications.* Ashgate: 2014, p. 123.

② 欧洲统计局数据：http://ec.europa.eu/eurostat/en/data/browse-statistics。

高竞争力；不仅降低了社会保障待遇水平，而且还改革了养老保险结构；发展职业和私人年金，形成多支柱养老体系等。国家法规的制订变得更加宽松和更加能够接受灵活就业，对社会救助的发放也不再慷慨，建立了各种资格查验和待遇控制机构。与此同时，国家主导的社会服务项目快速发展，主要提供给家庭、儿童、教育、培训、健康和老年照顾等领域。在管理领域，社会行政体系中出现了“一站式服务”，与收入挂钩的就业社会保护转变成为普惠性的服务[①]。这些静悄悄的社会改革在2008年国际金融危机以前就已经展开，但是却没有能够阻止欧洲爆发债务危机。

2008年的国际金融危机和此后的欧洲债务危机过后，欧洲国家加大了社会保障和社会政策的改革力度，有些国家是主动地落实改革政策，有些国家则是被动地进行改革，改革的目标仍然是削减财政赤字、实现预算平衡，改革触及的领域包括提高社保收费、降低福利待遇、延长缴费年限、推迟支付时间、精简执行机构、严格监督管理等。除此以外，欧洲各国政府还开始注重结构性改革，例如为灵活就业人群规定兼职就业和“迷你工作”的社保缴费，加大对企业年金的支持和鼓励等。经济合作与发展组织的研究发现，在荷兰已经有90%以上的职工参加了各类职业养老计划[②]。就连现收现付社会保险制度的发祥地德国也开始要求企业建立灵活性和便携性更好的年金，从而使得现收现付的基本制度的比例明显缩小，使社会保障制度的整体结构出现多层化和多支柱的趋势，市场的作用受到了普遍的重视。

引入市场机制以后，有些国家取得了收益，例如丹麦的“劳动力市场补充退休基金（ATP）”[③]采取了投资多样化战略，将风险资产分为股票、债券、不动产债券、商品、信用品等多种类型并进行海外投资，瞄准经济增长最快的地区，将资产的82%作为海外资产，还将直接干预社会再分配的政府功能转移到引导、监督、支持各种养老金投资市场主体。但是，一系列趋于市场化的结构性改革也将养老金暴露于市场风险之中。经

① Hemerijck, Anton, The Euro - Crisis—Welfare State Conundrum, in Maria Joao Rodrigues and Eleni Xiarchogiannopoulou (eds), *The Eurozone Crisis and the Transformation of EU Governance: Internal and External Implications.* Ashgate: 2014, pp. 139 - 141.

② OECD, *Ageing and Employment Policies: Netherlands* 2014.

③ ATP被誉为世界上最好的国际机构投资者之一。截至2007年年底，ATP资产总市值为3 757亿丹麦克朗（大约540亿美元）。2007年ATP集团的收益率是5.9%，总回报为213亿丹麦克朗。

济合作与发展组织（OECD）《关注养老金市场2010》的报告称，国际金融危机引起金融市场波动，使养老基金收益预期降低，价值缩水严重。2008 年 OECD 成员的退休基金报酬率普遍缩水 20%，到 2009 年底有所恢复，退休基金总计损失了 3.5 万亿元[①]。虽然市场损失因各国对养老金投资市场的法律规范不同而有所不同，但是依托市场降低社会风险的思路必然将市场风险因素引入社会风险机制，而政治力量虽然能够干预社会分配，但是干预世界市场的能力却十分有限。在国际金融市场上的养老投资，无论是确定缴费型（DC）还是确定收益型（DB）都会面临风险，资产配置不当直接影响确定缴费型，使投资收益减少，而确定收益型投资则是投资公司承担风险，最终会被投资公司转嫁到个人。

欧债危机以后，欧盟的一系列经济治理措施继续推动市场化的发展而不是社会的进一步融合。例如欧盟将社会一体化的指导指标从 24 个减少到 10 个，著名的“欧洲学期”政策聚焦在预算权力和预算程序的转移使社会政策服从于降低财政支出的总体目标。在欧盟的总方针指导下，成员国层面上社会支出的减少成为必然，经济发展的合法性和社会公平的合法性之间形成了紧张的竞争关系。欧洲联盟曾经是成员国和世界市场之间的缓冲地带，但欧债危机后的欧盟与世界市场共同形成对民族福利国家的外部压力。

在巨大的压力下，欧盟各国的社会开始离散。BBC 的一项调查显示，65 岁以上的人群中有 3/5 支持英国脱欧。支持英国脱欧的人以为脱离了欧盟以后，英国每周可以节约 3.5 亿英镑的欧盟税费用于英国国民的保健服务，将不会有移民来抢夺英国人的工作。移民和就业议题同样是法国极右翼人民阵线的口号。在德国，18% 的失业者和 25% 的蓝领工人投了极右翼选择党的票。维护社会福利、就业保障以及人身安全等议题成为社会开始向极端主义倾斜的动因。

二、如何理解欧洲社会保障制度的转型

如何认识并解释上述转型现象是社会保障研究领域，乃至福利国家理

① OECD, *Pension Market in Focus* 2010.

论领域里的一大挑战。在信息和传播产业过快发展的条件下，研究者需要抵御过快、过简、过浅的结论，冷静地剖析社会保障制度转型的深层原因，解析看似相互矛盾，实则彼此关联的现象，回答诸如高福利的北欧为什么比低福利的南欧更能够有效地抵御国际金融危机的冲击，大幅度削减福利为什么无法解救希腊债务危机等难题。我尝试从以下几个角度分析欧洲社会保障制度的转型：

（一）社会保障的传统制度设计与生产力和生产方式的发展转型不相称

通过国家法律和行政系统对收入和支出进行干预而完成社会再分配的社会保障基本制度模式是欧洲工业化和城市化时代的产物，其制度设计专门用于应对大工业迅速发展带来的各种社会风险。在此后的100余年中，产业结构和就业形式不断发生变化，但社会保障的基本制度模式变动不大。这是因为欧洲领先于世界实现了工业化和城市化，也领先于世界建设了社会保障制度。在过去的100多年中，工业化仍然是世界各国发展的主要趋势，与此相适应，社会保障的基本制度作为标准模式也随着工业化的普及而得到普及。到了20世纪末，信息技术和数字经济的快速发展开始动摇传统的社会就业方式，给短期就业、灵活就业、兼职就业和“迷你”就业创造了条件。目前欧盟有17.5%的劳动者在从事兼职工作，德国2013年兼职人员占到劳动力总额的22.4%。众多的灵活就业动摇了传统的工业社会组织和传统的社会分配方式，也给社会保障制度的财政造成了困难。有些国家为了鼓励就业，采取了对微小或“迷你”工作不收缴社会保险费的政策，但是却缺少相应的社会保障支付制度改革。更灵活的就业、更分散的就业、更低廉的工薪收入、更少量的社保缴费加重了由于老龄化、少子化等人口结构变化而出现的公共养老金自身的财政困难，而适应新就业方式的社会保障制度模式尚在探索的过程中，这个过程就是我们正在经历的转型期。

（二）传统社会保障制度提供的保护与全球化和新科技造成的社会风险不匹配

基于缴费或纳税实现社会支付的传统社会保障制度模式重点关注老年贫困和疾病风险。根据欧盟2014年的统计，欧盟各国将高达28.7%的

GDP用于社会保护，其中养老保障支出就占了社会保护总支出的45.9%，医疗保障的占比是36.5%，两项加总占了82.4%。然而，这个制度对于困扰欧洲国家的长期失业和青年失业问题却关注不够，有5.1%的支出用于被动的失业保障，投资于影响未来劳动者的家庭和儿童福利占比也只有8.5%。这种制度结构注定了传统社会保障制度倾向于被动而不是积极地应对社会风险，特别是没有将由于产业转型而产生的新生产技能缺失风险纳入社会保障的制度体系。

在欧洲，有些福利国家理论家已经开始从理论上扭转社会保障制度的定位问题，他们建议从个人的“生命周期”（Life Course）而不仅是工业社会风险的角度，重新审视社会福利制度提供的保护，认为现存制度过于注重当下的社会问题（例如老年贫困），但真正的风险在于重新认识个人的生存需求。福利国家应当界定个人生命周期中的脆弱阶段，并且从早期教育、家庭环境、职业技能、劳动力市场等生命全周期的角度对可能导致贫困的环节进行介入。安东·海默瑞克明确提出，政府应当从投资社会再分配转向投资人力资源发展，因为技术过时、长期失业、脱离劳动力市场等都是新时代的社会风险，对于这种社会风险需要“早确认”（Early Identification）“早行动”（Early Action），并通过“社会投资”加以矫正①。

（三）人口结构造成的社会保障资金短缺与社会生产力发展带来的红利之间缺乏衔接

目前，对社会保障制度的评论大都导向老龄化和少子化对社会保障制度造成的财务风险，却很少关注如何通过结构性的改革使得社会保障制度能够调动更广泛的社会资源，特别是科学技术取得的成果，用于社会性的保护。例如：通过互联网和物联网整合养老服务和医疗，以降低养老成本；扩大就业培训和老年就业，积极地运用劳动力市场的优化减少社会保障资金的被动支出等。欧洲社会保障制度的收支失衡在有些国家早已经成为常态，在有些国家将会成为常态。然而，紧缩社会保障支出的政策措施既没有解决重债国的债务危机，也不可能成为长期政策措施。统计证明，欧债危机以后绝大多数欧盟成员国的社会保护支出在GDP中的占比不是

---

① Anton Hemerijck, *Changing Welfare States*, Oxford University, 2013.

降低而是在小幅增加（见表 1）。

表 1　　　　　　　　　　欧盟社会保护支出（2014 年）

地区或国别	支出					各功能领域待遇占比（%）				
	GDP 占比（%）				欧盟人均 PPS2014 = 100	老龄和遗属	疾病健康和失能	家庭和儿童	失业	住房社会排斥
	2011	2012	2013	2014						
欧盟	28.3	28.7	28.9	28.7	100	45.9	36.5	8.5	5.1	4.0
比利时	29.7	29.6	30.1	30.3	123	40.3	37.2	7.5	11.6	3.3
保加利亚	16.5	16.6	17.6	18.5	32	49.5	35.4	10.6	2.9	1.7
捷克	20.1	20.4	20.2	19.7	62	47.2	38.0	8.7	3.0	3.1
丹麦	32.3	32.2	33.0	33.5	140	44.3	32.9	11.2	5.2	6.5
德国	28.6	28.7	29.0	29.1	131	39.2	42.8	11.3	3.9	2.8
爱沙尼亚	15.6	15.0	14.9	15.1	41	44.3	41.2	10.9	2.8	0.9
爱尔兰	23.5	23.2	22.3	20.6	87	29.8	40.6	13.1	13.8	2.7
希腊	27.7	28.2	26.7	26.0	66	65.0	26.1	4.4	4.3	0.2
西班牙	25.3	25.5	25.8	25.4	77	49.1	33.4	5.3	10.8	1.4
法国	32.7	33.5	33.9	34.3	131	45.4	35.0	7.8	6.2	5.5
克罗地亚	20.4	21.1	22.0	21.6	44	43.7	45.8	7.2	2.3	1.1
意大利	28.5	29.3	29.8	30.0	98	58.6	29.4	5.4	5.8	0.8
塞浦路斯	21.5	22.3	24.2	23.0	66	55.5	23.3	6.3	8.6	6.4
拉脱维亚	15.4	14.4	14.6	14.5	33	52.0	33.3	9.1	4.0	1.6
立陶宛	16.9	16.3	15.3	14.7	40	47.7	39.0	7.8	2.4	3.1
卢森堡	21.9	22.8	23.2	22.7	188	37.7	36.7	15.6	6.5	3.6
匈牙利	21.7	21.4	20.8	19.9	50	52.1	32.1	11.9	1.9	2.1
马耳他	18.8	19.0	18.8	19.0	56	51.7	36.6	6.6	2.9	2.2
荷兰	30.2	31.0	31.2	30.9	137	42.5	42.3	3.1	5.6	6.4
奥地利	29.0	29.3	29.8	30.0	134	50.7	32.3	9.5	5.6	6.4
波兰	18.7	18.9	19.4	19.0	49	60.4	29.6	7.6	1.3	1.0
葡萄牙	25.8	26.4	27.6	26.9	71	57.5	31.2	4.6	5.8	0.9
罗马尼亚	16.4	15.4	14.9	14.8	29	55.1	34.3	8.3	1.0	1.3
斯洛文尼亚	24.5	24.9	24.9	24.1	68	49.0	37.0	7.9	3.0	3.1
斯洛伐克	17.8	18.0	18.3	18.5	52	45.6	39.9	9.3	2.9	2.3
芬兰	28.9	30.1	31.1	31.9	123	41.7	34.9	10.4	8.2	4.8
瑞典	28.2	29.3	30.0	29.6	123	43.4	37.9	10.6	3.8	4.2
英国	29.1	29.2	28.4	27.4	100	43.1	37.2	10.4	1.7	7.7
冰岛	23.9	23.7	23.4	23.9	99	28.1	51.5	11.5	3.1	5.8
挪威	24.8	24.5	25.0	26.0	152	35.9	46.2	12.4	2.3	3.2
瑞士	25.4	26.3	27.0	27.1	142	48.1	39.0	6.0	3.6	3.3

资料来源：28.7% of EU GDP Spent on Social Protection, Eurostat Newsrelease, Social Protection in 2014.

（四）全球化时代政治力量、社会力量和经济力量开始脱离原有的妥协机制

欧洲当代社会保障制度的建立是由政治力量推动社会力量和经济力量相互妥协、彼此配合的产物。在欧洲一体化的进程中，成员国只是将经济贸易权力转移给欧洲联盟，而社会分配的权力却保留在成员国层面，因此造成经济和社会发展脱节。欧洲联盟运用已经获得的经济贸易权力为资本提供了更大的活动空间和利润空间，使资本力量逐渐脱离成员国的社会和政治约束而在欧洲大市场内配置资源。由于权力转移的不对称，成员国用于约束资本的力量相对减弱，用于社会再分配的资源和权力也就相对减少，无法胜任弥补欧洲共同市场的“市场失灵”的责任。类似现象也大量地发生在经济全球化的进程中。社会保障作为一种国内的收入转移制度，原本是为了解决国内社会问题而建立的，是建立在国内各阶层的社会共识和社会妥协基础上的。但是，在全球化时代，国家边界被打破，资本外溢，国内社会结构相应改变，共识再难形成。特别是来自境外的移民和难民的到来，打破了以缴费或纳税为基础的社会收入转移秩序，也就破坏了传统的社会认同和社会共识。于是，受到“市场失灵”负面影响的欧洲民众举起“反欧洲一体化”、“反全球化”的大旗。

（五）市场发展和社会发展的目标不同步是欧洲社会保障制度困境的根本原因，也是转型的难题

欧洲联盟的建设者们并非不能认识市场治理需要有社会治理相配套的道理，他们为此在 20 世纪 80 年代提出了“欧洲社会模式”和“欧洲社会支柱”。但是，在“新自由主义”思潮的冲击下，不仅在欧洲建设过程中缺失了社会机制建设，而且就连欧洲市场本身也不断地承受来自世界市场的强大压力，自由化的世界市场早已超出了欧盟制度的规范能力。欧盟及其成员国的多层制度安排采取了包括规范市场竞争、整合产品标准、保护自然环境、协调社会转移等多种政策措施，但是都无法赢得与全球化市场的竞跑。交通和通讯领域里的新技术助力世界市场的不断扩大，与规范市场的各种社会和政治力量的分散疲弱形成鲜明对照。在欧洲统一市场释放出来的经济活力和偏安一国的社会分配机制之间形成了很多的治理

黑洞。

面对上述复杂的矛盾，欧盟在理论和实践上都准备不足。在经济全球化深入发展的条件下，资本和社会之间固有的利益矛盾不仅没有得到解决，而且在继续扩大。欧盟的主流意识形态将这一矛盾归于全球治理的缺失，认为全球化为富人逃税提供了逃逸天堂，美国当选总统特朗普的减税计划更是戳到了欧盟治理的痛处。欧洲的政治精英们认为，一旦美国转向减税竞争，将进一步削弱欧洲国家的财政，导致社会保障的向下趋同，动摇福利资本主义的基本制度，甚至引发巨大的社会抵抗和民粹主义的崛起，导致不可预测的后果。

三、欧洲社会保障制度转型的走向

预测欧洲社会保障制度转型的走向，首先需要了解这种制度过去发展的基本脉络和基本逻辑。欧洲各国的社会保障制度自 20 世纪 30 年代大萧条以来经历了一段快速普及和逐步攀升的时期，在半个多世纪的时间里，随着国家在提供社会保护和社会服务领域里职能的不断加大，形成了现代工业化的社会保障基本制度，其主要的发展脉络是国家通过立法获得了干预社会的合法性，又通过行政机构使各项干预社会的政策能够贯彻实施。

这种制度设计的先天局限在于它是在资本主义的基本制度下调节社会分配，这种调节的最终目的是保障资本主义基本制度的平稳运行。由于社会分配的调节还要受到其他因素，特别是政治因素的影响，资本主义基本制度的自然发展通常会快于社会分配的制度格局，使两者成为相互制约的因素。第二次世界大战以后，在一段资本主义经济稳定恢复和快速发展的时期里，经济和社会领域里出现了两种相悖的发展：一方面，工业化国家通过国际规则的制订，鼓励并支持经济的自由化和世界范围内的经济“去国家化”进程，使经济要素得到有效配置，经济活力获得充分释放；另一方面，这些国家又通过“国家化”的社会保障制度去弥补经济自由主义带来的社会风险。这种现象被西方学者称为“嵌入式资本主义”[①]，也就是将社会公平的因素嵌入到资本主义的基本制度之中，形成短暂和脆

① Hemerijck, Anto, Changing Welfare States, Oxford University Press, 2013.

弱的政治经济平衡，其基本条件是资本主义工业化国家保持在国际市场上的整体竞争力和规则制订权。

20世纪80年代以后，“去国家化”的市场经济大跨步发展，进入了一个“新自由主义”时代。里根主义和撒切尔主义通过私有化、削减国家财政支出、去规制化、去行政化、去边界化等一系列措施，大量释放市场力量，西欧社会保障制度中的国家因素随之出现了向下浮动的大趋势。这一“去国家化”趋势断断续续延续了30余年，其间资本大量逃逸，传统社会保障制度的可持续性一再告急。为了在全球市场赢得竞争，国家权力不断地从规范市场、管理社会向支持市场、减少社会干预转移。这个过程自然与各种各样的社会反抗相伴相随。因此，第二次世界大战以后的欧洲社会保障制度发展史大体呈现出前30余年国家化向上浮动的总趋势和后30余年后国家化水平向下浮动的总趋势，在20世纪70年代中下旬的社会保障“国家化”全盛时期和当今的“去国家化”低谷之间形成了一个“N”字型的动态区间，各个国家根据各自不同的国情在这个区间进行政策选择，在并不违背发展总体态势的情况下选择国家社会职能的形式和比重。

2008年的国际金融危机和此后的欧洲债务危机又将欧洲的社会保障制度逼到了一个新的十字路口。一方面，欧洲联盟由于自身授权有限，没有能够及时就社会政策达成共识并付诸实施①；另一方面，来自欧洲各国社会底层的力量开始通过各民族主义，甚至民粹主义政党，推动社会保护的再国民化，一些国家甚至开始引入均等化的“国民工资”。民选的执政者受到巨大的政治压力，在实施紧缩政策和履行财政纪律时踌躇不前，就连身为中右翼政治力量代表的欧盟委员会主席容克都认为：“社会对话必须与经济议题对话同步”，“要在欧洲的融合中建立一根社会支柱”②。各种迹象表明，欧洲社会保障制度的下行改革遇到了强大的压力，出现了触底的迹象。

但是，在技术进步推动全球化继续深化的时代，社会保障制度向国家

---

① Hemerijck, Anton, The Euro - Crisis—Welfare State Conundrum, in Maria Joao Rodrigues and Eleni Xiarchogiannopoulou (eds), *The Eurozone Crisis and the Transformation of EU Governance: Internal and External Implications*. Ashgate: 2014, pp. 139 - 141.

② 容克2016年6月9日在国际劳工组织的讲话，http://www.ilo.org/ilc/ILCSessions/105/media-centre/news/WCMS_489011/lang—en/index.htm。

化的回归并不意味着回归传统的社会保障制度模式。全球化不仅为资本提供了巨大的增值空间，也给个人带来了发展的机遇和跌入社会底层的挑战。因此，欧洲社会保障制度转型的聚焦点已经不在于维护体系的完整性和高标准，而是开始更加聚焦于个人的发展和劳动力的自由流动。不少国家开始采取一些似乎相互矛盾的政策措施，一方面削减社会保障和福利支出，另一方面加大在人力资源领域里的社会投入，以适应新技术和新产业的发展。安东·海默瑞克教授跟踪了欧盟成员国 1997 ~ 2007 年间这两类社会支出的变化，发现没有任何一个国家减少了用于提高个人能力的社会投资，他认为“社会投资转向”是一个重要的时代现象[①]。

在欧洲，有关社会投资转向的实证效果开始显现。瑞典长期投资于妇女儿童和家庭福利，在过去 25 年中妇女就业增长了 25%，达到了 73% 的就业率，而意大利的妇女就业率仅为 52%。不同于传统的福特制大工业，现代新兴的技术产业更适合妇女就业，更适合高技术人员的灵活就业。这就需要社会保障制度的转型符合灵活就业形态的保障，需要弥补在个人竞争力培养方面的社会制度缺失，将被动的社会保障制度调整为灵活保障(flexecurity)，成为能够应对全球化竞争性挑战的保障[②]。

社会投资的转向并不足以解决欧洲社会保障制度的困境。全球化的自由资本主义经济和国家化的社会保护体制之间存在着先天的错位缺陷。欧洲国家的执政者深知他们也许能够通过国家干预治理国内市场失灵，他们甚至可以通过复杂的程序走向欧盟层面的社会治理整合，但是没有力量解决全球市场失灵对于国家制度的冲击。要减轻这种冲击，需要在全球层面上进行两个方面的努力：一是通过在世界上推行对社会保护的认同，提高劳工标准，弱化市场恶性竞争。例如德国总理默克尔提出一种“自由市场 + 慷慨的福利国家 + 共识政治 + 工业劳动关系”[③] 的国家计划模式，而后提倡通过外交途径促成在国家发展规划方面的国际合作，以便达到相互

---

① Hemerijck, Anton, The Euro - Crisis—Welfare State Conundrum, in Maria Joao Rodrigues and Eleni Xiarchogiannopoulou (eds), *The Eurozone Crisis and the Transformation of EU Governance: Internal and External Implications*. Ashgate: 2014, p. 146.

② Hemerijck, Anton, The Euro - Crisis—Welfare State Conundrum, in Maria Joao Rodrigues and Eleni Xiarchogiannopoulou (eds), *The Eurozone Crisis and the Transformation of EU Governance: Internal and External Implications*. Ashgate: 2014, p. 143.

③ 基于 2016 年 5 月对德国多个智库的访谈。

影响，进而形成趋同，以减轻欧洲福利国家的外部竞争压力。至此，欧洲社会保障制度不仅面临着内部结构的转型，也将会带动国际合作政策的转型。

（本文原载于《社会保障评论》，2017 年第 1 期）

德国里斯特养老保险计划及其对我国的启示

林　义　周娅娜*

在全球人口老龄化趋势加剧的背景下，人口结构重心的老年化转移使传统建立在现收现付制基础上的养老保险制度变得不可持续，探索建立一种适应自身国家文化和经济发展的私人积累制养老保险制度已成为各国养老保险制度改革的方向和突破口。目前，我国的养老保险制度是以现收现付制为基础的社会统筹与个人账户相结合的混合养老保险制度模式。随着死亡率和出生率的降低引致的人口平均预期寿命延长、老年抚养比升高等众多因素的影响，我国养老保险制度的可持续发展面临巨大的挑战，构建多层次的养老保障体系，强化第二层次补充养老保险的作用成为必然的选择。早在20世纪90年代初，我国就开始建立第二层次的补充养老保险，经过20多年的探索，有了一定的发展。截至2015年底，全国有75 454家企业建立了企业年金计划，参加企业年金的职工数达到2 316.22万人，资金积累规模达到9 525.51亿元，但企业年金发展的速度和规模与我国人口基数庞大、老龄化趋势严重以及国家整体经济的发展是严重不协调的。随着人口老龄化趋势的逼近，我国急需撬动补充养老保险市场的快速发展，加快推进完善多层次养老保障体系的建设。在这方面，以德国前劳动和社会保障部部长瓦尔特·里斯特（Walter Riester）命名的"里斯特养老保险"计划的成功实践经验，可作为破解我国补充养老保险发展困局的一个参考。

* 林义，西南财经大学老龄化与社会保障研究中心主任、教授；周娅娜，云南财经大学讲师。

一、里斯特养老保险计划实施的背景与目标

人口结构的变迁是德国里斯特养老保险计划实施的最根本的原因。人口出生率的降低，养老金领取者平均预期寿命的延长使得以代际收入转移为基础的现收现付制养老保险制度面临巨大的挑战。据预测数据显示，德国政府若继续保持1972年设定的养老金替代率水平标准，则在2035年养老金缴费率将达到总收入的40%，这将极大地增加企业和年轻一代在职人员的负担，遏制德国总体经济的发展。

为了应对人口结构重心的老年化转移，包括德国在内的许多发达国家都建立了“三支柱模式”的养老保障体系，但与其他国家相比，德国“三支柱模式”的养老保障体系发展严重失衡，法定养老保险负担过重而其他两个层次发展严重不足，仍表现为一种单支柱的发展格局。如表1所示，在德国退休人员总收入中有85%来自法定养老金，远高于其他四个国家；在号称全世界首个福利国家的英国，法定养老金的比例也只有65%。在人口老龄化加剧的背景下，德国法定养老保险单板发展的格局让政府背负了沉重的养老金支付压力，为了缓解政府财政困境，政府不得不开始进行养老保险改革，希望通过降低法定养老保险金支付水平来减轻政府财政压力。同时，为了保证民众不因法定养老金支付水平变动致使收入锐减，政府明确要大力推进第二、第三层次养老保险的发展，以此来弥补法定养老保险金支付下降出现的养老金缺口。在这项改革中，定位于第二层次，旨在为了实现稳定法定养老保险缴费率、保证法定养老金给付水平长期稳定的“里斯特养老保险”计划改革方案最为引人瞩目。该方案的基本思想是对法定养老保险进行结构性的改革，即通过政府制订补贴激励方案，建立独立于法定养老保险之外的私人储蓄养老保险，强化私人储蓄养老保险代内跨期调节收入分配的作用，以此来缓解老龄化对现收现付制法定养老保险的冲击。

表1　　养老金收入来源的国际比较　　（单位:%）

	德国	英国	瑞士	美国	荷兰
第一支柱	85	65	50	45	42
第二支柱	5	25	40	13	32
第三支柱	10	10	10	42	26

二、里斯特养老保险计划的主要内容

（一）目标群体

里斯特养老保险计划覆盖的人群主要是那些由于法定养老金支付水平降低而影响到其收入的人，个人可自愿参加里斯特养老保险计划，但并不是所有人群都有资格获得里斯特养老补贴，所以该计划主要目标群体为中低收入者和孩子较多的家庭。合格群体主要包括：参与了法定养老保险义务的员工、自由职业者；工资补偿福利的受助者（领取失业金、抚恤金的人等）；公务员及其他公职人员；农业从业者。若夫妻双方仅一方属于适合的目标群体，另一方无职业，或是自由职业者，也可作为间接受益人参与该计划，享受里斯特养老补贴。未参加法定养老保险义务者通常不在该计划的范围内。

（二）补贴激励方案

为了激励上述群体参加里斯特养老保险计划，政府特别制订了里斯特养老保险补贴激励方案，具体的激励方式包括基础补贴、子女补贴、特别补贴和税收优惠。由于受财政预算的约束，补贴激励方案从 2002 年开始至 2008 年分四个阶段推进实施，每两年进行一次调整，推进实施情况见表 2。表中第一列表示在不同阶段参与者为了享有全额基础补贴资格须供款于里斯特养老保险账户中的金额占个人总收入的比例，第二至第四列是里斯特养老保险计划的具体补贴情况。

表 2　补贴激励方案

时间	个人供款额（占总收入的百分比）（%）	基础补贴（欧元/年）	子女补贴（欧元/年）	最大税收减免额（欧元/年）
2002～2003 年	1	38	46	525
2004～2005 年	2	76	92	1 050
2006～2007 年	3	114	138	1 575
2008 年	4	154	185	2 100

注：2008 年及以后出生的孩子每年的补贴为 300 欧元。

1. 基础补贴。计划参与者必须将上一年工资总收入按规定比例足额存入里斯特养老保险账户才能获得全额基础补贴。例如，2008 年以后，参与者需按规定将上一年工资总收入的 4% 存入里斯特养老保险账户才能获得每年 154 欧元的全额基础补贴，如果个人供款的金额减少，则获得的基础补贴也按比例相应减少。基础补贴直接进入参与者个人账户，补贴至参与人年满 67 岁为止。除了规定个人最大供款额，里斯特养老保险计划还有最低供款额的规定。该限额主要适用于配偶作为间接受益人参与计划的情形。间接受益人向里斯特养老保险账户供款最低限额后即可获得全额基础补贴，最低限额与家庭子女数量呈反方向变化，子女数量越多，最低供款金额越少（见表 3）。以 2010 年某家庭为例，一对夫妇育有两个小孩，丈夫有固定工作，且参与了里斯特养老保险计划，妻子为无职业者，则妻子每年只需向里斯特养老保险账户供款 60 欧元，就可获得每年 154 欧元的全额基础补贴。

表 3　最低供款限额　（单位：欧元）

时间	无小孩	1 个小孩	2 个小孩及以上
2002～2004 年	45	38	30
2005 年	90	75	60

2. 子女补贴。为了激励多子女家庭参与里斯特养老保险计划，补贴激励方案设置了专门的子女补贴，子女补贴金额从第一阶段的每孩每年 46 欧元增加到第四阶段的每孩每年 185 欧元。对于 2008 年及以后出生的孩子，每孩每年最高可获得 300 欧元的补贴。补贴期间一直延续到子女能独立获得收入来源或年满 25 周岁时终止。子女补贴通常情况支付给母亲，若要支付给父亲则需母亲签署同意。图 1 描述了五种不同家庭规模在不同阶段享受政府补贴的情况。从图中清晰可知家庭子女的数量与政府直接补贴具有递增的线性关系，这极大地促进了多子女家庭参与里斯特养老保险计划，特别是子女数量多于两个以上的家庭。

3. 特别补贴。特别补贴的受益群体是年龄不满 25 周岁的新参加工作的年轻人，为了鼓励这一年轻群体积极参与里斯特养老保险计划，补贴激励方案设计了 200 欧元的一次性特别补贴，即对于合格的新参加工作者只要参与里斯特养老保险计划，政府就给予 200 欧元的一次性补贴。

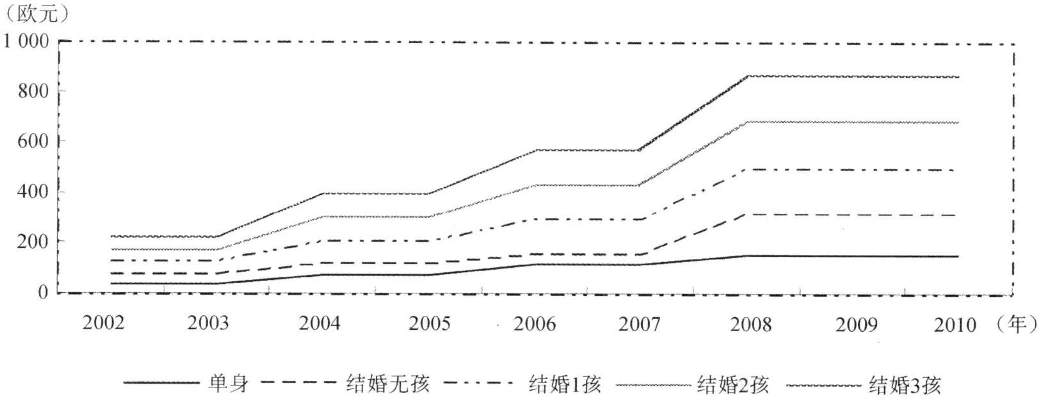

图 1　不同家庭规模下的政府补贴

注：根据表 2 补贴数据计算，假设 5 种家庭均为目标群体，均能获得里斯特全额补贴，且小孩都出生于 2008 年以前。

4. 税收优惠。除了财政补贴，参与者还可以享受税收优惠，存入里斯特养老保险账户的金额可作为特别支出项目享受税收减免，最大税收减免的金额如表 2 所示，从第一阶段的每年 525 欧元上升到第四阶段的每年 2 100 欧元，税收减免金额包含政府的直接补贴金额。计划参与者每年向国家税务部门做出退税申请，或委托里斯特养老保险产品提供者代为申请，退税金额以现金的形式直接转入个人的银行账户中，但参与者在领取里斯特养老金时需要全额缴纳税收，该计划实质是一种税收延迟型私人养老保险计划。

（三）产品的供给

里斯特养老保险产品的供给者是多元化的，满足认定资格的保险公司、银行、基金公司或德国建房互助储金信贷社都可以提供里斯特养老保险产品，个人或家庭可根据自身偏好自由选择购买，因此里斯特养老保险产品存在不同的形式，包括保险合同、银行储蓄合同、基金储蓄合同和里斯特住房储蓄合同（Wohn Riester）。在四种合同中，保险合同形式的里斯特养老保险产品最受民众青睐。如图 2 所示，虽然有缓慢下降趋势，但保险合同形式的里斯特养老保险产品仍占有市场份额的绝对优势，占比超过 70%。

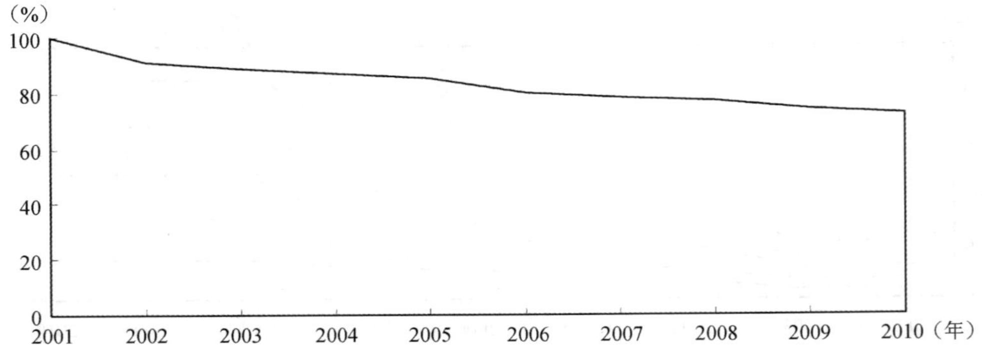

图 2　保险合同市场份额占比趋势

（四）养老金的领取与转移

与其他私人储蓄养老保险相比，里斯特养老保险计划灵活性较差，不能进行抵押，参与者最早只有在 62 岁之后或达到法定退休年龄方可领取里斯特养老保险金。2008 年后，里斯特养老保险金的领取条件有所放松，允许将账户储蓄额用于购买住房，即里斯特住房储蓄（Wohn - Riester），但仅限于参与者购买自住房。养老金领取方式主要以年金为主，要求里斯特养老保险账户储蓄额中的 70% 以年金方式逐月发放，剩余的 30% 允许参与者在退休时一次性领取。

参与者死亡后里斯特养老保险计划账户中的基金可继承，若该基金是转移给配偶作为退休养老金，则不需要偿还里斯特养老保险补贴；若参与者死亡后没有合法继承人，则计划期间所获得的补贴需偿还。另外，受益者若在欧盟以外的其他地区退休，也须偿还补贴。参与者有权取消里斯特养老保险计划，且允许将里斯特养老保险账户中积累的基金转移到其他的养老金计划中。

（五）里斯特养老保险计划的监管

里斯特养老保险计划从产品的供给、基金的投资、养老金的领取到政府的补贴都受到严格监管，对德国老年人来说是一种最安全的养老储蓄计划。2001 年通过的《退休养老保险合同认证法案》（Certification of Retirement Pension Contracts）（以下简称《法案》）明确规定了里斯特养老保险产品的认定标准，具体实施机构为德国联邦金融监察署。该机构依据

《法案》负责对私人养老保险产品进行认定，只有符合《法案》规定的认定标准的私人养老保险产品才是能获得国家补贴的里斯特养老保险产品。最初由金融机构提供的私人养老保险产品须满足 11 项标准才能认定为是里斯特养老保险产品，但在后面的实践中被认为太过复杂，不利于里斯特养老保险的发展，于是政府在 2005 年进行了改革，简化了产品的认定标准，但对一些关键环节，特别是资金安全性、养老金领取条件等方面，政府仍然作了详细、全面的规定。里斯特养老保险补贴方案由隶属于联邦德意志养老保险机构下的中央补助机构（Central Subsidies Agency）负责管理，该机构的主要职责是核算和支付里斯特养老保险计划补贴金额，监管里斯特养老保险受益者的补贴资格，同时还联合联邦劳动事务所、家庭事务所和税务局等相关部门联合确定子女补贴的数额和税收减免的数额。

三、里斯特养老保险计划的实施效果

（一）参与民众不断增加

在政府补贴激励方案的诱导下，里斯特养老保险计划实施以来参与民众不断增加，主要表现为两个方面：一是里斯特养老保险合同的签署量不断上升（见图 3）。在补贴激励计划引入的第一年合同签署量大约为 140 万人次，截至 2013 年底，合同签署量已达到 1 589 万人次，增加了 11.35

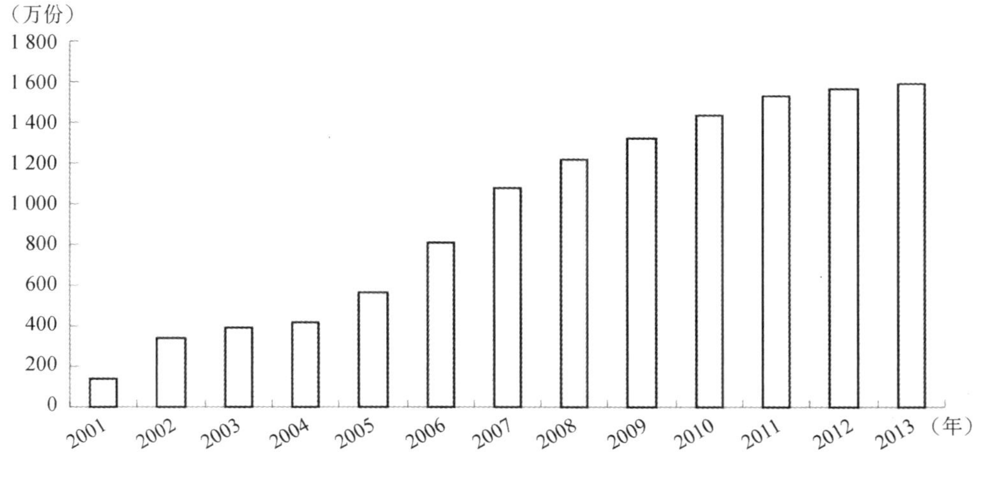

图 3　里斯特养老保险合同签署量

倍。二是里斯特养老保险覆盖范围不断扩大（见图 4）。从图中可看出，相对于平稳的职业年金覆盖范围，里斯特养老保险的覆盖范围表现出不断上升的趋势，覆盖范围比例从 2005 年的 13% 上升到 2010 年的 38%，覆盖范围扩大了近 3 倍。2007 年，里斯特养老保险覆盖范围比例超过职业年金，成为推动德国第二层次补充养老保险发展的主要力量。

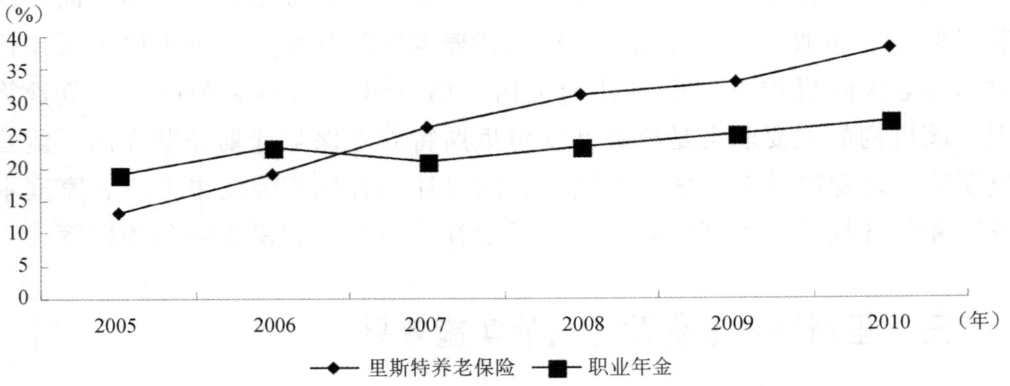

图 4　里斯特养老保险与职业年金覆盖范围的比较

（二）法定养老金支付压力逐步得到缓解

里斯特养老保险计划推出的目的是为了弥补法定养老金支付水平下降而出现的养老金缺口，减轻法定养老金的支付压力。自实施以来，里斯特养老保险计划表现出了强劲的生命力，正朝着计划设计之初的方向迈进。2008 年德国法定养老保险、补充养老保险和个人自愿储蓄性养老保险占退休收入的比例大约分别为 70%、20% 和 10%。法定养老金的占比从改革前的 85% 下降到 70%，补充养老保险的占比从改革前的 5% 上升到 20%，这一比例的显著变化在很大程度上归因于里斯特养老保险计划的实施。Brsch – Supan and Gasch（2010）进行的模拟研究表明了在里斯特养老保险补贴激励方案的政策诱导下，法定基础养老金在降低，而里斯特养老保险计划储蓄额在逐年上升，同时也指出养老金缺口的弥补会是一个渐进的漫长过程。可以肯定的是，随着时间的推移，里斯特养老保险计划在弥补养老金缺口方面的作用将会进一步凸显。

（三）补贴激励方案杠杆效应显著

政府实施的补贴激励方案极大地刺激了民众为养老进行个人储蓄的行为，受直接财政补贴和税收减免杠杆作用的撬动，与之相关联的个人养老储蓄额大幅度上升。Stolz 和 Rieckhoff（2008～2011）利用中央补助机构（Central Subsidies Agency，ZFA）数据进行的测算研究证实了补贴激励方案对个人养老储蓄的撬动作用（见表4）。

表4　直接补贴和相应的里斯特储蓄额　（单位：千欧元）

年份	直接补贴	个人供款	储蓄额	杠杆效应
2005	521 917	1 240 832	1 762 749	2.4
2006	1 134 339	2 501 547	3 635 886	2.2
2007	1 445 688	3 388 877	4 834 565	2.3
2008	2 543 300	5 272 200	7 815 500	2.1

表4中的储蓄额数据由直接补贴和个人供款两部分构成，假设储蓄额未受税收减免因素的影响，直接受益于财政直接补贴的撬动作用。从表4中的数据清晰可见，政府直接补贴对拉动个人养老储蓄是有效率的，1欧元的直接补贴能撬动额外2.2欧元的个人养老储蓄供款。此外，Gerber and Zwick（2010）同样利用ZFA数据，加入了税收优惠影响因素，进行实证研究也得出相类似的结论，1欧元的补贴能诱发家庭1.9欧元的额外供款。在2010年，里斯特养老储蓄总额达到94亿欧元，而相应的成本支出为35亿欧元，平均1欧元的补贴能诱导家庭向里斯特养老保险账户供款2欧元。他们的研究结论都一致表明里斯特养老保险补贴计划对撬动个人养老保险储蓄的杠杆作用是显著的。

四、里斯特养老保险计划对我国补充养老保险发展的启示

1991年国务院发布《关于企业职工养老保险制度改革的决定》，自此我国开始了企业年金的发展探索，并在2004年颁布了《企业年金试行办法》和《企业年金基金管理试行办法》，将企业年金纳入规范管理。10多年过去了，我国企业年金的发展停滞不前，发展规模远远没有达到人们的预期，也没有在多层次养老保障体系中承担起第二支柱应有的作用。截至

2014年底，我国企业年金的就业人口参与率仅为2.97%，企业年金资产占GDP的比重仅为1.21%，而OECD成员国企业年金资产平均占GDP的比重高达84.2%。企业年金在我国退休收入中的替代率不到1%。反思20多年企业年金发展的经验教训，发展如此缓慢，关键问题是企业年金发展的动力机制不足。虽然国家对企业和个人参与企业年金计划有税收优惠，但对于绝大多数企业来说，这一税惠政策的刺激犹如石沉大海难以泛起涟漪。在我国人口老龄化逼近的情况下，急需找到提升我国补充养老保险发展动力的突破口，撬动补充养老保险市场的发展，以便减轻基本养老保险的财政支付压力，实现养老保险制度的可持续发展。德国里斯特养老保险计划的制度设计和实施理念对我国补充养老保险的发展提供了重要启示。

（一）补充养老保险发展思路的转变

一直以来探讨突破我国企业年金发展困境的思路大都局限在企业层面，要求企业在补充养老保险市场中承担起重要的作用。相对于国有大中型企业，我国中小企业人力资源极不稳定，员工流动性极大，加之企业年金计划的设立会增加企业的成本，除非通过强制手段，否则中小企业管理层不愿、也很难为员工建立企业年金账户。因此，类似里斯特养老保险计划的发展思路，即跨过企业层面，由国家制定补贴和税收优惠政策直接激励符合条件的民众自愿进行个人养老保险储蓄，对破解我国中小企业发展企业年金难题无疑是一个很好的发展思路，同时这种具有政府补贴和资格审查的个人储蓄养老保险计划也适用于我国广大的农村市场和自由职业者。

（二）补贴性个人储蓄养老保险激励方案的设计

激励方案设计得是否合理，直接关系到个人养老保险市场发展的速度和规模，兼顾公平与效率是激励计划设计应遵循的基本准则。首先，激励措施应多样化，应惠及广大的民众。税收激励对中高收入群体具有较大的刺激作用，而对中低收入群体吸引力甚微，如果仅仅采用税收激励措施，则会将无税收负担的低收入者排除在制度之外，显失公平。针对目前我国城乡居民收入分配差距悬殊的局面，为了撬动补充养老保险的发展，应将税收优惠和财政直接补贴两种激励措施相匹配，充分发挥两种激励措施的杠杆作用。其次，在设计思路上应充分考虑我国传统文化中的家庭元素，从家庭这一基本单位出发，补贴金额与家庭规模相适宜。最后，直接财政补贴来源可分为两部分，即中央财政补贴和地方财政补贴。中央财政补贴对符合条件的参与者一视同仁，可随人口流动进行转移，除非移民国外。对于地方财政补贴，各地根据当地经济发展情况可有所差别，但国家应规定最低补贴金额。对于地方财政补贴是否能依人口流动转移，可根据参与者在地方服务年限进行考量，例如工作 10 年或 15 年以上能全额转移，不需要偿还地方财政补贴；低于该年限者在转移时须部分偿还地方财政补贴。

（三）补贴性个人储蓄养老保险产品的供给

为了配合国家顶层经济发展的长期规划，即把商业保险建成社会保障体系的重要支柱，在补贴性个人储蓄养老保险产品供给上，可优先考虑由保险公司提供，保险公司在基金运用、服务网络、客户服务、账户管理、精算技术等方面都具有较强优势。从德国里斯特养老保险产品的供给来看，里斯特养老合同中绝大部分也都是由保险公司提供。保险公司具有经营补贴性的个人储蓄养老保险产品的天然优势：一是精算技术优势。保险公司的精算技术优势是其他金融机构无法比拟的，精算能平衡参与者退休后每月领取的养老金额与剩余生命期限的长短。德国里斯特养老保险计划中对保险公司的精算技术优势给予了充分的肯定，计划明确要求由银行或基金公司提供的里斯特储蓄养老保险产品在参与人领取养老金时，必需将养老金的一部分资本用于购买保险公司的年金产品以保证计划参与人在 85 周岁以后能按月领取养老金直至生命的尽头。二是产品经营优势。补贴性的个人储蓄养老保险产品与保险公司经营的年金产品具有较多相似之处，由保险公司提供补贴性个人储蓄养老保险产品能与公司自身经营的年金产品实现良好对接，且保险公司已积累了多年的年金产品经营经验。三是稳健投资理念优势。“安全性原则”是保险公司基金投资遵循的首要原则，保险公司基金的投资运作都是以这一基准为出发点，这恰恰符合补贴性个人储蓄养老保险基金投资的要求。在德国认定里斯特养老保险产品标准中就明确要求在养老保险基金领取时，必须保证计划参与者的本金安全。四是服务网络优势。全国性的保险公司分支机构众多，服务网络遍布全国各地，不仅能提供方便快捷的服务，还可较好地解决个人养老基金的可携带性问题。

（四）补贴性个人储蓄养老保险产品的监管

借鉴德国里斯特养老保险计划监管的经验，首先，应尽快拟定并颁布《补贴性个人储蓄养老保险暂行办法》，明确参与目标群体、直接补贴金额及来源、税收减免比例、最大税收减免额、产品认定标准、产品供给主体标准、信息披露标准以及缴费方式和年限、最低缴费金额、养老金的领取条件和方式、养老金的携带性转移条件、养老保险基金的投资以及违约处罚等。只有对这些实施过程中所涉及的关键点进行明确规定，才能为补贴性个人储蓄养老保险的监管提供法律依据。其次，从德国里斯特养老保险的实践来看，具有补贴性质的个人储蓄养老保险往往会涉及众多金融机构，如银行、保险、证券、基金等，也会涉及众多行政部门，如金融行业监管机构、财政部门、税务部门等，因此需明确监管主体责任，避免部门推诿，出现监管真空地带。最后，还须建立一种协调联动监管机制，加强部门之间的沟通，建立多部门信息共享平台，实现数据资源共享，这样才能保证具有补贴性的个人储蓄养老保险顺利实施及运转，才能较好地控制运营风险。

（本文原载于《社会保障研究》，2016 年第 6 期）

瑞典养老保险名义账户制度效果评估

李　珍　周艺梦*

20 世纪 70 年代石油危机引起的滞涨和人口老龄化问题同时出现，新自由主义批评社会养老保险制度由于它的公共性质引起效率损失，同时较为有共识的观点认为现收现付的制度不能应付人口老龄化问题。

1979 年英国“合同退出”计划拉开了社会养老保险私有化的序幕。1980 年智利放弃实施了 40 多年的社会养老保险制度，建立了强制性个人养老账户制度更是社会保障私有化的一个明显标志。1994 年，世界银行在《防止老龄危机》的政策报告中建议社会养老保险成熟的国家降低现收现付的社会保险的权重，建立强制性、积累制的私人养老保险制度（企业年金或个人账户）及自愿性的个人储蓄制度，这就是著名的“三支柱方案”。包括中国在内的十多个国家进行了或多或少的结构性改革，建立了强制性积累的个人账户制度，但由于种种原因，除东北三省外，中国的个人账户并没有做实，俗称“空账”。

由于从现收现付制度转向积累制度需要巨额的转制成本，对于许多国家来说不具备政治和经济上的可行性，于是名义账户制度被创造出来了。瑞典、波兰等国建立了名义账户模式。所谓名义账户就是非积累的个人账户制度，个人未来的退休收入取决于个人账户的名义积累额（DC 计划），但当期缴费并不用于积累而是用于上一代退休人口的退休金支付，即在财务上它仍然是一个代际转移支付制度。相对于社会保险而言，它是私有化了的强制养老制度。

1998 年瑞典创造了名义账户制度，2003 年世界银行在瑞典组织了相

* 李珍，中国人民大学社会保障研究所所长、教授；周艺梦，中国人民大学公共管理学院。

关讨论会，并积极推荐这一制度，使得这一制度在理论上和实践上影响力扩大。部分学者认为这一制度实现了个人账户制度和现收现付制度的结合。个人账户制度能克服效率损失问题，又可实现老龄化情况下财务的长期可持续性，一举两得，而现收现付制度使得转制无须像智利那样支付成本。国内有学者认为名义账户模式应该成为中国的一种理性选择。

但是，我们的研究发现，经过十余年的发展，瑞典的名义账户制度的实践并不支持制度设计的理论和目标，也并不像制度早期学者们想象的那样一举多得。鉴于此，我们认为有必要详细介绍瑞典模式的来龙去脉，尤其是将其制度运行的机制和运行的结果呈现出来，并给出我们的分析和评价，以此抛砖引玉，供中国养老保险政策制定者参考。

一、瑞典名义账户制度的由来及制度机理的分析

（一）瑞典名义账户制度的由来

各国对社会养老保险制度的结构性改革的理由无非是财力不可持续、人口老龄化以及效率的损失等，但依笔者的观察，改革的理由大体可分为两类：高收入国家主要是因为面临人口老龄化下的财政压力问题，当然效率损失问题也是原因之一，如英国；更多的国家是由于经济体制的转型，旧制度与新经济体制不相适应，如波兰、中国、智利及其他一些拉美国家。

瑞典的情况则不同，其改革的理由主要是基于效率损失的认识，财政和财务的压力在其改革的时点上并不构成改革的理由。瑞典的社会养老保险私有化制度与其说是走到了尽头，还不如说是政党更替的产物。应该说，瑞典的社会养老保险制度是一个成本不高的制度，它以较低的费率为退休人员、残障人口和遗属提供了较高的保障水平。对这一制度进行改革的原因是其被认为扭曲了劳动力市场、损害了效率。人们认为待遇与缴费之间模糊不清的关系一方面会产生不合理的代内再分配，一方面会形成“税收楔子”，造成“福利损失”，加剧对劳动力市场的扭曲作用。从公共养老金向名义账户的转变不仅有助于改善效率，而且有助于在人口老龄化下的长期财务平衡。

1932 年之后的绝大多数时间里，瑞典社会民主党是执政党。在社会民主党自由、平等、团结的基本价值观下，瑞典成为典型的高福利国家。在高福利框架下的养老收入保障制度由两部分构成：第一部分是 1914 年建立的国民年金（folk pension system，FP），这是一个普享制度，凡 65 岁以上且在瑞典居住 40 年者皆可享受它的保护，其资金来源是雇主和政府，两者各出资雇员工资的 6% 和 2%，这一制度相当于世界银行所称的“零支柱”；第二部分是 1960 年建立的收入关联的养老金计划，这是一种俾斯麦模式的社会养老保险制度（又称既定给付计划，Defined Bene - fit Plan，简称 DB），这一制度相当于世界银行所称的“第一支柱”，它不仅为退休人口提供退休金，还为残障人口和遗属提供年金，其资金来源为雇主缴费。20 世纪 90 年代早期，雇主缴费的费率为雇员工资的 13%，雇员有 30 年缴费记录的话，可获得相当于其工资记录中最高 15 年的平均工资的 60% 作为养老收入，同时拥有一笔相当于五年养老金支付的结余，这笔结余成为改革后新制度的“缓冲基金”。

由此可见，瑞典的养老制度具有结构简单、高保障水平的特点，同时第一支柱的成本不算高，也不存在政府财政压力和制度财务压力问题。1990 年，社会民主党政府任命的养老金委员会曾提出参量改革的建议。1991 年，社会民主党的执政地位被四党组成的自由保守联合政府取而代之。新政府任命一个议会小组研究养老金改革，该小组建议对瑞典养老金制度进行结构性改革。1994 年，改革建议获得通过；1996 年，开始启动执行程序；1998 年，以名义账户制度（Notional Defined Contribution，NDC）为核心的新养老保险制度通过立法并获推广。至此，新制度替代了原有的国民年金和收入关联养老金计划。

（二）瑞典名义账户的内容

瑞典名义账户制度是一个多党博弈的结果，它的主要目标有两个：一是提高效率；二是在提高费率的情况下在长期内保持财务稳定。该制度通过个人账户将个人的贡献与退休收入连接起来，多缴多得，实现“公平的待遇给付”，可以纠正社会养老保险中的劳动力市场扭曲问题。同时，因为该制度是固定供款计划，即退休收入由账户的积累所决定，所以制度可以在长期内实现财务稳定，这一制度可以解决旧制度下现收现付带来的长期财务不稳定问题。第一目标属于价值判断，后面我们将用数据检验这一思想的正确性，这里我们先介绍名义账户制度的内容及财务稳定的机制，即“自动平衡机制”。

瑞典政府仍然称其为公共退休金制度，但在笔者看来，1998 年瑞典正式实施新的养老保险制度是一个彻底私有化了的制度。这个制度由名义账户和积累账户组成，只因为名义账户的权重大，所以人们通常以名义账户来称呼它。

新制度由名义账户和积累账户（Finedde Fined Contribution，FFC）组成，分别向雇主和雇员征收实际收入的 10.21% 和 7% 的费用。由于记账基数不考虑个人缴费，新制度折合缴费为 18.5%。其中，16% 进入名义账户，2.5% 进入积累账户。两部分个人账户最大的区别就在于积累账户由个人缴费进行投资运营以期实现保值增值，而名义账户制并没有实际的资产积累，工作一代的缴费仍用于当期养老金支付，只是将缴费名义性地计入工作一代的个人账户，且每年根据平均工资增长率对其账户余额进行指数化计息。当计划参与者达到 61 岁，即可开始领取养老金，此时个人账户上积累的总价值将转换成年金发放。初始年金由个人账户总价值和体现预期余命的年金除数决定。瑞典实行弹性退休年龄，养老待遇水平会随着退休年龄的推迟而提高。改革之初，瑞典政府在法案中明确规定在 2% 的经济增长条件下，所有满足工作年限条件的人在退休时都可以享受到相当于其工作最后一年工资 55% ~65% 的养老金待遇。新制度中，残障和遗属养老金被分离出来，由财政负担，实现了养老保险制度财务上的独立性。另外，新制度中还设有老年保障津贴制度（Guaranteed Pension），向没有收入关联养老金或收入关联养老金不足的老年人口提供基本生活保障，其资金来源于财政。

名义账户的权重大，对个人的退休收入起决定作用的是名义账户积累起来的名义本利和。名义账户的名义利息率是盯住社会平均工资增长率的，这可以使退休收入分享经济增长的成果。但问题是，名义利息率是否每年能盯住社会平均工资增长率则取决于制度的长期资产/负债情况，如果资产/负债情况恶化，名义利息率将会下降。

（三）名义账户自动平衡机制

瑞典模式最为人津津乐道的是它设计的自动平衡机制，认为该机制解决了人口老龄化情况下养老保险的长期财务平衡问题。瑞典改革的目标之一是在稳定的费率下实现长期的财务稳定。由于费率是已知的，名义账户的利率是盯住工资增长率的，考虑到劳动力规模、预期寿命的提高、缓冲基金的投资风险等因素，短期内可能出现资产负债不平衡问题，于是制度设计了自动平衡机制。所谓自动平衡机制是在既定费率的情况下，以75年作为预测期，当长期内制度的资产与负债不平衡时，该机制自动启动，降低或提高名义账户的利率，以达到制度长期内的资产负债平衡，即达到制度财务稳定的目标。

制度设计了平衡率来表示平衡状态，当平衡率小于1时，表示长期内负债大于资产，自动平衡机制将启动，名义账户利率将相应降低，直到平衡率恢复到1。

平衡率＝（缴费资产价值＋缓冲基金资产价值）/养老金负债

上式中，分子为总资产，总资产由缓冲基金资产价值和缴费资产价值组成。缓冲基金包括改革前的社会养老保险制度留下的资产及其投资收益和当期缴费的结余。投资收益对缓冲基金的意义重大；缴费资产价值（缴费额与存续期的乘积）通过滚存而成；总负债由名义账户下在职者积累的权益以及对退休者将要发放的养老金组成。

在资产项目中，缓冲基金的资产价值变化主要取决于缓冲基金的投资收益率；缴费资产价值在参保率既定的情况下，影响当年缴费额的因素主要包括就业人口总量和平均工资增长率。对负债而言，除了每年缴费计入养老金权益，养老金计息率是重要的影响因素。

因此，在经济乐观的情况下，资本市场投资回报率高、劳动力市场失业率低、平均工资增长快，财务状况会表现优异，计划参与者也将因此而受益。但如果遇到经济萧条期，情况则相反。不幸的是，所有不利的因素在2000～2002年及2008年都发生了。

二、新制度运行情况及其分析

1994 年瑞典名义账户试运行以来，其新制度出现了比预测更加负面的结果：

第一，平衡率小于 1，自动平衡机制 2010 年启动。财务的可持续性是瑞典养老保险改革的一个重要目标。2008 年前的养老金年度报告均预测：只有在悲观情况下，2020 年开始才会出现负债大于资产的情况，这时自动平衡机制才会启动。中性和乐观的预测中，平衡率不仅不会低于 1.0，而且能在 2050 年前超出 1.1，即资产大于负债。然而，2008 年，萧条的宏观经济状况显示，改革方案中最悲观的预测也过于乐观了。2008 年，制度的平衡率为 0.97，即负债大于资产 3%。2010 年，瑞典养老保险制度由于出现制度整体收支不平衡而启动了自动平衡机制，当年养老金增长率从前一年的 4.6% 下降为 –3%，2011 年更下降到 –4.3%，2012 年自动平衡机制停止，当年养老金增长率回升到 3.6%。如此大幅度波动，难以为参保者提供稳定的安全预期。

第二，名义账户利率陷两难境地。名义账户上没有实际资产，利息只能是名义的。如果利率低于工资增长率，则在其他条件不变时，对受益人是一种利益的侵害，且退休收入必然盯不住预期的水平；名义利息率盯住工资增长时，受益人的退休权益是有保障的，但制度的负债积累太快，长期内，制度的收支平衡要么选择继续提高费率，这与改革的初衷不符，要么启动平衡机制，给个人账户计负利率，这样，工资指数化的计息率就成为空谈，受益人的权益受损，退休金水平将下降。名义账户的计息无论高低，都是无源之水。

第三，缓冲基金的规模下降。缓冲基金受到资本市场的侵蚀，由改革之初 5 年的养老金给付能力降低到 2009 年的 3.55 年。据估计，由于婴儿潮时期出生的人口达到退休年龄，2009 年瑞典养老金进入当期收不抵支的历史阶段，这就意味着缓冲基金的消耗期从此开始。因此，作为财务平衡重要保障的缓冲基金将面临更大的保值增值压力，这也给财务可持续性提出了更严峻的挑战。

第四，养老金水平将比预测中下降得更快。根据橘皮书提供的数据计算，2005～2008 年，瑞典养老保险制度退休人员的养老金替代率以每年 1% 的速度下滑。改革方案中，中性预测方案显示，1940 年出生的人口达到 65 岁退休时的养老金水平为社会平均工资的 64%，1990 年出生的人口的同一指标将下降到 53%（Social Insurance Agency，2009），但由于自动平衡机制的提前启动，并且由于积累账户的实际投资率也大大低于改革时的估计，未来的退休金水平不可避免地比预期的还要低。

据我们的观察，名义账户制度运行的结果与预测之间的差距可能产生于两个方面：

第一，预测中忽略了劳动力市场就业状况的波动。我们观察到，在各种改革方案的预测中，均采用了固定的就业率和覆盖率假设，这是由瑞典高就业的传统决定的。当经济萧条期的失业增加时，因为缴费人数的减少，制度的收入就会减少，2008～2009 年瑞典失业率高达 10%，比平时高 7 个百分点左右，这会使制度当期收入大幅下降。

第二，预测采用的假设过于乐观。瑞典改革方案的乐观既表现在它对实际工资率的低估，也表现在它对投资收益率的高估。制度对长期财务状况悲观、中性和乐观三种状况的预测基于三组不同的工资增长率（即名义账户计息率）和积累账户投资收益率，分别为：1%、1%；1.8%、3.25%；2%、5.5%。除了悲观状态，中性和乐观的预测中，工资增长率低于账户利率。同时，缓冲基金的实际投资收益率大大被高估了，从而影响了资产的增值水平。名义账户利率的复合年均计息率是 3.10%，而缓冲基金的实际复合年均收益率仅为 1.69%，也就是说，从制度的层面看，制度的资产增长慢于制度的负债增长，这是在实践中制度比预测早 12 年启动自动平衡机制的重要原因之一。

对于账户所有者个人而言，在费率一定时，退休水平取决于名义账户的利率和积累账户的实际投资收益率。上面分析了，由于平衡机制的提前启动，2010 年名义账户部分将不能按实际工资增长率计息，而只能计 -3% 的利息，这意味着过去积累起来的名义资产将缩水 3%。个人账户在过去的十几年内实际的复合年收益率只有 0.12%，大大低于预测的收益率，更是低于实际工资增长率，这样，个人退休水平一定会比预测的情况更糟糕，这是毫无疑问的。

三、瑞典名义账户制度的评估

瑞典改革的主要目标是人口老龄化下财务的长期可持续性和市场效率，而强调效率则不可避免地涉及再分配或社会公平问题。

（一）新制度再分配性质减弱

瑞典新制度中仍然保留了一些再分配的性质，再分配发生在下列情况下：第一，计划参与者在照顾儿童、服兵役、接受高等教育期间，可以在账户上获得相应的养老金权益，这部分费用由国家财政负担，因此也被称作非缴费性养老金权益；第二，名义账户制对死者账户余额所形成的继承收益在与死者同龄的生存者之间进行再分配，形成了短寿者向长寿者的再分配，这也是预防长寿风险的手段；第三，瑞典名义账户使用的无性别差异的年金除数，因为女性比男性更长寿，无性别差异的年金除数就意味着男性向女性进行再分配。新制度相较于瑞典传统的社会养老保险制度再分配性质大为削弱。瑞典养老保险制度改革本质上是私有化，通过“精算公平”将个人收入在一生内进行了平滑分配，将养老责任转移给个人，失去了养老保险使财富由富人向穷人进行再分配的功能，也失去了分散风险的能力。

（二）成本高、收益低

如果我们将保费收入（新制度还要加上缓冲基金）看作是制度的投入，将保障的风险因素及保障水平看作是制度的产出的话，到目前为止，我们可以说，改革后的制度比改革前的制度成本更高、收益更低。1960年建立的收入关联的旧制度在20世纪90年代早期以工资的13%的费率为养老、残障人士和遗属提供了保护，其中养老金替代率高达70%，并且制度有大约可用5年支付的结余。

反观新制度，它在继承了旧制度的缓冲基金的同时，大幅提高了缴费水平，在产出上降低了待遇水平且减少了保障项目，残障和遗属分离出来交由政府另外出资管理。从退休金的保障水平看，正如前面分析的，改革方案预期的退休金替代率到2050年将下降为53%，而从近十年运行的结果看，实际的替代水平会下降得更快。

由于上文所指出的预测假设乐观估计的问题存在，养老金下降的程度可能被低估，未来的不确定性增大。风险没有在制度中得到有效的分散，那么保险存在的意义就会受到质疑。

（三）财务的长期稳定性以高缴费率和低替代率为代价

私有化的主张者们认为，个人账户只与个人终身收入相关，与人口年龄结构无关，因此可以化解人口老龄化风险，而且资本市场带来的丰厚的投资回报率将有利于养老保险制度的可持续发展。

瑞典的经验告诉我们，个人账户制度的实施确实可以有效地保证财务的长期平衡，但它是以高缴费、不断降低的养老金替代率为代价的，如果不提高费率和降低退休水平，个人账户制度下的财务稳定是不可能实现的。养老保险财务的可持续性的评判不应该只是制度的收支平衡，还应该包含合理的负担水平和合理的替代水平，如果以更高的负担水平和更低的保障水平为代价，养老保险的财务收支平衡是没有意义的。也就是说，我们需要认真地区分财务可持续性和制度可持续性这两个概念，财务可持续性绝对不应该成为养老保险制度追求的唯一目标。

另外，从瑞典2001～2008年的历史数据中我们可以看到个人账户面对经济波动时的脆弱性。随着经济全球化的深入，经济周期还将进一步缩短，这也意味着未来不确定性和风险的升级。面对可能出现的老年贫困问题，政府是袖手旁观还是出资援助，问题又回到了原点，企图通过个人账户转移出去的责任又将回到政府身上。

瑞典的例子提示的是个人账户制度并不能解决人口老龄化的风险，如果通过提高费率和降低保障水平来维护制度的长期财务稳定的话，设计精良的DB计划（公共年金）也能做到。

（四）个人账户的效率没有得到证明

瑞典改革的初衷恰是要改变效率损失的局面，改革者认为个人账户制度按照精算公平的原则将待遇与缴费紧密地联系起来，这种“多缴多得，少缴少得”的宗旨与弹性退休年龄相结合可以激励人们延迟退休，以提高劳动力市场的效率。这一理论至少从逻辑上讲是可以站得住脚的，但却没有得到瑞典案例的证明。瑞典的法定退休年龄是 65 岁，但制度允许个人选择提前或推迟退休，当然退休金水平会与退休年龄紧密相连，退休越早退休金水平越低，退休越晚则退休金水平越高。制度设计者认为在精算公平的制度下，受益人会倾向于选择推迟退休，但事与愿违，数据表明越来越多的人倾向于选择提前退休而不是相反。从年龄组来看，随着出生年份的后移，选择提前退休的人所占比重越来越大，且退休的年龄越来越早；从时间序列来看，每年新增退休人员中，61～64 岁的人口所占比重从 2002 年的 9.4% 上升到 2008 年的 21.8%，这显然与个人账户的设立初衷背道而驰。虽然我们不知道影响人们提前退休的原因，但我们可以肯定，个人账户制度对激励和效率的作用估计过高了。

四、总结与讨论

瑞典的社会养老保险私有化改革以效率和财务制度稳定为主要目标，但实践数据显示“精算公平”的个人账户制度在效率方面并没有显示其优越性。放眼看世界，这一结论也是适用的。南美洲所有的国家在全部或部分私有化养老保险后，覆盖率无一例外地大幅下降，这与改革的理论是相悖的：改革者认为，由于多缴多得，搭便车的行为会减少而覆盖率将会提高。至于说到名义账户，人们认为名义账户可取，因为不用支付转制成本就可以完成转制。笔者认为，名义账户只是完成了由既定给付（DB 计划）向既定供款（DC 计划）的转变，而没有实现现收现付向积累制度的转变，算不上是真正的转制。瑞典的例子表明，名义账户制度的财务稳定是以比公共年金制度更高的费率和更低的退休收入为代价的，不是一个更经济的制度。如果退休金下降到不能接受的地步，进一步提高费率将是不可避免的。从上面我们的分析可以看出，名义账户制度的计息是一个无源之水，计息的是高是低都不能保证受益人的利益。换句话说，名义账户制度并不能在不提高费率的情况下有效率地平滑个人的终生收入。

我们观察到一个有趣的现象，1993～1994 年，政治家在游说时许诺受益人在改革后可以获得本人最后工资的 55%～65% 的退休金，在改革实施后的预测中，未来的退休水平变成了社会平均工资的 53%，而我们知道社会平均工资是大大小于本人的最后工资的，所以实际的运行结果则是保障水平会比预测的情况更低。改革的实际结果远没有政治家们宣传的那么理想。

当然，中国仍可以从瑞典养老保险制度改革中吸收一些好的经验，这主要表现在技术层面而非制度层面，具体来说就是指其严谨真诚的管理态度和公开透明的信息披露，这对计划参与者了解制度和研究者进一步探讨制度十分重要。

瑞典名义账户制度对于中国来说有两点实践意义：对于已经建立了个人账户制度的城镇企业职工养老保险，应该尽早做实个人账户并进行市场化运营管理，尽可能追求资金的保值增值；对于还没有建立强制性个人账户的人群，如农民工、农民及公务员、事业单位的职员，不要期望通过个人账户来解决老年收入问题。30 年来改革的实践已经证明，社会养老保险制度的问题并不能靠私有化来解决。

（本文原载于《经济学动态》，2011 年第 8 期）

加拿大养老金计划1997年改革内容及成效

张亚玲*

加拿大养老保障制度经过百年的演变，已经发展成为多层次、多支柱的养老金结构体系。第一支柱是由政府财政支持的“老年收入保障计划”，旨在援助老年人中的贫困人口，包括老年人保障（OAS）、收入保障补贴（GIS）、配偶津贴和遗嘱津贴以及各省的补助；第二支柱是与收入相关联的强制性现收现付型加拿大养老金计划（CPP）/魁北克养老金计划（QPP），目的是在老年贫困线之上为老年人提供一定的收入保障，包括退休金制度、伤残福利、遗嘱福利，其中遗嘱福利包括死亡津贴、配偶福利、儿童福利；第三支柱是由企业为雇员建立的职业年金或补充养老保险计划以及个人养老金计划，为的是协调不同群体之间的收入差距，包括注册养老金计划（RPPs）和记名退休储蓄计划（RRSPs）。这里主要研究加拿大养老金计划。

从1966年加拿大养老金计划的诞生到1996年，这一计划已经走过了30年的历程。然而，在面对国外养老金改革大潮与国内养老金危机的情况下，加拿大政府认为应该反思当前养老金计划，对加拿大养老金计划支出进行严密而持续的监视，制订可持续的计划方案并使缴费率对每个人来说更加公平。由于加拿大是议会制国家，所以每一项议案的通过都需要经过一系列的协商，以获取最大的选票。在一系列的咨询听证会中，考虑的重点问题是如何采取混合型措施来增强加拿大养老金计划的财务可持续性

* 张亚玲，河南大学社会保障专业硕士研究生。

及减少福利支出。经过大量的讨论和协商，1997 年加拿大养老金计划改革方案在国会通过，改革内容主要包括两个方面，即开源与节流，前者通过创新基金积累方式形成资金池并对其进行市场化运作，加强监管以确保安全，后者通过多种途径削减福利支出。1998 年，联邦政府和各省政府实施了一揽子令人瞩目的改革举措。

一、创新基金积累形式，奠定基金投资基础

以源头作为切入点是解决加拿大养老金计划面临的财务不可持续问题的重要途径，这就意味着要千方百计地增加基金收入。加拿大政府采取的措施是快速大幅提高雇主与雇员的缴费率，将 1997 年 5.85% 的总缴费率于当年提高到 6.0%；2003 年，这一缴费率将被提高到 9.9%；2030 年，总缴费率将恒定在 9.9%；按照原来的现收现付制方案，总缴费率在 2030 年将高达 14.2% （见表 1）。这样，便可弥补现存的隐性债务，除此之外，缴费率的快速提高将会形成巨额的资金池，预估是 5 年左右的支出规模，而目前大约是两年的支出规模。对比改革前后的总缴费率可发现，改革费率的主动上调是经过精确计算的，显然考虑到了 2016 年和 2030 年的这两个特殊时点。虽然旧制度每年上调 2 个或 2.5 个百分点，低于新制度每年上调的百分点，但是新制度在 2003 年之后将恒定在 9.9%，到 2030 年将低于旧制度 4.3 个百分点。恒定的缴费率不仅能够使加拿大养老金保持正常运转，而且能够稳定人心、稳定社会，增强政府公信力。旧制度每年上调费率会不断增加雇主、雇员负担，可能引起国民不满，甚至引发政治风险。

表 1　　加拿大养老金计划 1997 年改革前后总缴费率变化情况

年份	改革前总缴费率（%）	改革后总缴费率（%）
1997	5.85	6.00
1998	6.10	6.40
1999	6.35	7.00
2000	6.60	7.70
2001	6.85	8.60
2002	7.10	9.40
2003	7.35	9.90
2004	7.60	9.90

续表

年份	改革前总缴费率（%）	改革后总缴费率（%）
2005	7.85	9.90
2006	8.10	9.90
2007	8.30	9.90
2008	8.50	9.90
2009	8.70	9.90
2010	8.90	9.90
2011	9.10	9.90
2012	9.30	9.90
2013	9.50	9.90
2014	9.70	9.90
2015	9.90	9.90
2016	10.10	9.90
2030	14.20	9.90

资料来源：http：//www.omafra.gov.on.ca/english/busdev/facts/15－029.htm。

加拿大政府通过主动上调费率的方式维持加拿大养老金财务的可持续性，从养老金改革范式来看，参数改革与结构性改革均有涉及，但又不单纯属于二者中的任何一种。虽然加拿大养老金计划提高缴费率这一方式满足参数改革的特征，但是提高缴费率的目的是预筹基金进行市场化投资。结构性改革主要是养老金融资与给付方式的改革，通常情况下的表现是现收现付制、基金制、名义账户制之间的转换，但是这三种范式的直接转换比较激进，遇到的障碍也较多，因此在独裁专制的国家相对更容易实现。加拿大政府充分考虑到本国特殊的政治环境，以及由现收现付制直接转向基金积累制时，代际之间的公平与压力问题，因此采取了大幅提高缴费率但并未引入个人账户的方式，将目前的现收现付制转变为部分基金制（Partially Funded）。虽然新旧制度的最终结果都是缴费率的上调，但是旧制度是“后倾被动式”的，新制度是“前倾主动式”的，在世界养老金改革大潮中别具特色①。

① 郑秉文、何树方：“加拿大社保制度改革与建立‘主权养老基金’十年回顾与评价”，《当代亚太》，2008年第1期。

实质上，每一项政策的制定都需要决策者具备预见性，这样才能在客观现实发生变化的时候以维护社会和谐稳定。主动的改革往往是预测到未来可能发生的变化，以积极的态度、策略、决心应对。加拿大政府预测到养老金未来不可持续问题，在精算的基础上，通过提高缴费率预筹基金，不仅消除了未来可能出现的被动局面，而且创新了基金积累的形式，为下一步进行市场导向型多元化投资奠定了坚实的财务基础。

二、建立专业投资公司实行多元化投资，拓宽基金投资运营渠道

针对通过提高缴费率形成的巨额资金池该如何运作这一问题，加拿大政府彻底放弃了以低利率借贷给参与加拿大养老金计划的各省这一方式，转而采取了能够提高收益率的市场导向型多元化投资方式。首先，巨额资金池成为储备基金。储备基金用于缓冲养老金的收支危机，不仅包括缴费率提高增加的养老金收入，也包括对这部分养老金运作的收益，除非有特殊情况，否则这笔基金在 2021 年之前将无须支付。其次，1997 年决定建立对储备基金进行投资管理的专业化的加拿大养老基金投资管理公司（Canada Pension Plan Investment Board，CPPIB）。加拿大养老基金投资管理公司虽然隶属于政府，但是管理却独立于政府，以减少联邦和省政府对其投资行为的影响，其法定职责是在投资的过程中保证计划参与者回报最大化，并兼顾收益与风险之间的良好平衡。最后，投资方向转变为市场导向型多元化投资，主要表现在资产多元化、风险多元化、地区多元化、组合多元化。资产多元化包括公共股票、私人股权、私募债、债券、房地产、基础设施等多个领域；风险多元化指平衡和控制投资与积极管理下的潜在风险、收益；地区多元化包括全球多个国家和地区，避免对单一市场的过分依赖；组合多元化指经过一系列的讨论与论证形成不同的投资组合，从各个投资视角使基金充分运作。加拿大政府投资理念的转变，在一定程度上虽然是迫于养老金财务可持续压力，但却从保守走向市场，更加积极主动地应对风险，保证计划参与人的利益。

1999 年 3 月，加拿大养老基金投资管理公司从加拿大养老金计划的财政专户中收到 1 210 万加元，这部分资金立即被投资于国内和国外的资

本市场，按照临时规定，投资公司投资国外资本市场的份额不得高于20%。仅一个月，投资收益就接近20.2万加元。随着时间的推移，养老基金投资管理公司管理的总资产除了2009年受全球金融危机的影响数额有所下降之外，整体来看管理总资产数额在不断增加，2016年达到2 789亿加元，比2000年增长了526.74%（见图1）。

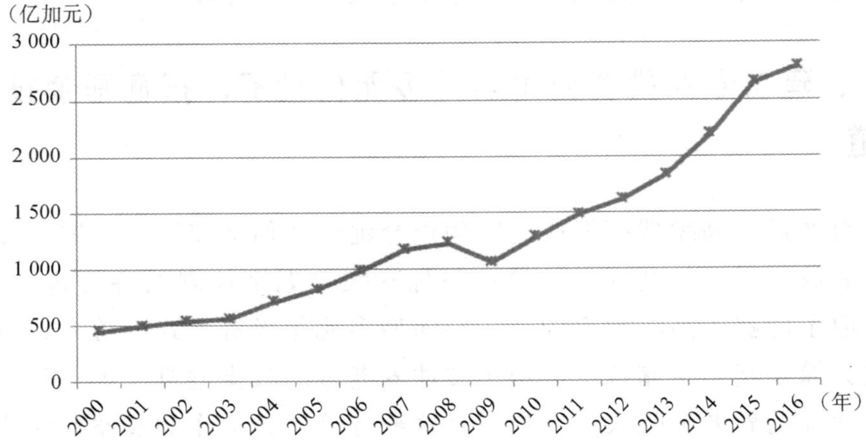

图1　加拿大养老基金投资管理公司管理总资产变化趋势

资料来源：根据加拿大养老基金投资管理公司网站相关资料整理，http：//cppib. com/en/home. html。

随着资产数额的不断增加，加拿大养老基金管理投资公司的投资组合策略也在不断朝着多元化方向发展，选择的投资种类也日益多样化，其他债务、房地产、基础设施等投资种类从无到有且比重不断上升。整体看来，债券比重逐渐下降，到2016财年，已经低于20%。国外市场、新兴市场、其他债务、房地产、基础设施项目的投资份额不断上升，2006年，权益类资产（包括公共股票和私人股权）占比超过60%；2016年，国外发达市场与新兴市场的投资比重接近50%（见表2）。加拿大政府已经完全放弃了将养老基金用于购买政府债券的决策，虽然这一决策安全性较好，但收益率较低。相反，新的市场导向型多元化投资策略虽然风险相对较高，但收益率也较高，养老基金投资管理公司在投资的过程中秉承着“不把鸡蛋放入同一个篮子里”的投资规律，从而平衡了投资风险，避免了单一投资可能带来的全盘皆输的后果。

表 2　　加拿大养老基金投资管理公司投资资产组合比例变化情况　　（单位：%）

年份 投资资产	2002	2004	2006	2008	年份 投资资产	2010	2012	2014	2016
公共股票	26.7	42.7	58.5	51.8	加拿大股票	14.5	8.8	8.5	5.4
私人股权		2.5	4.5	10.9	国外发达市场	36.2	35.1	34.5	40.6
					新兴市场	5.0	6.5	5.7	6.3
债券	60.8	42.9	27.7	24.6	债券和现金类资产	28.8	25.8	28.4	19.4
其他债务				0.9	其他债务	2.8	5.4	5.2	7.5
绝对回报策略				1.3	债务融资负债	1.0			
房地产		1.0	4.3	5.6	房地产	5.5	10.6	11.6	13.2
通胀挂钩债券			4.0	3.9	通胀挂钩债券	3.4			
基础设施项目			0.4	2.2	基础设施项目	4.6	5.8	6.1	7.6
现金类资产	12.5	10.9	0.6	1.2					
合计	100	100	100	100	合计	100	100	100	100

注：1. 2004 年房地产的数据实为房地产与基础设施合计数据；2. 加拿大养老基金投资管理公司“财年报告”对资产投资组合的分类方式于 2010 年发生了变化，因此上述表格的表述相对应进行修改。

资料来源：根据加拿大养老基金投资管理公司历年“财年报告”整理，http：//cppib.com/en/home.html。

关于加拿大养老基金投资管理公司的投资收益状况，其每财年的财年报告都会对其进行总结并向社会公布。图 2 是 2000～2015 年基金投资公司历年收益情况，从图中我们可以发现，2003 年受科技股泡沫影响，2008 年、2009 年受全球金融危机影响，投资收益率呈现负值，其他年份收益率均为正值。其中，2015 年收益率高达 18.3%，2004 年为 17.6%，2000～2015 年的 16 年间平均收益率高达 7.9%，不仅高于同期 CPI 年均增长率 6.88 个百分点，而且高于 1971～1989 年期间的平均收益率 6.1 个百分点。根据加拿大首席精算师在评估养老基金可持续性时的估计，养老基金管理投资公司 10 年实际收益率为 6.2%，除去成本，仍高于预期的 4%。养老基金投资管理公司的投资收益情况反映了其专业化、多元化投资策略的成功，缓解了加拿大养老金财务危机，提高了养老金支付能力，促进了养老金财务的可持续性。

三、强化基金监管体系，促进基金运作公开透明

无论从事何种经济活动，都需要保证资金的安全，而保证资金安全的

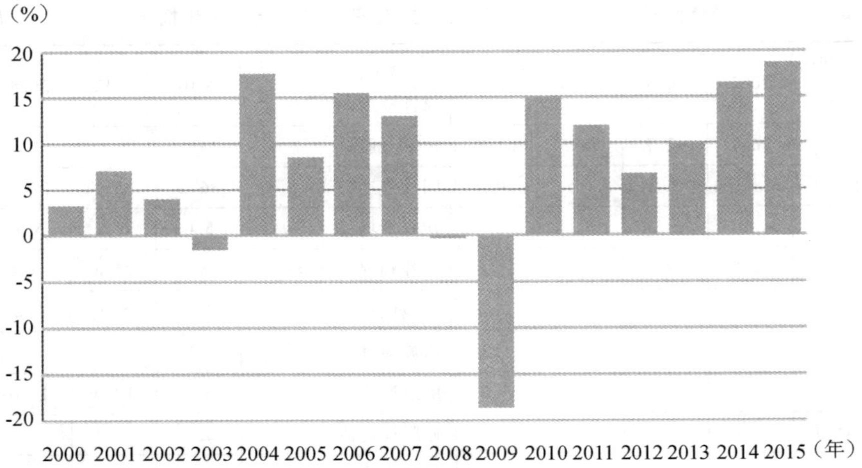

图 2 加拿大养老基金投资管理公司历年投资收益情况

资料来源：Joson Clemens & Joel Emes. *Rates of Return for the Canada Pension Plan*, 2016.

关键是强化对资金的监管。《加拿大养老基金投资管理公司法案》（Canada Pension Plan Investment Board Act）中明确规定了养老基金管理公司必须接受一定的监管，此外还需具有充分的信息报告与披露制度，以保证资金的安全。资金投资运营监管的主体主要是联邦和各省财政部长。

联邦财政部及各省财政厅的监管。第一，推荐理事人选。联邦财政部长向加拿大总督推荐养老基金管理公司的理事人选，当然，联邦财政部长并不是独自推荐，而是通过组建一个委员会讨论、协商推选，委员会成员包括财政部长授权的代表、各省由省级财政部长授权的代表，而且理事人员可以连任。第二，接收财务报告。加拿大养老基金管理公司需要将每季度、每年的财务报表、报告报送给联邦财政及各省财政部长，联邦财政部长将会在议会召开期间提交每年的财务报告。第三，实行特殊审计。如果联邦财政部长认为有必要的话，会任命一位审计员实施特殊审计，而且联邦及各省财政部长通常情况下每 3 年对养老基金管理公司进行一次全面审计和预算评估[①]，至少每 6 年开展一次对养老基金管理公司及其分公司的特殊检查，以确保财务、管理、信息系统和实践得到维护。在开展特殊检查之前，联邦财政部长与各省财政部长进行协商，担任特殊检查的人员一般是养老基金投资委员会的审计员或联邦财政部长委任的审计员。特殊检

① 改革之前，联邦和各省财政部门每 5 年对加拿大养老金计划状况进行一次审查和评估。

查完成之后，检查员需向联邦及各省财政部长提交一份调查结果。

审计委员会监管。加拿大养老基金管理公司建立了审计委员会（Audit Committee）。审计委员会的职责主要包括：要求养老基金管理公司实施、维护内部控制程序，审查、评估、批准内部控制程序及其效果；在理事人员审批每年的财务报表、财务报告之前，对其进行审查，每年向养老基金投资管理公司提交审计报告；审查可能对养老基金投资管理公司的投资收益产生不良影响的投资事务。审计员由养老基金管理公司理事会每年任命一次，可以被理事会随时辞退，也可连任，无论是前任审计员还是现任审计员，均需敏于发现每年审计报告中的错误或疏忽，如果这些错误或疏忽是客观事实，那么审计员必须毫不迟疑地告知理事人员，理事人员在接到通知后应积极予以修正。这提高了审计人员的警惕意识与责任心，增强了“财年报告”的准确性。

充分的信息报告及披露制度。每季度的财务报表在报送给联邦及各省财政部长之后的7天内，需要向社会公众公示。此外，养老基金管理公司每两年在每一个参与加拿大养老金计划的省份举行一次公共会议。会议召开前的至少10天内，该公司将会通过报纸等途径告知公共会议举行的时间、地点及讨论内容；公共会议召开的目的主要是讨论近期的财务报告，期间会给予相关人士评论报告的机会；公共会议要求必须有一位养老金管理公司的负责人或工作人员解答公众的提问。养老基金投资管理公司信息披露机制认为加拿大人有权知道养老基金为什么投资、如何投资、投资在何处、谁做的投资决策、他们拥有什么资产以及投资业绩如何等。

在关于建立加拿大养老基金管理公司的法案中明确了监管主体、监管内容及积极的信息披露机制等内容，这说明加拿大政府深知监管在一个机构运作中的重要作用。对养老基金管理公司的监管由两部分组成，即外部监管与内部监管。外部监管独立、客观、公正，内部监管主动、专业、迅速，二者互为补充，共同提高监管的有效性。完善的监管体系使养老基金投资管理公司的投资管理活动公开透明，降低了投资运营风险，增强了该公司的公信力。随着投资收益率的提高，社会公众对此的认可度也不断提高。

四、适度削减领取者福利，减少基金源头支出

增强融资能力和减少福利支出是改革的主要措施，虽然提高缴费率、建立养老基金投资管理公司、采取市场导向型多元化投资策略在1997年改革中影响深远，但削减福利支出在短时间内便可起到减少养老金支出的目的。当时，退休金及伤残福利支出占养老金计划支出的比重超过80%，削减福利支出主要瞄准降低退休金及伤残福利待遇[①]。当时，有数量相当的减少福利支出或提高福利门槛的措施可以选择，以减少后代的压力。经过一系列的咨询、听证、协商，采取了以下三种相对温和的措施，并取得了一定成效。

（一）年最高缴费额基数时间上调，基本免除额保持不变

1997年之前，养老金收入水平是基于缴费者最后3年最高缴费额的平均数，改革之后变为最后5年最高缴费额的平均数。这一方面意味着门槛的提高，也即缴费者必须缴费至少5年而不是以前的3年；另一方面意味着福利数额的降低。第一，一般而言，劳动者的工资水平在其工作即将结束时达到最高水平，以最后5年为基数时间的计算方式所得到的养老金收入，必然低于以3年为基数时间所得的养老金收入；第二，每年的最高缴费额是以当前加元价值而不是以恒定加元价值来计算的，通货膨胀的存在使加元价值下降，福利受损。因此，在新规定下，老年人最高福利及整体福利水平会下降。改革前，基本免除额随着时间而不断变化，由计划开始时的600加元增长到了1991年的3 000加元，1997年为3 580加元，并根据工资进行指数化处理。新的规定将基本免除额固定在了3 500加元，不随经济的发展、工资的上涨而提高，这其实是将更多的人纳入到缴费者行列。

（二）死亡津贴最高限额固定在2 500加元，减少配偶福利组成部分

当大量年老的加拿大人拥有很少的财富时，政府引入了死亡津贴制

① Randall Ellsworth and Gwyneth Pearce, The Canada Pension Plan: The Year in Review [1997], *Journal of Law and Social Policy*, 1997.

度，即一旦缴费者死亡，其遗嘱继承人将会获得一次性的死亡津贴，以帮助支付丧葬费用。从1968年开始有一次性死亡津贴，到1997年改革之前，死亡津贴增长了601.96%，平均每年增长20.06%（见表3）。正常情况下，1997年的一次性死亡津贴相当于6个月的退休金数额，最高限额为3 580加元，并随工资增长而增长。改革之后，最高限额减少了1 080加元，变为2 500加元并加以固定。在新规定下，1998年3月死亡津贴的平均水平比1997年3月下降了257.83加元，下降了近10个百分点。配偶在这里主要指丧偶者，鳏夫或寡妇是有资格获得伤残、退休和配偶福利的。按照原来的规定，丧偶者获得伤残福利的最高水平由两部分组成：一是最高退休金限额，二是两倍的固定费率。新的规定中，最高水平为发放一次最高限额的伤残福利，同时直接将固定费率部分剔除。

表3　一次性死亡津贴变化情况　（单位：加元）

年份	最高限额	年份	最高限额	年份	最高限额
1968	510	1979	1 170	1990	2 890
1969	520	1980	1 310	1991	3 015
1970	530	1981	1 470	1992	3 220
1971	540	1982	1 650	1993	3 340
1972	550	1983	1 850	1994	3 440
1973	560	1984	2 080	1995	3 490
1974	660	1985	2 340	1996	3 540
1975	740	1986	2 580	1997	3 580
1976	830	1987	2 590	1998	2 500
1977	930	1988	2 650	1999～2016	2 500
1978	1 040	1989	2 770		

资料来源：http：//www. drpensions. ca/index. html.

（三）严格伤残福利领取者待遇领取审核标准并减少补贴金额

加拿大养老金计划1997年改革之前随着伤残福利领取条件的放宽，领取该福利的人数不断上升，伤残福利支出不断增加，成为养老金计划的主要支出项目之一。紧缩伤残福利待遇的目标是使福利仅仅提供给那些真正无劳动能力且必须依赖伤残福利支撑生活的人，这样能够提高福利发放的针对性，提高福利的利用效率。主要内容有：第一，严格申请资格。按照原来的规定，伤残福利领取者必须在领取福利之前的3年内有2年的正常缴费，或10年内有5年的正常缴费。新的申请规定是领取福利之前的6年内有4年的正常缴费，这样将会减少1.2%的加拿大养老金计划长期支出[①]。第二，伤残福利领取者退休金基础的变化。根据原来的规定，只要伤残福利领取者满足残疾人的条件，则可领取伤残福利直到65岁，这些福利是与消费者物价指数挂钩的。65岁之后，伤残福利自动过渡到领取退休金的队伍，这时的退休金在计算时是基于领取者65岁时的最高缴费额，同时根据工资进行指数化处理。新的退休金在计算时是基于伤残期间的最高缴费额，根据物价进行指数化处理，这样将会减少1.1%的加拿大养老金长期支出[②]。毫无疑问，除极特殊情况外，正常工作期间的工资水平必然高于伤残期间的工资水平，因此正常工作期间的最高缴费额高于伤残期间的最高缴费额，根据物价而不是工资的指数化也会对残疾人福利产生消极影响。此外，当伤残福利领取者过渡到退休金队伍时，福利将会受损，但效果并不立竿见影。如此温和的措施在不知不觉间减少了伤残福利领取者的福利，所以关于此选择在当时并没有引起公众的太多注意。

通过“提高缴费率形成资金池并进行市场化运作”在加拿大养老金改革中影响深远，殊不知，缴费率之所以能够控制在两位数以下，削减福利支出也起到了重要作用。当时，加拿大民众认为两位数的缴费率过高，难以接受。如果不削减福利支出仅提高缴费率，最终仍要高达12.2%，因此加拿大政府努力在提高缴费率与削减福利支出之间寻求平衡。《加拿大养老金计划磋商报告》举例说明了二者之间的关系，削减福利7%的支出能够使缴费率降低0.9%，削减福利10%的支出能够使缴费率降低1.3%，削减福利15%的支出能够使缴费率降低1.9%。因此，出台使民众可以接受且能够增强养老金财务可持续性的方案，削减福利支出功不可没。

纵观各国养老金改革，加拿大养老金改革方式独具特色。通常养老金改革主要包括两种类型：一是以缴费率、赡养率、替代率变动为手段的参数调整；二是以现收现付制（PAYG）、基金积累制（Fully Funded Sys-

① Federal/Provincial/Territorial CPP Consultations Secretariat, An Information Paper for Consultations on the Canada Pension Plan (Summary), 1996.

② Ontario, Ontario Report on Public Consultations on the Canada Pension Plan, 1996.

tem）、名义账户制（NDC）模式转变为手段的结构改革。加拿大养老金计划1997年改革时采取了混合改革方式，缴费率的提高是参数调整的一种，但对此措施形成的资金池进行市场化运作并未引入个人账户，因此并不满足基金积累制的特征。正是这一突破传统的改革，提高了加拿大养老金的财务可持续性，促进了代际之间的公平，使加拿大养老金计划得以健康平稳运转。我国于2015年8月出台的《基本养老保险基金投资管理办法》，开拓了养老金保值升值途径，但我国的养老金投资运营尚处于起步阶段，未来态势尚不明朗。加拿大养老金计划1997年改革思路诸如投资组合、监管措施等对我国养老金投资运作具有重要的借鉴意义。

（本文原载于《比较》，2017年第2期）